比較憲法

君塚正臣

[編著]

ミネルヴァ書房

　　　　　　　は　し　が　き

　「比較憲法学」とは「諸国の憲法に関する諸現象を比較研究する学問分野」であり（大須賀明ほか編『三省堂憲法辞典』401頁（三省堂，2001）［樋口陽一］。杉原泰雄編『新版体系憲法事典』288頁（青林書院，2008）［吉田善明］同旨），「特定の国法を同時代の他の国法と比較・検討して，その特性（欠陥や長所）・共通性を明らかにし，実用的な法制策にも資する」（小林直樹『新版憲法講義上』62頁（東京大学出版会，1980））ことを課題とし，一般に，諸外国の**憲法規範**（憲法典・憲法付属法令），憲法の運用，憲法意識などの**憲法現象**を対象とし，それらの歴史も含めて比較という方法によって研究する学問である。一般に，法学部や法科大学院では「比較憲法」という科目が置かれている（もともと「国法学」であった場合も多い。石村修「比較憲法学の科学的性格」専修法学論集53号39頁（1991））。

　では，何をする学問・講義科目なのか，となると，早々に迷い道に入るのが本科目の特徴でもある。まさか，「海の向こうの珍しい話」に触れることが目的ではあるまい。**近代立憲主義**憲法である**日本国憲法**の解釈の充実のため，様々な国の憲法状況を大局的見地からその指針となる原理などを学ぶことが，期待されているはずであるが，通説はそうは考えていない（⇨序章）。また，あまりにも当然のことで見過ごされがちだが，法学・政治学のどの分野でも諸外国との比較は重要であるとされながら，「比較」と付く科目は実はあまり多くない。「比較法」，「比較法文化論」や「比較政治学」，「比較統治機構論」などが置かれることはあるが，例えば「比較民法」，「比較刑法」という科目名には違和感があり，「比較憲法」以外に，これほどまで特定法分野と比較研究が密接に結び付いて科目が確立するのは一般的ではない。憲法について特に「比較」講義が求められるのか，その意味について，我々はもっと意識せねばなるまい（建林正彦ほか『比較政治制度論』24頁（有斐閣，2008）は，比較政治学でも同様の事情があるという）。「比較比較学問論」的意識も，比較憲法学には必要である。

加えて，本講義担当者は，外国法研究が実定法学研究者となる以上必須，という常識の中で，大学院生時代から特定の国の憲法研究をしてきた場合が普通であって，より一般的な「比較」研究をしてきたわけではない。そこで，特定**外国憲法**や**大日本帝国憲法**（明治憲法）にこだわる講義がなされることも，まあある。大学・大学院での「比較憲法」という科目の現状は，「アメリカ（ドイツ，フランス，その他の国の）憲法」または「日本憲法史」まで，その内容を講義担当者に白地委任しているのである。だが，それが，国際学部や外国語学部の科目でも一般教養科目ではない，法学部・法科大学院専門科目「比較憲法」として意味あることなのかは，十分に問い直されるべきなのではなかろうか。カントの言葉も引用しつつ，「この道を選ぶ者は，愚者が数国法を比較すれば，一国法の研究で満足する賢者よりもしばしばよい認識に到達しうることを知っており，そしてこの愚者は，この世に賢者や天才があまりいないことをよく知る人びとである」（大木雅夫『比較法講義』19頁（東京大学出版会，1992））ともいわれることもあるが，本来は，担当教員にも，まさに多くの論文・著書・判例評釈から各国憲法を学び，各教員独自のまとめ方で講義を行うことが望まれていた。

　だが，各教員があまねく各国憲法を原典で研究するのは難しい。その中で，本書は企画された。各国憲法の研究者に広範に集まって戴き，日本国憲法の体系にできるだけ合わせ，諸外国では同種の問題をどう考えて処理しているのかを順次提示していく形式により，日本法への示唆を行う方針を採ったものである。

　2004 年以来の法科大学院が法曹養成のためのものであれば，**実践**的意図で比較憲法も語られるべきである（国家と憲法の一般問題を取り扱う，基礎法科目としての「比較憲法」改め「国法学」のようなあり方はないではないが，法科大学院で必須かは疑わしい）。また，学部段階でも，「比較憲法」は，主要各国の憲法を複合的な比較方法を用いることで，そこでの憲法学習の総決算として必要であることが望まれる。本書は，決して「**科学**」的な憲法学を求めず，以上のような学習・研究に寄与したいと思うものであり，法学を学ぶ学生の方々には，比較憲法論の形態を採った「憲法総復習」として，本書を御一読戴きたい。

　このような企画であるため，執筆者の担当は入れ子構造になっている。総じ

て，イギリスは上田健介，アメリカ（一部でカナダも含む）は，第7章までを大林啓吾，第8章以降を森脇敦史，ドイツ（一部でオーストリアも含む）は，第7章までと第11章以降を川又伸彦，第8〜10章を松原光宏，フランスは佐藤修一郎，北欧は遠藤美奈，EUは蛯原健介，台湾は松井直之，韓国は國分典子，序章および各章の総括的記述は君塚正臣が執筆する。また，第1章（各国憲法史）のうち，スペインは佐藤，中国は松井，イタリアとロシアは君塚が担当する。

ところで，「西欧文化圏社会以外で世界でほぼ唯一，人権と権力分立という価値を建前とし，ともかくある程度それに即した法実践がおこなわれている国が，日本なのである。そのことは，日本の憲法実践をきわめて困難なものにしているが，まさしくその反面として，日本の研究者は，比較憲法学にたずさわるためのきわめて有利な条件を占めているといっていいのではないだろうか」（樋口陽一『比較憲法』〔第3版〕11頁（青林書院，1992））という指摘がある。また，日本法は「一般的には大陸法中心で一部英米法のハイブリッドだといわれる」（岩隈道洋「比較憲法学の対象と方法（1）」杏林社会科学研究24巻2号1頁，4頁（2008））。だが，「日本の比較法学は，グローバル化に影響を受け，かつ影響を与える（はずの）日本法の置かれた位置と進路を，方法論の妥当性まで遡りつつ，確かめてきたであろうか」（中村民雄「論文紹介・アメリカにおける比較憲法の可能性と方法——Mark Tushnet, *The Possibilities of Comparative Constitutional Law*, 108 YALE L. J. 1225-1309 (1999)」アメリカ法［2000-1］95頁，101頁）という問い掛けに十分に答えられていない点は，比較憲法学も例外ではないであろう。日本の憲法学は，日本国憲法の解釈実践のために比較憲法という作業を行うべきであり，その姿がよろしければ，諸外国の憲法学に，まずはその**継受**の方法，次いでその理論自身が継受されるのではないか。非西欧の先進国として，その方法論は，近代化と民主化を課題とする諸国にとっての灯台になると信じる。それがささやかでも日本の憲法学の世界的な（アジア，東欧，中東へと続く）民主化への貢献につながると思える。

大きく振り返ってみれば，6世紀末の仏教論争以来，日本（但し，国号の使用は7世紀末以降である。網野善彦『「日本」とは何か』20-21頁（講談社，2000））は，

外来の統治原理やイデオロギーを受け入れ，既存のそれに上書きをして，我が物にしてしまうということを繰り返してきた（韓国で，「和紙というのは，大陸から朝鮮半島にかけて既にあったものなんですけれどねぇ」といわれたのを思い出す）。法分野に限っても，近世まではその中心は中国法であったが，大々的には，主に明治期の大陸法（特にドイツ法）であり，準じて，憲法，刑事訴訟法，経済法などを軸とする，第二次世界大戦後のアメリカ法である。そのたびに，「法の継受」なる美名（？）の下，ローマ以来の法律家の世界的成果を拝借し，上手に組み合わせて「日本法」にしてきたのも，以上の伝統を有する日本の法律家・官僚たちである。文明の周辺に存在してきた（内田樹『日本辺境論』（新潮社，2009））日本のこのような技術は，実は相当なものではないか。そして，日本人のなす比較憲法学も，設計図首っ引きで小型車を量産し，ブエノスアイレスを参考に地下鉄を作ってしまう，その習い性から逃れられまい（黒田了一『比較憲法論序説』1頁（有斐閣，1964））は，「わがくにの法律制度は，古代から現代に至るまで，ほとんどつねに外国からの模倣・継受に終始した感がある」とし，同書2頁は「とりわけ，比較法学的方法の格別に重視さるべき憲法学の分野」として，憲法学の特殊性を強調する）。法学の実学性をひととき忘れ，日本文明の試練の時期に，その醍醐味を嚙みしめるのも，あるいは本科目の興味深い部分かもしれない。

本書の刊行には，ミネルヴァ書房編集部の安宅美穂氏にお世話になりました。この場を借りて深く御礼申し上げます。また，教科書であるため，これまでの業績を個別に引用しない場合があることを御海容戴きたく存じ上げます。

2012年4月

執筆者を代表して　君塚正臣

比 較 憲 法

目　次

はしがき

序　章　比較憲法とは何か……………………………………………1
　　1　比較憲法学の目的　1
　　2　諸「比較」学との比較　13
　　3　比較憲法の対象と方法　17

第1章　各国憲法史…………………………………………………25
　　イギリス　29　　アメリカ　32　　ドイツ　36　　フランス　40
　　イタリア　46　　スペイン　48　　北欧　51　　EU　55
　　ロシア　58　　中国　62　　台湾　66　　韓国　68

第2章　統治機構概論………………………………………………72
　　1　各国憲法の性質　72
　　2　各国憲法の特殊性　74
　　3　主　権　77
　　4　憲法改正　80
　　5　条約の地位　82
　　6　連邦制　84
　　7　軍　隊　87
　　8　総　括　89

第3章　立法府………………………………………………………90
　　1　選　挙　90
　　2　議会の構成・活動　93
　　3　立　法　96
　　4　それ以外の立法府の権能　101
　　5　議院の権能　104
　　6　議員の特権　106

    7　それ以外の機関　108
    8　総　括　110

第4章　執行・行政府 ……………………………………………… 111
    1　議会との関係　111
    2　執行・行政府の構成・活動　114
    3　執行・行政　119
    4　それ以外の執行・行政府の権能　121
    5　執行・行政府成員・公務員の地位　123
    6　それ以外の機関　125
    7　総　括　127

第5章　司　法　府 ………………………………………………… 128
    1　裁判所の性格・地位　128
    2　裁判所の構成　130
    3　司　法　135
    4　それ以外の司法府の機能　137
    5　裁判官の独立　139
    6　陪審・参審　142
    7　それ以外の機関　144
    8　総　括　146

第6章　違憲審査制 ………………………………………………… 147
    1　憲法保障・違憲審査を行う機関　147
    2　その機関の構成　151
    3　「違憲審査」とは何か　153
    4　原告適格・対象など　155
    5　判断の方法　159
    6　判断の効力　161

7 総　括　164

第7章　地方自治 ………………………………………………… 165
1 分権か集権か　165
2 地方自治体の種類　167
3 地方自治体の構成・活動　169
4 総　括　171

第8章　人権総論 ………………………………………………… 172
1 人権の概念・体系　172
2 人権の主体　181
3 人権の制約　186
4 人権の適用範囲　193
5 人権保護立法の展開　197
6 総　括　201

第9章　包括的基本権 …………………………………………… 202
1 明文根拠のない権利　202
2 平等権　209
3 総　括　215

第10章　精神的自由 ……………………………………………… 216
1 内心の自由　216
2 表現の自由　219
3 通信の秘密　237
4 集会・結社の自由　240
5 信教の自由　248
6 学問の自由　254
7 総　括　256

第 11 章　経済的自由 …………………………………………………… 258

1　居住移転・国籍離脱の自由　258

2　職業選択の自由・財産権　263

3　総　括　271

第 12 章　社会権的権利 …………………………………………………… 272

1　生存権　272

2　教育を受ける権利　275

3　労働に関する権利　278

4　総　括　281

第 13 章　参政権的権利 …………………………………………………… 282

1　参政権　282

2　請願権　288

3　総　括　290

第 14 章　手続的権利 ……………………………………………………… 291

1　行政に対する権利　291

2　民事・行政裁判における権利　294

3　刑事手続上の権利　297

4　総　括　302

比較憲法を学ぶための参考文献　303

索　引　307

序章 比較憲法とは何か

1 比較憲法学の目的

　研究方法論あるいは講義科目としての「比較憲法」は、いくつもの姿形を許容し続けてきた。果たして、「比較憲法」の研究・教育とはどうあるべきか、何のために何をしたらよい学問なのか。「憲法Ⅰ・Ⅱ」といった科目では、憲法研究者によって講義項目や方法論にさほど違いが出ないのに対し、「比較憲法」では方法論などが揺れ、立場の違いが生じているのである。

○ 教養としての比較憲法
　第1の立場は、なるべく多くの国の憲法を数多く紹介し、外国の制度を知り、いわば**教養**としての比較憲法を目指すというものであろうか。

　　毎年、海外旅行に出かける人は、百万を越すばかりのおびただしく多数にのぼっている。たとえ、それらの人々の多くが、単なるショッピング・ツアーであったり、観光旅行であったりするにしても、訪問先の国国の国情について相当な知識をもって出かけることは必要不可欠である。このことと、この書『各国憲法の基礎』とは、直接、関連があるわけではないが、単に憲法ないし法律を学び研究する人々のみならず、広く国民の教養の書として役立てられることを念願している（伊藤満『各国憲法の基礎』序にかえて（九月書房，1980）。各国網羅的な，阿部照哉＝畑博行編『世界の憲法集』〔第4版〕（有信堂高文社，2009）もこの傾向を帯びる）。

　また、「『役に立つ』コンプレックスから自由になれないばかりに、憲法史の

おもしろさに気づか」ない（田村理「おいしいカッスーレをつくりたい！――『フランス革命と財産権』への思い」創文388号20頁，24頁（1997），外国憲法研究は「『役に立たない』ことにこそ存在意義」（同上26頁）があるとの主張もある。

　すべての研究が実定憲法の解釈論に役立つべきことは，疑う余地のない，当然の約束事だということなのだろうか？　そうだとしたら，なんと非学問的な解答だろう！僕は「学界」という社団の中（あるいはその一部）にあるこの「規範」からひとまず自由になりたくなった。そこで，「日本国憲法の解釈論にすぐ役立つフランス憲法研究なんて，『お箸で食べる懐石フランス料理』みたいで，いかにもいかさまっぽい！」と，強がることにした（同上20頁）。

　しかしそれらは「紹介のための紹介」であるとの批判（黒田了一『比較憲法論序説』27頁（有斐閣，1964）など参照）を免れない。また，法の解釈を学ぶことが主目的であるはずの法学部や法科大学院（社会科学！）で，それに意味があるのだろうか。実定法学者や広義の政策に関わる学問を営為とする研究者が，興味がある，の一言をもって自己の学問を正当化できるか，疑問であろう（根井雅弘『ケインズを学ぶ』11-12頁（講談社，1996）は，経済学者ケインズの言葉，「経済学の大家はもろもろの資質のまれなる組合せを持ち合わせていなければならない」などの部分を引用する。それは経済学以外の社会科学にも当たる言葉ではなかろうか）。このような「比較憲法」は，少なくとも法学部などにおける学問分野ではないように思われる。

○ 科学としての比較憲法

　第2に，比較憲法は，「憲法」の**科学**的真理解明のためになされるという，通説的立場がある。実定憲法解釈については，解釈作業を**実践**的営為であるとする説，解釈も**認識**だとする説，認識ができる「**枠**」の中は実践であるとする説などがあるが，何れにせよ，比較憲法は客観的認識・科学であり，そこでは法則性が発見できるという。憲法の客観的発展方向の抽出が目指されるのであって，「究極において普遍的な憲法学の確立をめざす」（阿部照哉編『比較憲法

入門』4 頁（有斐閣，1994）［阿部］）ことが比較憲法の目的であるとされる。

大日本帝国憲法（明治憲法）の制定を機に，「**国法学**」と並んで「憲法」という科目が東京大学で設けられ，前者は**一般憲法学**，後者は**個別憲法学**となり，前者が比較憲法学とも呼ばれた（同上 5-6 頁［阿部］参照）あたりに，このような性格付けは端を発しよう（小嶋和司『憲法概説』36 頁（良書普及会，1987）は，「比較憲法学」と「一般憲法学」を分ける。杉原泰雄編『新版体系憲法事典』（青林書院，2008）も同傾向）。それは事実上，ドイツ法の**継受**を行ったものであり，2 国の憲法を比較するだけであったが，比較対象国が当然に決定されている中では，そこからの憲法の普遍性の探求が比較憲法の役割となったのであった。そして，戦前に宮沢俊義がミルキヌ・ゲツェヴィチを紹介して以来，日本の憲法学はゲツェヴィチの志向した，科学としての憲法学の影響を色濃く受けてきた（村田尚紀「比較憲法学の方法と自律性に関する覚書」関大法学論集 44 巻 4 = 5 号 111 頁，114-115 頁（1995））。その後，**資本主義憲法**を非科学的に美化する傾向が強いとの批判を行った**マルクス主義法学**の立場（影山日出弥『現代憲法学の理論』34 頁（日本評論社，1967），長谷川正安『新版憲法学の方法』159 頁（日本評論社，1968），黒田前掲書 37 頁など参照）などから，「科学」としての比較憲法学が提唱された。

> われわれにとつての問題は，憲法類型の発見・確定は，憲法史における発展法則の発見・確定を意味しえないのかどうかである。このことは，社会の歴史法則とは何か，憲法学ないし政治学の理論的課題は何かの問題に関するところのものである（鈴木安蔵『比較憲法史』19 頁（勁草書房，1951））。

それは現在の教科書においても一般的傾向である。このことは，1950 年代以降，政府の憲法解釈に対抗する形で，方法論として（憲法解釈は実践であるとしても）「科学としての憲法学」と銘打ったものが増えてきたことに関係する。

> 社会科学としての憲法学の課題は，あるべき憲法の意味内容を追求する解釈論ではなくて，現実にあった，またはある憲法現象の客観的認識，たとえば公共の福祉条項の成立の客観的根拠や現にこの条項が果たしている機能の解明等にある（阿部照哉ほ

か編『憲法（1）』〔第3版〕120頁（有斐閣，1995）［山下健次］）。

　比較憲法「学」が「科学」であるというのは当然で自明のことではないか，という疑問が出てくるかもしれない。しかし，この命題があえて問題になるのは，実は十分な理由がある。この命題は，この本では諸外国の憲法諸規定の解釈をしようとしているのではなくて，憲法現象を対象とする科学にたずさわろうとしているのだ，ということを意味するからである（樋口陽一『比較憲法』〔第3版〕4頁（青林書院，1992））。

　樋口陽一が対象とする現象は，「制定憲法」（同上28頁），「所与の制定憲法のもとでの憲法実例，すなわち，制定憲法の一定の解釈を前提とし，憲法適用者たちによって，下位規範の形をとって定立された諸規範の総体」（同上28-29頁）という規範記述的なものにとどまらず，「ひろく憲法意識とよぶことのできるもの」，「ある社会関係からさまざまの憲法意識を媒介として制定憲法が生み出され，その制定憲法が，憲法適用者たちを一定の社会関係のもとで多かれ少なかれ拘束しながらもかれらによって解釈適用されることを通じて，その社会関係にはたらきかける，という憲法的社会過程全般」（同上29頁）である。

　［憲法解釈は，］一個の実務的・実践的な提言であり，最終的には「意欲の行為」であって，「認識の行為」ではない。それに対し，法規範及びその他の法現象を対象として成立する科学は，そのプロセスのなかに研究者の問題意識や観点など実践的な関心を含むとしても，それ自体としては意欲の行為でなく認識の行為であり，そのようなものとして，検証または反証のルールに服する性質のものである（同上4-5頁）。

　樋口によると，解釈は実践であり，比較憲法学は科学だという。ただ，樋口は，「いずれにしても，この本は，認識の学としての比較憲法学を読者にexposer（叙述）しているのであり，実践・実務の世界に対して何ごとかを直接にproposer（提唱）しようとしているのでもなければ，ましてやimposer（強制）しようとしているわけでもない」（同上51頁）と述べ，「科学」が「神学」に転化

序　章　比較憲法とは何か

しないよう，反証を挙げて批判を行い，新たな解に達する道を導いている（同じことは，辻村みよ子『比較憲法』〔新版〕19 頁（岩波書店，2011）でも語られる）。

　結局この立場では，現在ある憲法の「評価と利用は比較憲法の効用に属することであり，比較憲法は，それが科学であろうとする限り，憲法現象の分析，その異同の認識および異同の生ずる原因および背景の究明と認識に満足し，評価の前で立ち止まるべき」（阿部編前掲書 13 頁［阿部］）ことになる。「条文の解釈は実践科学であり，比較憲法が科学として目標とする，価値から離れた科学とは別物として処理され」る（石村修「比較憲法学の科学的性格」専修法学論集 53 号 39 頁，42 頁（1991））ことになる。また，多分に基本的立場が異なると思われる論者も，「比較憲法学とは，諸国の憲法現象を類型的に比較分析することを任務とする憲法科学の一分科である」（西修「比較憲法学の意義，方法，課題（1）」駒大法学論集 40 号 93 頁，114 頁（1990））と定義しており，解釈が実践であっても，比較憲法は科学であるとする立場は憲法学界を広く席巻してきた。

　しかし，科学と実践の区別が可能なのかは疑問である。比較憲法学は科学であるとする樋口も，その必要性を説く際に，「憲法の問題について的確な理解をもつためには，どうしても，比較憲法の知識が必要である。たとえば，違憲審査権について，日本国憲法には，わずか 1 カ条（81 条）の規定があるに過ぎない。しかし，この制度について正しい知識をもつためには，19 世紀はじめ以来のアメリカの司法審査制」や「第二次大戦後のヨーロッパ大陸」の「抽象的違憲審査制」「などを知ることが不可欠であ」（樋口前掲『比較憲法』はしがき 4 頁）り，「そうすることによって，日本法の解釈や立法にも，かえって有用なものを提供できるはずだ」（同上はしがき 5 頁）と述べ，それが日本国憲法解釈のために必要であることを訴えてもいる（樋口『比較のなかの日本国憲法』（岩波書店，1979）は，主に独仏の憲法情勢を引用して日本の当時の政府・最高裁を批判する色彩が強い）。そして，「発展社会＝資本主義型の憲法現象を対象として分析しようとする際に，ファシズムや独裁からどのようにして近代立憲主義の原理を防衛するか，また，この本の著者にとっては人類的価値をもつと考えられる精神的＝政治的自由と複数主義を継承しながら，社会的公正の要請により多くこたえるような憲法への展望がどのようにして可能なのか，という問題意識を

もって理論的分析にアプローチしていることを，かくす必要はない」（樋口前掲『比較憲法』51頁）とも述べている。そして実際に樋口は，数多くの西欧諸国の中から「フランス憲法史を座標の中心にすえること」（同上52頁。これは同書57頁以下で明らかになる。その冒頭の，「ひろく憲法史を見わたして，1789年宣言ほど，後世に近代立憲主義のシンボルとして影響をもちつづけてきているものはない」という一文は特に象徴的である）を選択しているのである（このような直線的発展という観方に注意を要することを指摘した，君塚正臣「『18・19世紀的人権』再考」東海大学文明研究所紀要19号51頁（1999）も参照）。これは極めて実践的な態度であるように見える。杉原泰雄も，近代の理念型としてフランス，否定される型としてドイツ・プロイセン，現代のもう一つの理念型としてソ連＝東欧型を取り上げ（杉原『憲法の歴史』（岩波書店，1996）。比して英米の記述は非常に少ない），ソ連＝東欧型を選択しながら英米を選択しない決断をしている。そして，戦後の比較憲法学の隆盛は，「自主憲法」を意図する勢力に対し，日本国憲法の普遍性を前面に出す意欲（岩隈道洋「比較憲法学の対象と方法（1）」杏林社会科学研究24巻2号1頁，2頁（2008），塩津徹『比較憲法学』〔第2版〕6頁（成文堂，2011）など参照），すなわち**近代立憲主義**（塩津同上17頁）の強調にあろう（高橋和之「法の支配の分析視座」法哲学年報2005-94頁（2006）は「法の支配」をキーワードとする。中には，象徴天皇制などを理由に日本を「半立憲主義」と断じる浦田一郎「現代日本社会と憲法」公法研究70号22頁（2008）もあるが，特に取り上げない）。

　要するに，それぞれの教科書は比較憲法の理想的な対象国を選び，後に述べる一定の方法をも随所で選択することを意図的に行って（阿部編前掲書も英米独仏のみを対象国とする。また，初宿正典＝辻村みよ子編『新解説世界憲法集』〔第2版〕（三省堂，2010）は10カ国（ほかにカナダ，イタリア，スイス，ロシア，中国，韓国）を選抜している）おり，比較対象・方法の選択は既に実践と呼べるものなのではないか，という疑念が拭えない（高見勝利「書評」国家学会雑誌92巻9＝10号126頁，127頁（1979）も樋口『比較憲法』（初版，1977）に対して同様の疑問を示している）。「憲法学における政治的・実践的性格が重視せられるかぎり」（黒田前掲書19頁），結局は「比較憲法的研究方法を無視することができない」（同上20頁）とされるのは，比較憲法学もまた実践だということを意味しよう。このこ

とは，憲法学は科学であるとする長谷川正安が，「なんのために外国憲法をまなぶのか」という自問に，「結論的にいえば，日本の憲法を科学的に研究するためには，それがどうしても必要だから」（長谷川「比較憲法について」法律時報49巻7号342頁，344頁（1977）。その立場については，辻村みよ子「長谷川憲法学と比較憲法史研究」法律時報82巻6号93頁（2010）も参照）と解答していることにも現れていよう。村田尚紀も，「比較を自己目的化してはならないとすれば，憲法の比較もいわば通過点となるはずで，つまるところ個別憲法の科学的認識が比較の仕える窮極の目的となるであろう。重要なことは，比較によって発見された側面やその姿態をと憲法現象の他の側面との関係において位置づけることである」と述べている（村田前掲論文126頁）。

　また，憲法学よ「科学」たれ，という際の「科学」のイメージが古いのではないか（「往々にして比較方法は，多少とも勿体ぶってだが，物理学や生物学の科学的方法になぞらえられてきた」。ウィーアルダ前掲書18頁）という疑問もある（川島武宜『「科学としての法律学」とその発展』（岩波書店，1987），平井宜雄『法律学基礎論覚書』（有斐閣，1989），山下正男編『法的思考の研究』（京都大学人文科学研究所，1993）なども参照）。ここでいう「科学」とは自然科学の中でも，主として答えの見える**幾何学**の類推であって，答えの見え難い**進化論**や**宇宙論**の類推ではない。勿論，後者も科学であるが，こうなれば「科学」であることを過度に強調する必要性はなかろう。「憲法学界では，価値判断や規範提示（とくに法解釈）と区別された意味での事実認識のことを科学とよぶ傾向が一部に見受けられる」が，「科学の語は，事実認識一般ではなく，より深まった高度な認識に関わるものとして使われるべきであろう」（内野正幸「憲法学の性格」樋口陽一編『講座憲法学1』11頁，17頁（日本評論社，1995））。また，憲法学は「（近代知共鳴思想がイメージするような種類の）科学性を強調しうる地位にはな」（同上17-18頁）く，「（高度の）科学性を安易に標榜すべきでは」ない（同上18頁）であろう（「完成とか絶対とか権威というものは此岸になく，とくに学問の世界にはないとわたしは信じている」。大木雅夫『比較法講義』はしがき4頁（東京大学出版会，1992））。「研究者によって概念の意味がしばしば異なり，検査を繰り返し実施するのも極めて困難である」学問を，「物理学や生物学と同列に置き，厳密な経験科学

として語るのは，およそ不可能」（ウィーアルダ前掲書19頁）なのではなかろうか。

　結局のところ，あるべき議論のルールの中で，価値観，前提，事実認識，条文解釈手法，結論の妥当性などを含めて，批判に耐えうる学説を提示することが憲法学の使命であるとすれば，自らを科学であるという必要も，解釈は実践であり比較憲法は科学だと区別する必要もなかろう（この点で，内野正幸前掲論文11頁の指摘は調味深い。なお，同『憲法解釈の論理と体系』4頁（日本評論社，1991）は，「憲法解釈学という場合の『学』とは，まさに学問の意味であって，ただちに科学を内実とするものではない」などとする）。反証可能性，反駁可能性，ないしテスト可能性（カール・R・ポパー（藤本隆志ほか訳）『推測と反駁』63頁（法政大学出版局，1980））が必要なことは，憲法学が学問である以上，それが実践の学であっても何ら変わるまい（真渕勝ほか『はじめて出会う政治学』55頁（有斐閣，1997）同旨）。

　仮に科学的な比較憲法学・一般憲法学が実現可能ならば，それは普遍的であり，研究者の国籍などの属性は捨象される。「フランス人と同じ問題意識で，フランスの憲法を研究する」の「であれば，それをあえて『外国憲法』の研究という必然性はない。対象の国名をとって，フランス憲法の研究といえばすむ。そのような研究にとって，研究者の国籍は問題ではない」（長谷川前掲論文343頁）はずである。外国憲法研究は自己目的化しよう（比較法一般に関して，大木前掲書101頁参照）。

　だが，このような研究姿勢は本当に可能か。国際法ではない憲法自体の効力は国境を越えない（西修「比較憲法学の意義，方法，課題（2・完）」駒大法学部研究紀要48号105頁，135頁（1990））ので，当事者「国民」しか最後は運用できないという限界がある。ある外国の憲法と別の外国の憲法を比較したり，ある外国の憲法の別の外国への継受を論じたりするときには，外国憲法の当否を論じることは許されず，外国憲法のあるべき解釈を語ることは許されまい。さらにこの方法によれば，最後は各国文化，国民性などを知らねばならないことになるが，それは外国人に対する過大な要求であろう（大木前掲書102頁参照）。そればかりか，精神的に特定他国民となることが求められる（田村前掲文献25頁は，「日本の憲法理論と外国憲法史・理論は，食文化同様，違ってしかるべき」であり，

「その『違和感』が『比較憲法学』を豊かにする」ので，まずは「日本の解釈論的基準はひとまずおいて，その国の憲法史・理論に没頭すべき」であり，それができて「ようやく外国憲法史・理論が日本の憲法解釈学に役に立つ」と述べる）はずであるから，そもそも2カ国以上の法を理解するということ，すなわち，比較法という作業を事実上不可能にする。その中で，果たして憲法学の研究成果を，一つの特殊歴史社会の法から「人類普遍の原理」として抽出（縣幸雄「比較憲法の方法について」大妻女子大学文学部紀要7号63頁，64頁（1975））できるのかは多分に疑問が残るのである。だが，これまで，普遍的な，一種の模範憲法典を示した研究者を知らない。

　やはり，「比較すること自体は，あくまで一つの手段・方法であって，究極の目標ではないということを自覚しながら問題にとりく」（黒田前掲書18-19頁）むべきものではなかろうか。法学者が比較という作業を行うとき，初めから何らかの意味があって行うものではないか。「科学」と実践が別物なのだとすれば，いかに「科学的」で「一般的」な憲法の方向性を抽出できたとしても，それとは全く異なる方向の解釈実践を「科学的」に止めることはできまい。

○ 実践としての比較憲法

　そこで第3に，比較憲法学も実は実践であり，日本国憲法の理解・解釈・運用のヒントとし，説得力の強化を図るため，比較憲法という作業を行うという立場が生じよう（古くは，美濃部達吉『米国憲法概論』序1頁（有斐閣，1947）の，「我が新憲法の制定実施に依り民主主義が新に我が憲法の基礎を為すに至つたのに伴ひ」本書を再版したという言明もある。斉藤寿『各国憲法概説』はしがき1頁（評論社，1975）も，自著を「現行憲法を正しく解釈する"道しるべ"」であると述べる）。

> 憲法の法源には不文部分も多く，また成文法源も法の内容を完全に指示していない。そのために，憲法学は，不文の国家原則・法原則・社会原則を考慮しつつ構築されなければならないが，この不文部分には，ともすれば論者の主観的選択が導入されやすい。これを避けるためには，充分客観的な一般憲法学を基礎として成文法源をみることが重要で，憲法学の価値は一般憲法学的思考の深浅によって決定されるとすら言い

うる（小嶋前掲書 36-37 頁）。

　ここにいう「一般憲法学」を比較憲法の徹底と考えれば，それは自国憲法の解釈や制定・改変のためになされるものであるという考え方がうかがわれる（中村民雄「論文紹介・アメリカにおける比較憲法の可能性と方法──Mark Tushnet, The Possibilities of Comparative Constitutional Law, 108 YALE L. J. 1225-1309 (1999)」アメリカ法［2000-1］95 頁は，この立場を提示する）。また，欽定憲法・民定憲法・協約憲法，資本主義憲法・社会主義憲法，硬性憲法・軟性憲法，成文憲法・不文憲法などの区分（縣前掲論文 63 頁は，このような分類のいくつかは無用になっており，「機能」すなわち「憲法現象」に着目した分類が必要であると述べている）を説明した後になされる以下のような記述などは，一般憲法学や比較憲法学も日本国憲法の解釈のためにあるという立場を示すものといえよう。

　このような憲法の区分に今日どれほどの意義があるのか疑問もある。ただ，これらの区分は，諸外国の憲法を比較し，日本国憲法をその中に位置づける際にはいくらか有益な指標を提供してくれるかもしれない。日本国憲法は，民定憲法であり，硬性憲法であり，成文憲法である（松井茂記『日本国憲法』〔第 3 版〕23 頁（有斐閣，2007））。

　わが国の憲法研究者によるアメリカ憲法研究は，基本的には，日米の相違を踏まえつつわが国に適合的な理論を模索しようとする姿勢を有してきたといえる。
　アメリカ憲法研究に従事してきた憲法研究者の多くは，こうした研究姿勢に立っており，必ずしもアメリカの憲法理論を全て日本に直輸入しようとしてきたわけではない。直輸入しようとしているように見えても，そこには，当該理論については日本においても妥当するのではないか，アメリカの憲法理論を持ち込むことによってわが国の法制度・実務を批判的に考察できるのではないかという論者なりの判断があったと思われる。佐藤［幸治］によるアメリカ流の司法権であることの強調も，わが国の実定法制度があまりにも司法権の行使を限定していることを憲法の観点から批判する視座を設定するためであった。
　日本の行政訴訟制度はドイツ型のものとして，しかもドイツ的な枠組みの中でドイ

ツ以上に消極的なものとして展開してきている。日本の行政訴訟制度を所与のものとして前提とすることは問題であり，常に憲法の視点から批判検討されなければならないのである。そうした批判的検討の視座を与えるものとしてアメリカ憲法研究が有意義なことはいうまでもない（市川正人「アメリカ憲法研究の 50 年」法律時報 67 巻 12 号 6 頁，7 頁（1995））。

　アメリカの二重の基準論は，アメリカにおける違憲審査制の歴史的展開の中で今のような形になっているのであって，「司法審査と民主主義」という問いに対する唯一の回答であると解すべきものではないからである。二重の基準論をどのように構成するかは，結局，日本国憲法下での司法審査と民主主義との関係をどのように考えるかにかかっているのである（同上 8 頁）。

　このような姿勢を比較的明確にする論者は，日本の憲法学界では非常に少ない。以上のような立場では，比較憲法とは，他国の憲法条文や判例，理論などの間に共通性を発見し，あるいはその中で自国憲法に関する特殊性を強調し，自国の憲法解釈についての自説の根拠を強める手段ということになろう。立場により比較国・対象・方法は異なろうが，その優劣は，本来の目的である自国憲法の解釈論争を行うことで自然と決着するであろう。
　これらの立場には，比較憲法は単なる手段なのかという批判がある。理想的な外国の実例を紹介するなどというのは，比較憲法ではなく個別憲法学の分析である，との批判もありえよう（村田前掲論文 130 頁注 46 は同旨か）。「実用的な外国法研究は，一定の実用性はあっても，非科学的なものになりがちであ」り，「それぞれの国の法体系の中から，一部分が恣意的にとりだされ，日本の法体系の一部に利用されても，その利用のされ方には恣意性がつきまとわざるをえない」（長谷川前掲論文 343 頁。黒田前掲書 27 頁も同旨）などの批判もある。
　だが，もし解釈は実践であるし，客観的で「科学」的な認識という理解に無理があれば，消去法的に比較憲法学も実践であるということになろうし，手段であることがなぜ悪いのか，それによって学問的価値も低下しない，とでも反論できよう。法学が実用的な学問であることが否定できないのであれば，この

立場はごく当然である。また，比較憲法学を「科学」だとする学説の多くも，（前述の通り）研究対象国に縛られ易かった。実践的な比較憲法を標榜しても，恣意的に偏った比較をしないことが，日本国憲法の実践的解釈論を有意に導くことになるのであって，このことは比較憲法学が「科学」か実践かはあまり関係がなさそうに見える。説得力ある比較が望まれるだけである。

要は，比較憲法が実践であるということは，実践だから勝手な願望を吐露してよいわけでもなく，論争で負ける実践をしない方が学問上望ましい，というに過ぎまい。どうせ「憲法は寄せ集め」であって何らの法則性はないという立論や，ご都合主義の「つまみ食い」に基づく外国憲法の紹介は，痛烈に反駁(はんばく)されるのみである。**憲法調査会**の中の積極的改憲論者17名の意見書「憲法改正の方向」(1963)は，1945年から49年までに制定された33カ国の憲法のうち，26カ国がその後に憲法を改定，しかも18カ国は全面改正であることを示し，暗に日本国憲法の改正，自主憲法制定を提言した例があるが，それは，**第三世界の開発独裁**などが憲法を変えた例がほとんどであったことなどを隠しきれなかった，失敗例である（樋口前掲『比較憲法』8-9頁，石村前掲論文43頁，黒田前掲書32頁注1，村田前掲論文124頁，吉田善明『現代比較憲法論』〔改訂版〕19頁（敬文堂，1996）など多くがこれを悪例として引用する）。これなどには，「科学」的でない，でなく，実践的に下手だ，と批判すればよいのである。

確かに，「数多くみられる現象を指摘しただけでは，一般原理や発展方向を明らかにしたことにはなら」ず，「それらは，個別の憲法現象の構造の解明によって明らかになる」（村田前掲論文125頁）との批判もある。しかしこれには，統計的手法が一概に悪いとはいえず，問題はその利用方法にあったのではないか，統計の読み方がおかしかったのではないかという反論ができよう。現象を観察する視点は必ずあるのであって，その視点が全くの客観であることはありえない。例えば，議会制を有する憲法中，二院制の数はほぼ同じであるが一院制は倍増しているので，二院制は凋落しているとする主張（黒田前掲書30頁参照）などには，それを感じよう。やはりそれを実践であるというべきであろう。

以上のような検討から，比較憲法学も実践であるべきである，と結論付けたい。しかし，その解答を「科学」的真理であるかのように強制することは避け，

提唱するにとどめ，様々な角度からこの議論を考察して検討を深めていきたいと思う。それが，比較憲法学の今後を明らかにすることにもつながろう。

2 諸「比較」学との比較

ところで，同じ**社会科学**の中で「比較」と名乗る学問の立場はどうなのであろうか。ここでは，比較憲法学との隣接性という点で，**比較法学一般**と**比較政治学**を取り上げ，比較の中で比較憲法学の姿勢を再検討する示唆を得たい。

◯ 比較法学一般との対比

比較法学一般でも，自らを，**実践**的な立場とはやや距離を置いて，世界の法秩序の中での日本法の位置を明らかにしようという独立の**科学**だと考えるか，単なる法の比較であるか，意見は分かれるという（大木前掲書 68 頁参照）。むしろ，立法の補助手段と捉えられたり，法の一般法則の認識を目的とされたり，単一の目的のために機能を果たすと見られがちであったという（同上 75 頁参照）。そして，比較法が単一の目的のためにあると考える必要もなく，外国法研究をはじめとする隣接諸分野から全く独立した部門と考える必要もない，というのが大木雅夫の立場である（同上同頁）。その一つの目的は認識であろう。

> 比較法は「真理の学校」（ecole de verite）といわれ，「解決策の貯蔵庫」（Vorrat von Losungen）といわれるが，これを承認することは，自国法の讃美ないし法学的プロヴァンシャリズムからの離脱を意味するのである。比較法の精神はまさにそこにあり，それはあたかも間接証明のような作用をなして，自国法制度の長所と短所を浮き彫りにすることができる。そしてそもそも日本法のルーツを探ろうとするような場合，フランス法やドイツ法との比較なしには何事も得られないであろう（同上 76 頁）。

認識とは，自国法の制定や解釈を目的として，「法律家の最も陥りがちなドグマティズムの危険から救」（同上同頁）うためになされるのだという。そしてそのことは国際的相互理解，国際平和を希求することになるとも述べる（同上

77頁)。だが，比較憲法学ではよく語られる，「**歴史の発展法則**」の認識という目的については，自然科学者ですら信じず，「法則を語ることは，野心を語るに等しい」(同上 78 頁) として，「近い将来における法発展の傾向を予測すること」(同上 79 頁) にとどめるべしという。また，理想型としての共通法を探求するという目的も難しいという (同上 80 頁。「この共通法は，それ自体を確認するための枠が広範に設定されなければ，得られた共通法の普遍性を主張し難いが，その枠が広範であればあるほど，共通法は抽象的なものとなって,法規範たる性格が失われうる」)。

そして大木は，比較法の目的として実務的目的も挙げる。立法における資料提供のほか，法解釈の補助という目的を掲げる。それは，「広範に『共通法』を発見しうるかのような素朴な信念の失われた現在では，外国の法解釈の借用も控え目なものとなり，主に親縁諸法秩序間において行われている」(同上 82 頁) だという。結局，今日，普遍的な一般法の発見は比較法学の目的ではなく，国内法のより妥当かつ説得的な立法や解釈に寄与するという控え目な目的を，大木は掲げたようである (特に条約の解釈に関する同上 87 頁の記述を参照)。

外国法研究に目を転じてみると，日本法のための外国法研究という姿勢は顕著になる。田中英夫は，「当面問題になっている立法作業，条文の解釈などに役立つ研究」ばかりでなく，「自国の法および法学の枠組から一歩離れた立場から自国法を眺めることによって，自国法の用いているいろいろな法準則，法技術のうちどこまでが自国の社会的諸条件のもとで必然的なものであるかということを明らかにする」研究こそが大事だと述べた (田中『英米法と日本法』320 頁 (東京大学出版会，1988))。また広渡清吾は，「国際的な比較を試みること」，「外国法を研究し，学ぶことは」，「外国の法制度や理論を，そのときどきの政治的風向きによってご都合主義的に採用することを批判できるし，また外国の制度や経験を真の意味で活用することができる」ことだと述べている (戒能通厚＝広渡『外国法』325 頁 (岩波書店，1991)［広渡］)。これらは，外国法研究が結局は自国法研究のためにあるという立場を，極めてよく体現している。

このような姿勢は，実定法学者が行う比較法では，より顕著となる。例えば近時の民法学者による記述を見ても，「研究者が固有の研究として行う外国法研究は，主として解釈理論を組み立てるため」(大村敦志『民法総論』94 頁 (岩

波書店，2001）。以下，「もちろん，その延長線上に立法論の主張が出てくる」と続く。同書は「比較対象とする外国法と日本法の双方をともに理解できる上位のメタ・モデルを構築する」際にも，それが「日本法を強く意識した外国法研究の過程で獲得される」ということを強調してやまない。同書103頁）であることは自明とされている。「民法典の内容を明らかにし，それを体系化する作業」（山本敬三『民法講義Ⅰ』25頁〔第3版〕（有斐閣，2011））の「手がかりとされたのが，ドイツ法であ」（同上26頁）り，当初は「その問題についてドイツではどうなっているのかということが熱心に調べられ，あたかも日本の民法典もそれと同じことを定めているかのように解釈し直された」が，「現在では，民法の各制度がどの国に由来するかを慎重に見極めた上で，他の国々とも比較しながら，日本の社会に適した解釈を行うという方向が一般化してき」た（同上26頁。大村敦志『基本民法Ⅰ』〔第3版〕6頁（有斐閣，2007）の述べるように，フランス法のほか，英米法の影響もある。特に，明治民法は旧民法がそのまま採用された部分も多く，その3人の起草者のうち穂積陳重を除く梅謙次郎，富井政章がフランス留学の経験者であったこともあり，フランス法の影響も強い。内田貴『民法Ⅰ』〔第4版〕25頁（東京大学出版会，2008）），などと説明される。また，日韓の比較法の意味として，法の継受の意味を探ること，法学交流により各々の法律学を発展させること，諸法の融合による法創造の実験場として観察に値すること，などが挙げられる（大村敦志『法典・教育・民法学』161-165頁（有斐閣，1999）。同書169頁は，「展望」として，「日韓両国の法・法学の経験は，異法文化の接触に関する大きな例を付け加える」という意義を付け加える。宇賀克也『アメリカ行政法』〔第2版〕はしがき4頁（弘文堂，2000）も参照）。

　比較憲法の通説的姿勢は，比較法一般の中に置いたとき，特異である。他の実定法分野の研究者のそれと異なるばかりか，比較法学者のそれとも異なる傾向にある。特殊な立場を維持する側が高度な立証責任を負うべきであるとのルールからすれば，なぜ，比較憲法学だけが「科学」なのかを語らねばなるまい。

○ 比較政治学との対比

　次に，比較制度論を挟んで関係の深い比較政治学（なお，この「学問が学界で市民権を得，大学に講座を設けられるようになるのは，せいぜい1950年代の後半」で

ある。河合秀和『比較政治・入門』〔改訂版〕18頁（有斐閣，2000））の姿勢を見たい。

　政治学の一分野であり，地域研究や「各国政治史における特徴の並列的ないし対比的な記述にとどま」（小野耕二『比較政治』7頁（東京大学出版会，2001））らない比較政治学では，端的に日本の政治をよくするため，ではなく，第一義的には政治というものを考察することを目的とすることも多いであろうこと，すなわち，これまでの言葉を用いれば「科学」志向が見出せるであろうことは想像できる（特に発展途上国の研究などについてはそうであろう。武田康裕『民主化の比較政治』はしがき1頁（ミネルヴァ書房，2001）参照）。

　だが「一般には，比較によってわれわれは他の政治制度から教訓を引き出すことができると考え」（ジョヴァンニ・サルトーリ（岡沢憲芙監訳）『比較政治学』まえがき1頁（早稲田大学出版部，2000））ており，研究者の関わる政治体制の改善や維持のための実践の学である，との考え方もあるようである。選挙・統治制度を比較し，最終的に様々な「イシューと提案」も行われている（同上157頁以下。200頁からは議院内閣制の問題を論じており，提言の宛先はアメリカだけではない）。あるいはこの学問は，「比較政治の分野における」ある理論の「日本政治研究へ応用された」ものを「紹介し，その可能性と意義を検討する」（建林正彦「合理的選択制度論と日本政治研究」法学論叢137巻3号63頁，64頁（1995）。同論文83頁は，「今後望まれることは，比較の視点を広げていくことである」などと述べる）ことなども目的とする。比較政治学が自文化中心主義を克服する一助になるという指摘もある（ウィーアルダ前掲書16頁。同書は，知的好奇心のためとか，各国変化の予測のためなどの目的も挙げる。河合前掲書18-19頁同旨。同書198頁は，日本を「比較政治研究のいわば実験室のような国」として，複数の国と並べて取り上げる）。

　われわれの比較目的は，西側先進国の政治制度類型に属する日本の政治制度と憲法政治の特質のよりよい理解を得るとともに，この種の政治制度類型の現状認識をふまえて，その発展ないし変容の趨勢を見定めようとすることにある（田口富久治＝中谷義和編『新版比較政治制度論』5-6頁（法律文化社，1999）［田口］）。

　このように，比較政治学においては，その目的は一般的な「政治」ないし政

治社会・制度の探求にあるという方向と，最終的には日本なら日本の政治の改善にあるという方向があり，それが混在しているとの印象を受けるものである。

　結論的には，比較憲法学は，その目的の点において比較法学一般や比較政治学という近接諸学問と異なった姿勢――強い一般的「科学」志向――を維持していることは明らかである。しかし，比較政治学が今日，強調している（建林正彦ほか『比較政治制度論』7頁（有斐閣，2008）），因果関係（correlation）の確認もせずに特定の国の憲法の字面を比較していないか，反省が必要である。もし仮に，その特殊性を維持しようとするならば，今までにも増してその立場を補強する理論構築が必要であろうことは否定できないように思われる。

3　比較憲法の対象と方法

　比較憲法学の目的が何であるかは，附随する各論的問題にも波及する。すなわち，いかなる国のいかなるものを比較対象とするか，などである。

○ 比較対象

　比較憲法の対象国はどこか。田上穣治は「我が憲法と比較的に類似する憲法を主たる対象とし，併せて異質的な憲法にも若干論及する」（田上前掲書6頁）としているし，多くの教科書は現在でも英米独仏など，広げても西欧諸国を比較憲法対象国にしている様相である。樋口陽一も，そうするのは，「**近代立憲主義**の人類的価値へのアンガジュマンをかくさず」，（樋口前掲『比較憲法』はしがき1頁）「基本的に同質の歴史的類型に属する憲法について，一定の方法的視角からのみきりこ」む（同上はしがき5頁）。田口＝中谷編前掲書8頁［田口］は，この方法論に親近感を示す）からだとしているし，「ここで対象とする憲法は」「近代革命を経た国家（イギリス，アメリカ，フランスなど）」であり，それは「多くの基本的な共通点（立憲性）を有している」からであろう（吉田前掲書1頁。同書の比較対象もほぼ英米独仏である）。もしも比較憲法学が**日本国憲法**解釈の手段としての**実践**だと考えるならば，英米独仏など，近代立憲主義を基盤とする自由で民主的な国々の憲法こそが日本国憲法の解釈に示唆を与えてくれるのであ

るから，これは妥当であろう。偶然にも，「**科学**」的な比較憲法を標榜する多くの教科書もそうである。今後，グローバルな民主化により，この範疇(はんちゅう)に加えられる国も増加しようが，対象が地球大となることは理論上もないであろう。

　また，憲法全体を**社会主義憲法**と非社会主義憲法に二分し，前者では「社会主義的内実の廃棄や根本的変更は，主権者である人民でさえも許され」ないのであるから，「体制そのものにかかわるかぎり」，これと後者とを「同一レベルで比較を行なうのは無意味である」（西前掲論文（2・完）114頁）。また，**イスラム諸国の憲法体制**との同一レベルでの比較もできない（同上115頁）ようである。確かに，「比較方法は，比較される諸項間に比較可能性がある場合だけに適用される」（大木前掲書96頁）ともいう（同上113頁は，「資本主義法と社会主義法の比較を全面的に否定する者はいない」が，契約不履行の損害額の算定などの方法は，東側諸国では適用されず，「いずれの解決が良いかと問うことは，まったく無意味なことであ」るとする）。比較が比較である以上，比較という手法の持つ対象の限界はあろう。線引きの妥当性はともかく，日本国憲法に示唆を与える一部の憲法が比較憲法の対象である点で，以上の見解は一致する。

　これに対して，イタリアや南欧，北欧の憲法研究者が少ないことや，アジアへの無関心を，「日本の外国法研究の拡大の仕方には，組織性や理論的必然性がない」などと批判（長谷川前掲論文342-343頁）する長谷川正安は，このような限定に反対する。「科学」としての比較憲法学を標榜するならば，比較対象が広くなることは理の必然であるが，そこにとどまらず，長谷川は，最も比較すべき対象を別のところに置いているように見受けられる。

　　社会主義法憲法の研究が必要なのは，日本の憲法の資本主義的性格を浮彫りにすることができるからである。比較憲法は，社会体制の同じ国家の憲法間で，その類似点を手がかりとして行なわれると同時に，社会体制の異なる国家の憲法間で，その異質性を手がかりに行なわれることも可能である。これに加えて，資本主義から社会主義への歴史的発展の法則をみとめる研究者であれば，社会主義憲法の研究は，日本の憲法の将来を予測する手がかりとなる（同上345頁。同論文同頁は，日本の社会主義憲法研究者が「対象に同情的になって，その欠陥まで擁護しがちになる」とも指摘する。

また，もちろん西欧諸国の憲法研究を不要とはいわないが，しかしその観点は，「日本の憲法が資本主義国家の憲法であり，現在当面している困難な憲法問題の多くが，国家独占資本主義といわれる資本主義のあり方に関係しているとすれば，同じ国家独占資本主義の国家の憲法研究が，日本の憲法研究にも多くの示唆を与えてくれる」点にあるとする。石村前掲論文56-57頁も参照。浦田前掲論文なども同様か）。

だが，長谷川も**ファシズム**や**開発独裁**は比較対象にしない。それは観察者の視点があり，多分に，社会主義を基準に資本主義を検討したときの問題点を白日のものにしたいという意欲があるからであり，またファシズムや開発独裁のメリットを考える必要はないと暗黙のうちに考えているからであろう。果たしてそれは客観的「科学」的という以上に実践的な姿勢なのではないか，という疑問はなくはない（浦田前掲論文24頁は，類型の第一を資本主義／社会主義とするが，その根拠は不明である。これは，辻村前掲書25頁図3も継承したように見える）。

たとえば，奴隷制社会と資本主義社会とを比較するのは無意味であろうか。ローマ法と資本主義社会の民法とを比較するのは無意味であろうか。ローマ法と資本主義社会の民法とは「法の継受」という関係にあるといわれるが，しかし古代ローマ社会と例えば今日の日本社会とのあいだに現実の関係があるわけではない。とはいえ，しかし2つの法の比較が無意味であるとは思えない。関係のないものどうしの比較が無意味だと考えるために，しばしば現実の関係がないものどうしに苦し紛れの関連づけを行なって比較を行なうこともけっしてないとはいえないであろう。それは，形と程度こそ違うにせよ，なお一種の実用主義・ご都合主義にとらわれていることになるといえないであろうか（村田前掲論文119頁）。

要は，比較によっていかなる共通点あるいは相違点を析出するかである。それによって有意義な比較になるか否かが左右されるのである。類似点の少ないものどうしの比較の場合，すなわちデュヴェルジェの言葉を借りれば遠隔比較（comparaisons eloignees）の場合，近接比較（comparaisons proches）の場合と違った特別の困難があるようにみえるが，実は困難そのものは特別なものではない（同上121頁）。

村田尚紀にも，異質なものとの比較により資本主義憲法の本質を析出し，その問題点を提示することが比較憲法学の重要な役割であるという視座が見える。だが，もはやこれは，日本国憲法の解釈のためとはやや方向が異なるが，日本国憲法が乗る共通基盤を批判し，ある一定の視点からその解釈を改めるための実践ではないだろうか。これらの方向は，比較憲法の蓄積により日本国憲法の解釈を行い，具体的な問題の解決に役立てるということとは全くスケールの異なる，体制に関わる革命的な議論となることには注意が必要であろう。

　ところで，このような方向がさらに進めば，比較対象は「全て」ということになろう。国家のみならず，**国連憲章**などの国際的な諸憲章（黒田前掲書36頁）であるとか**連邦国家**の州などの国家的組織体の憲法（大西邦敏『比較憲法の基本問題』14-15頁（成文堂，1968）。その擁護論として，小林昭三「比較憲法学＝大西邦敏流」早稲田政治経済学雑誌327号1頁（1996）がある）までもその対象とすべきという見解もありうる。だがそれを全て行うことは「常人のよくなしうるところではない」（黒田前掲書39頁）ように思われるし，本来，以下の述べる機能的方法は，この立場では難しいはずである。また，それを続けることは，「科学」を志向しつつ，現象としては教養としての比較憲法のあり方と紙一重になるという危惧もないわけではない。逆にその対象の「科学」的限定をすれば，それは実践ではないかと批判されるというジレンマは，どうしても残ろう。

　日本の比較憲法学は，**近代立憲主義**の源流たる英米独仏の憲法に傾斜してきたが，今日では，日本と類似の発展をしている憲法も対象にし，その差異の理由を熟考すべきであろう（岩隈前掲論文6頁以下）。特に，幸いにしてこれらの国の**植民地**とならず，法の**継受**という点で主体性をもち続けたか，不幸にして一度，日本の植民地を経験してこれを脱した地域の憲法であれば，英米独仏何れかと同じゆえ，比較の実益なしと斬って捨てる必要もあるまい。アジア・アフリカ・中南米の憲法を紹介する，比較憲法の教科書も既に登場している（例えば，辻村前掲書85頁以下）。「**国民国家のゆらぎ**」（同上1頁）の視角からは，連邦国家化の途上にあるEUなども今や視野に入ろう。本書でも，オーソドクスな英米独仏のほか，西欧法に還元しきれない北欧法を取り上げ，形成途上のEU，民主化とともに比較憲法の対象となった韓国と台湾を取り上げることとし，こ

れ以外の諸国は他書に委ねることとした。

○ **比較方法**

比較憲法の方法論として，一般に以下の方法がよく挙げられる（阿部編前掲書13頁［阿部］参照。なお村田前掲論文117頁は，これはおそらくはゲツェヴィチの影響による分類であると指摘する）。

第1のものは**現象的方法**である。これは，各国統治体制は各国独自の歴史の表現であり，独自の性格を有するということを前提に，互いの土壌の違いを認識しつつ同時代的に制度などの比較する方法である。法の**社会学的分析**ともいえる。特にそれが制度・条文などの形式的異同を数量的・統計的に問題とするとき，**静態的方法**と呼ばれる場合もある。この方法には，外国の政治文化まで含む理解をするには，限界もあろう（中村前掲文献98頁。また，ややもすれば，「それまでの邦語文献を読んでも分る」のに，「『六法全書と英和辞典があれば英米法は分る』式の過ち」を犯す危険もある。田中前掲書325頁参照）。また，数値の比較をもって事足れりとする悪い傾向も生じやすく，一つの傾向を知る上での参考に留めるべきことも指摘される（西前掲論文（2・完）115頁）。しかし他方，文書や数字をもってするため，多くの国の比較を同時にできる利点もある。

第2のものは**機能的方法**（特に，黒田前掲書37頁は，「上部構造と下部構造との相互関係における機能的意味を的確に把握しつつ，歴史的・発展的・機能的に比較考察を行うのでなければ，真の比較憲法学とは称しえない」とすら述べる。しかし，中村前掲文献95頁は，「日本では，比較憲法（あるいは比較法一般）の方法論は深められないまま，機能的比較の方法が主として採られてきた」と指摘する）である。法現象をその動態，すなわち実際の政治社会の中でいかなる機能を発揮しているかに着目して比較するので，**動態的方法**とも呼ばれる（黒田前掲書39頁のいう「法社会学的・法政策学的」方法もこれに該当しようか）。これは，いかなる憲法の下においても統治機関は一定の共通の任務を遂行しているはずであるなどとして，共通性を析出できるという信念に支えられている。例えば，違憲審査制を有する国の憲法判例により憲法の適用状況を比較する研究などは，これに該当する（See, M. Cappelletti & W. Cohen, Comparative Constitutional Law, 1979）。この方法で

は，比較は，構造的類似性又は機能的等価性を有する場合だけ可能となる（大木前掲書 96 頁。同書 99 頁はさらに，この方法により，「大陸法とコモン・ローを架橋した」し，「資本主義法と社会主義法との間にある障壁に突破口を開いたのもそれである」などとしながらも，「しかしこの点を強調しすぎるならば，比較の対象を限定しようとしてきた過去の努力を無に帰する恐れがあり，かつての文明人類共通法の理想に舞い戻る危険がある」と指摘する）。静態的方法では不可能な，制度・条文と運用や意識のずれなどを把握することができるという利点があろう。反面，この方法は，比較する外国の可変要素を全て拾い上げることができず，具体例が少ないと何らの一般化もできない欠点がある（中村前掲文献 97 頁）。

　第 3 は**歴史的方法**である（田上前掲書は歴史的考察を第一義とする。同書 11-98 頁参照。鈴木前掲書など，題名が「史」を含むならば特にそうである）。それはもちろん，法現象をそれが存在する歴史社会との関わりで比較するものである。但し，それは全人類史を語るものではない。近代立憲主義が特定の歴史的状況の中で誕生したがゆえに，多くの著書は，イギリスの**ピューリタン革命，アメリカ独立宣言，フランス革命，ドイツ三月革命**まで遡ればよいとする（吉田前掲書 28 頁など参照。ここにも比較を行う実践的意図が見える）。第 1・第 2 の方法が現在に力点を置いているのに対し，それらを遡って検討するということでもある。

　これ以外に，通常は忌み嫌われる，**寄集め的方法**を可とする論者もある。「手許にある雑多な素材をある目的のために寄集め組み合わせ，寄集められたものの価値を一新または増大させるという方法」（中村前掲文献 98-99 頁）だという。この方法は，憲法典を体系性ある一貫した文書とは考えず，起草者たちの書いた条項の偶然の寄せ集めに過ぎないと考え，一見目的の不明な条項も解釈可能になるという指摘でもある。また，様々な法圏から独創的で最良の解釈を発見し，それをつなぎ合わせることもありうる（大木前掲書 82-83 頁と同旨か）。欠点は当然，比較対象の選定が恣意的になされ，正当な方法に見えない点にある（中村前掲文献 99 頁）。むしろ日本ではこのような，「手っ取り早く役に立つものは何でも吸収するというやり方」（田中前掲書 320 頁）が根強いため，ことさらその方法を紹介するまでもないといわれる。ほかに，イデオロギー的方法，システム的方法があるとの指摘もある（西前掲論文（2・完）118-121 頁参照）。

だが，以上の方法論に関わる議論は相互排他的ではなく，適切な選択こそが重要なはずである。ある立法への反対のため，各国の立法を至急調べ，それがことごとく失敗に終わったことを証明するものは，専ら「寄集め的方法」であるが，その限りでは不適切ではない。最初にタイムスリップ（矢崎光圀「法思想と慣行的文脈」阪大法学141＝142号1頁，3-5頁（1987）参照）のごとく各国憲法史を，次に現象的方法で統治機構を，そして機能的方法で人権について講ずる授業はよくある。見事な論説では，これらの手法がよく調和していよう。

　比較憲法学を「科学」だとする通説的見解は，このうち機能的方法に強いシンパシーを抱いている。だが実際には歴史的方法に拠っている著書も多い。**フランス革命**の読み方を巡る論争は有名である（樋口『比較憲法』57頁以下，杉原泰雄『憲法Ⅰ』17頁以下（有斐閣，1987），同前掲『憲法の歴史』30頁以下など参照）。これに対して，比較憲法学は実践であるという立場は，この種の方法論をあまり語っていない。もし解釈のための実践であるのならば，説得的な方法でさえあればよく，そこまで方法論的に正しいかを論じる必要がないのであろう。

　「比較憲法」とは何か。この問いは古くて新しい。序章は，通説的な「科学」志向に疑念を抱いて終わる。比較憲法については，その目的意識や方法論，講義スタイルまで再考が求められている。本書は実践としての比較憲法学を勧めるが，立場を異にする論者にも，問題意識的な講読を願いたいと思う。

［付記］本章は，君塚正臣「大学における『比較憲法』の存在意義」関西大学法学論集52巻2号1頁（2002）を基に，本書が教科書であるために許容できる程度に註を省略し，法科大学院への提言などをカットするなどして，大幅に書き直したものである。

第1章　各国憲法史

　一般に，各国憲法史は西洋諸国の近代を語るのが通例であるが，本書ではそれに至るヨーロッパ**中世**が何であったかを，まず概観しておきたい。

　ローマ帝国の分裂（395年）と西ローマ帝国の滅亡（476年）で，ゲルマン民族の動向を軸に，一般にヨーロッパ中世は始まるとされるが，総じて，宗教的にはローマ教皇，世俗的には**神聖ローマ帝国**皇帝が君臨する**封建制**（身分制）の時代である。封土として上級君主から給付されることで**双務的契約**（君臣）**関係**が生じ，封土を農奴（移動と職業選択の自由はない）が耕すことで生産がなされた。**荘園**領主（従士，家士，騎士）は次第に，**国王**などの上級君主に対し不輸不入権（インムニテート）を行使して，完全な荘園支配者になっていった。

　教皇領はピピンの寄進（756年）に始まり，イタリア王国のローマ占領（1870年）で完全に終わるとされる。カノッサの屈辱（1077年）や**十字軍**の開始（1096年）は，教皇の権威の高さの象徴だが，その衰退の大きな原因もまた，イタリア商人と結び付いて腐敗したことなどを含め，度重なる十字軍の失敗（1272年まで続く）にある。次第に貨幣経済が発達し，荘園の残余の農作物は売れるようになり（貨幣地代化），ペストの流行，戦術面でも歩兵や火器の多用が生じ，封建諸侯・騎士階級は疲弊して没落し，その分，国王の権威が高まった。

　神聖ローマ帝国は，フランク王国のカール大帝の西ローマ帝冠（800年）もしくは，東フランク王国のオットー1世の帝冠（962年）に始まるが，13世紀に没落し，**ドイツ三十年戦争後のウェストファリア条約**（1648年）で事実上解体された（1806年，ライン同盟形成によるフランツ2世退位で完全に終わる。多くの期間，ハプスブルク家が皇帝を務めた）。その弱体化は，教皇とともに，普遍的な権力・権威の消滅を意味し，**主権国家**，そして，一つの民族に一つの君主・国家という**国民国家**の確立を導くこととなった。ウェストファリア条約は，中世

の二大権威と封建制を終わらせ，対外的**国家主権**を明らかにした意味がある。

「ローマ法大全」（534年）などでも有名な，東ローマ（ビザンツ）帝国は1453年にオスマン＝トルコ（1299〜1922年）により滅亡し，その結果，西洋世界の東端が確定された。他方，1492年，キリスト教徒は，西ゴート王国滅亡（711年）以来の国土回復運動（レコンキスタ）の末，イスラム勢力をスペインのグラナダから追い返すことに成功し，香辛料や貴金属（そして奴隷）を求めてそのまま大航海時代となるとともに，ヨーロッパの西端も確定させていった。ヨーロッパはキリスト教社会となり，共通の価値観を有する世界が誕生していった。また，14世紀からのルネサンス（再生）運動は，古代ギリシャ・ローマ文化の復活を求めるもので，15〜16世紀の**宗教改革**（ドイツ三十年戦争などの宗教戦争や魔女狩りを招いた）とともに，それは，長い中世への焦燥感の表れでもあった。

16世紀以降（近世），強固になった王権は，各国で，没落諸侯と新興市民階級のバランスの上に，**官僚制**（貴族階層）と**常備軍**を備えた集権的政治体制，いわゆる**絶対王制**を確立した。国土回復運動によりスペインとポルトガルで，英仏百年戦争（1339〜1453年）後にフランスで，ばら戦争（1455〜85年）後にイギリスで中央集権化が進んだ（ドイツとイタリアは小国分裂状態にあった）。理論的には，ボシュエ，ジャン・ボーダンなどの**王権神授説**がこれを支えた。経済政策としては**重商主義**がとられた。当初はスペイン帝国が優位であったが，無敵艦隊のアマルダ海戦での惨敗（1588年）とオランダの独立（1609年。宣言は1581年，条約上はスイスとともに1648年）などにより，中心はイギリス（および当初はオランダ）に動いた（1600年には，株式会社形式により東インド会社を設立する）。

このようにして確立した，対外的に独立し，対内的には最高の国家主権は国内的に誰のものかということが大きく動いた事件が，**近代市民革命**である。これにより，憲法という**社会契約**により政府を作ることが一般化した。その前提は，共和主義のように人は社会に生まれ，公的幸福を自ずと求めるというのではなく，自然状態に生まれながらに**自然権**（天賦人権）をもっているということであり，そのような状態を放置できないため，一部を委譲して，国家権力を作る契約するという**社会契約論**にある。それは，「各人の各人に対する闘争」で有名な**ホッブス**の『リヴァイアサン』（1651年），**権力分立**と**抵抗権**で著名な

ロックの『統治二論』（1690年），人民の**一般意志**を前面に出した**ルソー**の『社会契約論』（1762年）などがよく知られる。そして，ロックに影響を受ける形で，**モンテスキュー**は『法の精神』（1748年）を執筆した。このとき，自然法の下，国民のみがこれを有し，単一不可分，いかなる形式にも服さない，憲法を作る権力（**憲法制定権力**）と，憲法によって作られる権力（立法，行政，司法など）の区別が認識された（特に，シェイエス『第3身分とは何か』（1789年））。

　　　　　　　　　　　　＊　＊　＊

　近代市民革命以降の経過は，各国史の記述に委ねるが，まず留意すべきは，西洋の3つの国で先行したものであり，20世紀冒頭まで，多くの人々は，王権か**植民地**の支配を受けていた点である。君主制の残る国でも，19世紀前半に北欧諸国の**立憲君主制**化が進むが，ヨーロッパの大国は憲法を制定するものの，権力分立や基本的人権を保障しない状況にあった（**外見的立憲主義**憲法。オスマン＝トルコは1876年）。中国辛亥革命（1911年），第一次世界大戦によるドイツ，ロシア，オーストリア＝ハンガリー，オスマン＝トルコでの帝政の崩壊，第二次世界大戦敗戦に伴うイタリア王国の終焉と日本の象徴天皇制導入まで，共和政体（合理的支配）は普通ではなかった。そして，天賦人権を掲げる国々も多くの植民地を持ってきた。中南米諸国は19世紀前半に不完全ながら独立したが，アジアでは第二次世界大戦後，アフリカに至ってはほぼ1960年以降（きっかけはフランス第四共和制を揺るがす**アルジェリア問題**）である。

　近代市民革命は，文字通り，財産と教養を有する家父長たる「市民（ブルジョアジー）」の革命であって，**制限選挙**が当然とされた。**普通選挙**は19世紀中頃からようやく登場する。これにより，**名望家政党**のほかに**大衆政党**（無産政党）が生まれ，**政党国家化**が生じた。**女性参政権**は（1893年のニュージーランドを除き）ほぼ20世紀の産物である。そして，国民が主導権を奪っても，王権（伝統的支配）に代わる**独裁者**（カリスマ的支配）らとの長い戦いが待っていた。まずは，ドイツ，イタリア，スペインなどの**ファシズム**であり，一時はその協力国まで含めると，ヨーロッパを席巻した。議会を利用した反議会主義，反個人主義，反自由主義（全体主義），反共産主義，反国際主義（民族主義）を特徴とした。そして，マルクス主義経済学（**マルクス**『資本論』（1867年））を支えと

するソ連などの**社会主義体制**（共産党政権）は，リベラルな民主主義への最大の挑戦であった。このほか，共和政体の下でも，大統領などの権力者が猛威を奮う**開発独裁**（権威主義体制）は発展途上国を中心に続出したし，軍が実権を握る国（**軍国主義**）も，20世紀前半の日本を皮切りに世界中で頻出した。

近代市民革命によって生まれた近代市民国家は，**アダム・スミス**『諸国民の富』（1776年）以来の**古典派経済学**に裏打ちされて，**小さな政府**（消極国家，最小国家，自由国家）を標榜したため，**産業革命**が大量の労働者（無産階級）を生むと，どうしても**貧富の差**の拡大を容認し，社会不安の種を蒔くこととなった。労働運動，女性運動，人種差別撤廃運動などの弾圧を経て，とりうるとされた解決策は，社会主義でもファシズムでもなければ，**大きな政府**（積極国家，福祉国家，社会国家）への転換であった。国民経済に政府が介入し，危機を乗り切ろうということである。典型例は，初めて**社会権**規定を有する憲法となった，ドイツの**ヴァイマール憲法**（1919年）や，アメリカのフランクリン・ルーズベルト政権が1933年に始める，雇用創出，所得再分配，社会保障の充実などを内容とする**ニュー・ディール政策**である。このあたりが現代の曙である。この結果，絶対とされてきた財産権は制約されるものとなった。**ケインズ経済学**（修正資本主義。ケインズ『雇用・利子及び貨幣の一般理論』（1936年））がそれを理論的に担保したし，**ロールズ**『正義論』（1971年）などの現代リベラリズム，社会民主主義も，このような政府観に立っていよう。ニュー・ディール政策が世界恐慌を脱する一見適切な処方箋に見えたことは，第二次世界大戦後の多くの国で，「国家からの自由」（**自由権**）だけでなく「国家による権利」（社会権）の憲法への挿入，**形式的平等**から**実質的平等**（機会の平等）への移行，個人の尊重に支えられた「自然権」思想の復活や，平和国家への志向を生んだ。

大きな政府は**行政国家化**を孕み，高負担高福祉と官僚支配（行政の肥大化），管理社会を招いた。このため，ノージック『アナーキー・国家・ユートピア』（1974年）を支柱に，社会主義国の相次ぐ崩壊もあって，1980年代以降，小さな政府に戻ろうというサッチャリズム，レーガノミクス，構造改革論などの**新自由主義**の動きも生じたが，マイノリティの人権への無配慮やナショナリズムなどとともに，「下流社会」など，新たな貧富の差の再生産への懸念もある。

第1章　各国憲法史

○ イギリス

　イギリス（連合王国）の憲法史は1215年の**マグナ・カルタ**に遡る。この文書は国王に対する封建領主の権利を確認したものであるが，ここに権利の保障と権力の制限という立憲主義の萌芽が認められる。また今日でも**陪審**とそれを通じた諸自由を保障したものとして参照される。

　イギリスは17世紀に近代立憲主義を確立した。国王と議会との争いは，「国王といえども神と法の下にある」という**ブラクトン**の法諺(ほうげん)を引用しつつ国王に対し**法の支配**と**コモン・ロー**の優位を説いた1606年の禁止令状事件（Case of Impositions 1606）における**コーク**の判示や，議会の同意なき課税を禁止した1628年の**権利請願**（Petition Right 1628）など，憲法史的に重要な判決，文書を生んだが，最終的に1688年の**名誉革命**で議会側の勝利が確定した。

　そこで定められた1689年**権利章典**（Bill of Rights）は極めて重要である。議会の同意なき国王による法の停止の禁止（1条），議会の同意なき課税の禁止（4条），議会の同意なき平時の軍保有の禁止（6条），議員の免責特権（9条）などを定める。権利章典は革命後にオレンジ公ウイリアムが王位に就く条件であったため，王位自体が議会の同意に依拠する意味をもち，これにより国王大権の制限と**議会主権**の確立がもたらされた。

　1700年**王位継承法**（Act of Settlement）は，従来の法に従えば王位継承者となるジェイムズ・エドワードとその卑属を除外し，カトリック教徒またはカトリック教徒と婚姻した者への王位継承を禁止して，実質的にハノーファ選帝侯妃ソフィアとその卑属でプロテスタントの者を王位継承者と定めた。この法律は裁判官が「非行なき限り（during good behaviour）」在職しうることを定めた点でも重要である。

　その後，イギリス（当時はイングランドとウエールズ）は，1707年にスコットランド，1800年にアイルランドと合併して，現在の連合王国となった（1707年スコットランド統合法（Act of Union with Scotland 1707），1800年アイルランド統合法（Acts of Union with Ireland 1800））。

　この間，イギリスでは徐々に**議院内閣制**が形成された。1714年のアン女王の死去に伴い，王位継承法に従ってハノーファ選帝侯から迎え入れられた

ジョージ1世は，英語を十分に解さず，イギリス国内の政治に関心を持たなかったため，第一大蔵卿の**ウォルポール**を中心とするホイッグ党の大臣らに政治を委ねた。ウォルポールはしばしばイギリスにおける最初の首相と呼ばれる。
　ジョージ2世の下においても，ウォルポールや大ピットらが下院多数派の支持を得て政治を指導した。また，ノースは1782年にアメリカ独立戦争における敗北から下院で不信任決議を受けて辞職をしたが，これが**不信任決議**に基づく**内閣総辞職**の最初の例とされる。ジョージ3世治世下の小ピットも，1783年から1801年まで通算18年余り政権を担当した。
　このようにして「国王は君臨すれども統治せず」の原則や連帯責任の観念といった議院内閣制の諸要素が形成されていった。もっとも，ジョージ3世のように積極的に政治に関与した国王もいた点，また当時は選挙権が大地主に限られ（**制限選挙**），選挙のための大規模な組織が不要であったため，政党といっても有力議員を囲む緩やかな議会内党派であった点には，注意が必要である。
　現代の立憲民主制が形成されるのは，1832年以降5度の**選挙法改正**による参政権の拡大と政党の組織化を通してである。1867年，1884年の第2次，第3次選挙法改正により労働者階級にも選挙権が付与されたことを背景として1906年に**労働党**が結党された。また，従来のホイッグ，トーリーという**名望家政党**も，有権者の増大と産業革命による社会の流動性の高まりから議会外の組織化が要請され，**自由党**，**保守党**という組織政党に発展した。女性に参政権が付与され，完全な**普通選挙**が実現したのは，1928年の第5次選挙法改正によってである。
　1909年に下院が承認した予算案を上院が拒否したことが契機となり，1911年**議会法**（Parliament Act 1911）が定められた。これにより，上院には法案成立を一定期間遅らせる権限のみが認められた。1949年議会法により上記の期間がさらに短縮されて，今日妥当する下院優位の立法過程が確立した（⇨第3章）。
　1922年には，アイルランド南部がアイルランド自由国として分離し（1937年にアイルランド共和国となる），北アイルランドは1920年アイルランド政府法（Government of Ireland Act 1920）で二院制の議会と国王の代表者たる総督（Governor）からなるアイルランド政府に一定の権限委譲がなされた（なお，その後，1972年には，一貫して政権を保持したプロテスタント中心の統一派（Unionist）に対す

るカトリック中心の国民派（Nationalist）の抗争が激化したため，議会を停止し，ロンドンからの直接統治に移行した）。

　第二次世界大戦後で重要な点は，ヨーロッパとの関係での憲法の変容である。1972年欧州共同体法（European Community Act 1972）は，**EU法**がイギリス国内で法的効力を持ち，国内法の解釈指針となることを定めた。このため，EU法と議会制定法との抵触関係が問題となったが，貴族院は，Factortame事件判決（*R v Secretary of State for Transport, ex p Factortame Ltd*（*No. 2*）［1991］1 AC 603）で，後法である議会制定法がヨーロッパ共同体法に違反するとして実質的にその効力を否定する判断を行った。この判決は，議会主権の原則を揺るがすものともいえ，憲法上重要な意義を有する（⇨第2章）。

　また，欧州人権条約との関係でも，イギリスは，1950年に批准した後なかなか国内法への編入を行わなかったが，1998年**人権法**（Human Rights Act 1998）がこれを果たした。人権法は，権利章典に相当するものを明文化するとともに，法令は人権法と適合するように解釈すべきとの要請（3条），人権法と適合しない法律に不適合宣言を行う権限の裁判所への付与（4条）によって，その他の議会制定法に対しても大きな影響を及ぼすこととなった（⇨第2章）。

　1990年代終盤以降，イギリス憲法は大きな変革の中にある。1997年からのブレア政権では「憲法改革」の名の下に憲法上重要な法律が多く定められた。上述の1998年人権法の制定をはじめ，統治機構との関係でも，スコットランド，ウエールズ，北アイルランドに対する「権限委譲（Devolution）」（「分権」と訳されることも多いが，中央政府の立法権の委譲も含むものであり，日本における「分権」とは異質のものであることに注意が必要である⇨第2章），世襲貴族の多くを廃止した貴族院改革（⇨第3章），情報公開法（Freedom of Information Act 2000）の制定，地方自治制度の改革（⇨第7章）と，2・3年の間に立て続けに重要な立法がなされた。またさらに，2005年憲法改革法により，権力分立と法の支配の観点から，従来は司法部の長と行政部の大臣，上院の議長を兼任してきた大法官（Lord Chancellor）の地位が司法大臣の地位へと整理されるとともに，上院が保持してきた最上級裁判所としての権限も分離され，**最高裁判所**（Supreme Court）が設立されている（⇨第5章）。

○ アメリカ

　アメリカの憲法史は，国家の創設と密接に関連しているので，合衆国の成立過程を中心に見ていく必要がある。アメリカ大陸発見以来，アメリカは主にイギリス，フランス，スペインによって植民地化されていった。18世紀以降になると，イギリスが北米の大部分を獲得した。この時期，イギリスはフランス領カナダにも手を伸ばし，1763年の**パリ条約**を経て植民地にしている。

　アメリカでは東海岸地域を中心にいわゆる13植民地が形成された。これらの植民地は，本国政府の法律に拘束されるものの，イギリス議会に代表を送る権利がなかった。その後，イギリス本国の財政事情で植民地の課税徴収が強化されていくと，アメリカでは**代表なければ課税なし**のスローガンが叫ばれるようになった。さらに1773年には，イギリスお抱えの**東インド会社**に茶の取引を独占させる法律を制定したため，植民地の不満が高まった。そのため，同年，本国政府の植民地政策に反発した人々がボストンでイギリス船の積荷（茶）を投棄するという**ボストン茶会事件**が起きた。

　これに対してイギリスはボストン港を封鎖したため，13植民地は**大陸会議**を開催して対抗策を検討し始めた。1775年にはレキシントンとコンコードでイギリス軍と植民地軍が衝突し，独立戦争が始まった。植民地軍の総司令官には**ワシントン**が就任し，1776年には**独立宣言**を出した。但し，独立宣言によって戦争が終結したわけではなく，各地ではまだ戦闘が続いていた。1783年のパリ条約でイギリスがアメリカの独立を認めることで戦争が終結した。

　13植民地は，戦争前から開催していた大陸会議で**連合規約**を批准し，各植民地は邦（州）となり，今後のアメリカをどうするかという議題はこの後の**連合会議**（1781年～）に引き継がれた。連合会議では，合衆国という中央政府を作ると専制に陥るとの懸念や，大きな邦の影響力が強くなることの懸念から，合衆国創設や憲法制定には反対意見も根強かった。そのため，**パブリアス**（連邦派）対**ブルータス**（州権派）という論争が起き，特に前者は中央政府の創設を求めて新聞に意見を寄稿して，積極的に主張を展開した。後に『**ザ・フェデラリスト**』という本にまとめられたその主張は，今でも憲法起草者の意図を参照する際にしばしば引用される。その著者は，**ジェイ**，**ハミルトン**，**マディソ**

ンの3人で，彼らはそれぞれ**建国の父たち**（founding fathers）と呼ばれる者の一人である。パブリアスは週に3〜4本のペースで寄稿し続けたことから，支持層を広げていき，様々な議論の末，最終的には連邦派の意見が大勢を占めることとなった。その結果，連合規約が批准の要件としていた9邦の批准を得て，1788年に合衆国憲法が成立した。当初，この憲法は合衆国の創設に必要な統治機構の規定のみを定めていた。そのため，人権規定についてはその後修正という形で追加されていき，現在では27の修正条項が存在している。この憲法は，民主主義の理念を打ち出し，権力分立を実現するシステムを明記し，人権保障を定めているので，近代立憲主義の代表的存在となった。

　1776年に，独立宣言に先駆け，ヴァージニアで**権利章典**および憲法が採択された。特に前者は，**主権在民**を打ち出し，自由や平等を保障し，権力分立に関する規定を置いており，地方レベルだが，世界最初の近代憲法ともされている。

　こうして自由と民主主義を掲げて出発したアメリカは，初代大統領に独立戦争で活躍したワシントンを選出し，共和国として幸先良くスタートしたように見えた。だが，その先行きは必ずしも順風満帆というわけではなかった。独立戦争の戦費が財政を圧迫し，アメリカを取り巻く外国情勢も不穏な状況が続いたことから，国家の行方をめぐり政府内ではイデオロギー衝突が激化していったからである。この対立により，ワシントンやハミルトンらの**フェデラリスツ**とジェファーソンやマディソンらの**リパブリカンズ**という政党が生まれた。与党であるフェデラリスツは，中央集権型および親英的立場をとり，執行府および司法府において大きな影響力を誇り，立法府でも多数派を占めた。一方，野党のリパブリカンズは地方分権型および親仏的立場をとり，執行府の一部（ジェファーソン国務長官などの閣僚）と立法府の一部（野党）を根城に抵抗した。

　当初，フェデラリスツ的政策を推し進めたのはハミルトン財務長官だった。ハミルトンはまず債務の整理を行うことに意欲を持ち，将来の歳入を担保とした新たな公債を発行することで，これまでの連邦債，州債，外国債を返還しようとした。ハミルトンの狙いとしては財政を安定させることで，より強固な政府を構築しようとする点にあった。これに伴い，ハミルトンは中央銀行の創設が不可欠であると考え，**第一合衆国銀行**を設立する。ところが，このような政

策に対してリパブリカンズは真っ向から反対した。公債発行に対してはヴァージニアなど比較的財政が健全な州が全体のために損をすると批判し，合衆国銀行に対しては中央政府の専制につながる違憲の存在だと批判したのである。

両者の対立は2代目の**アダムズ**大統領のときに激化する。アダムズはフェデラリスツ的政策を推進するだけでなく，政府に反抗的な言論の統制にまで乗り出した。というのも，当時，リパブリカンズは**フランス革命**に親和的な態度をとっていたため，アダムズ大統領はアメリカ国内でも反乱が起きると懸念したからである。そのため，政府は**煽動罪**の規定を設け，リパブリカンズの言論を取り締まった。これに対して**表現の自由**の侵害だという反論がなされたが，フェデラリスツが牛耳る司法府は煽動罪の合憲性を認める判断を下していった。

アダムズ政権の陰鬱な政策に嫌気が差した市民は政権交代を望み，1800年の大統領選挙および連邦議会議員の選挙の両方でリパブリカンズが圧勝した（**1800年の革命**）。第3代大統領となったジェファーソンは，まず煽動罪で有罪とされた仲間に対して，煽動罪が表現の自由を侵害して違憲だという理由で恩赦を与えて解放した。ここでは，執行府が憲法違反を理由に人権保障を実現している点に注意が必要である。さらに，フェデラリスツのメンバーが居座る司法府に目を向け，レイムダック期（大統領選挙後から新しい大統領が就任するまでの間の期間）を利用してアダムズ大統領がどさくさに紛れて大量に任命した新しい連邦裁判所の裁判官の職務執行令状を発行しないという行動に出た。

これに対して，新たに任命されるはずであったマーベリーが職務執行令状の発給を求めて連邦最高裁に提訴したのが **Marbury v. Madison**（5 U.S. 137（1803））である。当時の連邦最高裁長官**マーシャル**はフェデラリスツ側の人間であり，この裁判をどう裁くかにフェデラリスツの運命がかかっていた。そこでマーシャル長官がとった戦略が**司法審査権**の確立だった。マーベリーは裁判所法13条に基づきいきなり連邦最高裁に提訴したのだが，憲法はそのような第一審管轄権を認めていない。マーシャルはこの点に着目し，憲法が最高法規であることを確認しながら，司法府には法の意味を決める役割があるとし，ある法令が憲法違反か否かを判断する権限があるとした。つまり，司法審査権を確立したのである。この事件ではマーベリーは敗訴となったが，司法を牙城とするフェ

デラリスツにとっては大きな武器を手に入れることになった。

　このように，アメリカの司法審査権は憲法の明文規定があるわけではなく，政治的思惑の中で登場したという背景がある。当時の司法審査権には人権保障の面影はなかったわけである。この司法審査権が人権保障としての役割を果たすようになるのは，19世紀末になってからのことであり，もうしばらく時間が必要であった。というのも，司法審査権は確立されたものの，これを多用して政治部門に無視されてしまっては意味がない。したがって，この後，半世紀にわたって司法は連邦法に関する違憲判断を行わなかった。

　国内政治的には紆余曲折があったものの，アメリカは建国以来順調に領土を広げた。その方法としては，外国から購入したり，未開の地を開拓したり，インディアンを追い出したり，戦争で奪い取ったりと様々な手段がとられた。**Dred Scott Case**（160 U.S.（19 How.）393（1857））に象徴される，自由州と奴隷州の対立が招いた**南北戦争**（1861～65年。連邦分裂の危機であった。その再建期に制定された**憲法修正13・14・15条**は連邦と州の関係を大きく変えた）の頃にはアラスカやハワイを除き，また準州との区別をしなければ，ほぼ現在の形のような領土を獲得した。南北戦争後，アメリカは隣国のカナダをも併合しようとする機運が高まったが，その動きを察知したイギリスが**1867年英領北アメリカ法**を制定し，自治領カナダを発足させた（この法律は，カナダにとって憲法と同格の位置付けとなり，1982年憲法と並んで重要な憲法法源となっている）。

　その後，19世紀末に産業革命を迎えたアメリカは，世界に先駆けて労働環境の整備に取り組み始める。ところが，労働規制によって経営に支障が生じることを嫌った資本家らは，労働立法が**経済的自由**を侵害するとして訴訟を起こし，連邦最高裁も当初はその訴えを認容して違憲判断を下した。また，表現の自由の問題も積極的に取り上げるようになり，いよいよ司法審査権を積極的に活用し始める。ただ，ニュー・ディール期には，司法は労働規制立法の合憲性を認めるようになった。その後，第二次世界大戦が始まると，政府は様々な人権制約立法を制定していった。司法審査権を活用し始めた司法であったが，戦時中の人権制約に対しては政治部門の判断を尊重する態度をとった。

　終戦後，連邦最高裁は再建期に制定された憲法修正（修正13・14・15条）の

実施に取り組み始める。リベラルコートとして名高い**ウォーレン・コート**は，平等問題を中心に積極的に人権保障を行っていった。それは 1960 年代の**市民権運動**と重なり，リベラル的思想が社会を席巻した。しかし，巻き返した，レーガンに代表される保守政権は，連邦最高裁に保守的判事を送り込み，保守的志向を持つ長官が現在まで続いている。なお，この時期にカナダでは **1982 年カナダ憲法**（charter）が制定されており，初めて一般的人権規定が設けられた。

2001 年の**同時多発テロ**はアメリカの立憲主義に大きな動揺を与えた。本土が初めて攻撃に晒され，航空機を使った自爆テロの特殊性がその理由であろう。政府は直ちにテロ対策関連法令を制定し，様々な手段を用いてテロ容疑者の拘束に取り組み，アフガニスタン空爆やイラク戦争へと踏み切った。だが，テロ対策には自由の制限が多く含まれており，令状のない盗聴やグアンタナモ基地での拷問など，違憲の疑いのある行為が行われた。これを超えて，司法と政治部門がどうやって人権保障を復活させていくかが問われている。

○ ドイツ

ドイツは，10 世紀初めに，それまでの諸部族の連合体から法的統一体が形成され帝国化していく。そして，16 世紀初めに，この帝国の名称として「ドイツ人の**神聖ローマ帝国**」（das Heilige Römische Reich Deutscher Nation）が使われるようになった。この帝国は，憲法に当たる法典を持たず，伝統と慣習法とによっていた。もっとも，1356 年の金印勅書のように帝国の法として成文化された法もあり，それらは「基本法」と呼ばれた。帝国の国制は時代によって変遷したが，皇帝と帝国議会は一貫して存在した。皇帝は元首であり，諸侯から選出され，教皇による戴冠によって皇帝としての権威を得て，立法，行政，司法について包括的な権限を有した。帝国議会は，聖俗の諸侯からなる**等族議会**（身分制議会）であり，1663 年以降は命令的委任を受けた諸侯らの代表者で構成され，立法および統治の領域で皇帝と協働した。司法の領域では，13 世紀に置かれた帝国宮廷裁判所が 15 世紀半ばに活動を休止し，代わりに**帝室裁判所**と**帝国宮廷顧問会議**が裁判を行うようになった。このような神聖ローマ帝国は，「国家内の国家」ともいうべき多くの君主制の**領邦国家**からなっており，

ドイツ人は帝国と領邦国家の二重の法の下にあった。17世紀から18世紀にかけ，この領邦国家は典型的な**絶対主義**的統治形態を持つようになり，その発展により帝国は弱体化した。そして，1805年の**ナポレオン**の侵攻をきっかけに一部の領邦国家が帝国から離反し，1806年8月6日にフランツ2世が皇帝を退位して，神聖ローマ帝国は消滅した。

　ナポレオン失脚後，1814年から翌年にかけての**ヴィーン会議**で，ドイツ領域内の領邦国家は独立し，国家連合としての**ドイツ同盟**を結成するものとされた。統一的国民国家ではなくドイツ同盟が成立したため，市民間に生じていた立憲主義運動は，さしあたり各国内での憲法制定に向けられた。憲法制定は，まず南独諸国，次いで中部諸国で実現する。そして，1848年のフランス**二月革命**の影響により，プロイセンとオーストリアも憲法を制定するに至った。これら諸国の憲法は何れも**立憲君主制**の憲法であった。すなわち，君主は国家権力の主体であったが，国民代表たる議会の協働や同意権，さらに基本権によって拘束された。そして，市民の自由と財産が制限されるのは，市民の代表たる議会が同意した法律に基づく場合のみとされた（法律の留保）。だが，この国民の運動は，初めて職業・階層を超えて人々が集まった1832年のハンバッハの政治集会が「統一と自由」をスローガンとしたように，本来"統一ドイツ"の憲法制定を求めるものであった。そして，二月革命の影響を受け，全ドイツ国民の直接選挙で選出された**憲法制定国民会議**がフランクフルトのパウロ教会で開催された。この会議は1849年3月にドイツ帝国憲法（**フランクフルト憲法，パウロ教会憲法**）を制定した。これは民主的な基盤のみに基づくドイツ初の憲法であるが，連邦国家的原理や自由で民主的な**法治国家原理**と立憲君主制原理とが結び付く妥協的性格を有していた。基本権については「自由と財産」の保護に重点が置かれ，法律の留保の下においてのみ制約できるとされた。この憲法は，反動的な君主勢力が強まったため，結局，施行されずに終わった。しかし，この憲法が採用した**自由権的基本権**や**憲法裁判**制度などは，後のドイツの憲法に大きな影響を及ぼした。

　1866年の**普墺戦争**の結果，オーストリアは自らを含めない**小ドイツ主義**による新たなドイツの形成に同意し，ドイツ同盟は解消する。そして，1870年

に小ドイツ主義による**ドイツ帝国**(ライヒ)が成立した。この帝国の憲法（**ビスマルク憲法**）はドイツを連邦国家とした。命令的委任を受けた各国政府の代表で構成される**連邦参議院**は，国民代表の**帝国議会**とともに立法に関わった。皇帝は，首相の任免権，軍の最高司令権，法律の公布権など広範な権限を有した。首相は議会に対して責任を負うものの，議会に解任権はなかった。憲法裁判権は定められず，連邦構成機関間の紛争は連邦参議院で処理された。また，この憲法には基本権についての定めがなかった。これは，帝国法律によって基本権的な地位が既に保障されていたことや，基本権が対行政権で保障されるものであって対立法権では保障されないと考えられていたことなどが理由である。

この憲法は，1918年の**十一月革命**によって終わる。**憲法制定国民会議**が全ドイツ国民の普通，平等，秘密選挙によって選出され，1919年2月にヴァイマールで開催された。この会議は，同年7月にドイツ国憲法（**ヴァイマール憲法**）を可決し，8月11日に公布した。国民の**憲法制定権力**のみに基づくこの憲法は，国民が全ての国家権力の基礎にあることを宣言した。また，国家体制を連邦制の共和国とし，国民から選出される**ライヒ議会**とやはり国民から選出される**ライヒ大統領**とを憲法機関の柱とした。前者は法律制定権を有するのに対し，大統領は**緊急命令発布権**を有した。また，法律については**国民発案**の制度もあった。ライヒ首相は議会と大統領の両方に依存しており，ライヒ大統領によって任免されるのみならず，ライヒ議会の不信任決議によっても辞任せねばならなかった。ヴァイマール憲法は，基本権として，自由権的基本権のみならず**社会的基本権**および社会的国家目標規定も定めた。裁判官の**違憲審査権**は定められなかったが，実務上，1925年11月4日のライヒ裁判所判決によって，裁判官が審査権を有することが最終的に確認された。これは**付随的審査**であり，抽象的・具体的規範統制や憲法異議の定めはなく，実際にも行われなかった。

ヴァイマール共和国は，**ヒトラー**率いるナチ政権による1933年3月24日の**授権法**の制定によって，「合法的に」崩壊した。この法律は，憲法に反してライヒ政府に法律制定権を与え，また，政府制定法律と矛盾する憲法の規定は効力を失うと定めていた。ナチ政権は，この授権法に基づいて全体主義的独裁体制を確立した。しかし，この政権が招いた第二次世界大戦の結果，ドイツは1945

年5月8日に連合国に対して無条件降伏する結末を迎えた。

連合軍によって占領されたドイツは4分割され，西側3地域は英米仏，東側1地域はソ連によって直接管理された。中央集権的に再建された日本とは対照的に，ドイツでは，各地域で**地方自治**がまず再建され，次いで州レベルの憲法制定が行われた。西側地域では**自由主義**的民主主義理念に基づく憲法が制定されたのに対して，東側ではソ連の指導の下に**社会主義**体制が形成された。

ドイツ全体の国家体制についてソ連と意見が対立した英米仏は，西側3地域を統一して国家とすることにし，その地域の諸州の首相らに**憲法制定会議招集**権限を与えた。州首相らは，ドイツの主権が完全に回復されるまでは憲法を制定するべきではないとして，暫定的な統治の基本法を制定することとした。そして，暫定的な性格のゆえに，国民の直接選挙ではなく州議会で選出された代表からなる**議会評議会**で審議することにした。この議会評議会のための草案（**ヘレンキームゼー草案**）は，州首相らが招集した専門家の委員会が作成した。ボンで開催された議会評議会は，フランクフルト憲法から100年後の1949年5月8日に基本法（**ボン基本法**）を可決，同月23日に公布した。この基本法は翌24日から施行され，ここに**ドイツ連邦共和国**が成立した。ソ連占領地域では社会主義化が進められ，1949年10月7日に**ドイツ民主共和国**憲法が制定された。その後，より社会主義を徹底した新たな憲法が1968年4月6日に制定された。こうして，東西2つのドイツが分断されて成立した。

東西ドイツは，1972年に基本条約を締結して関係を正常化し，翌年，両者が独立の国家として国連に加盟した。社会主義国家として成立した東ドイツは社会主義統一党の独裁国家となったが，建国40周年の1989年に，民主化を求める平和革命により体制が崩壊する。その象徴が同年11月9日の**ベルリンの壁の崩壊**である。そして，1990年3月18日に東ドイツで初の自由選挙が行われ，自由主義連立政権が成立した。この政権は，同年8月30日に西ドイツとの間で**ドイツ統一条約**を締結する。また，10月1日に，占領4国と両ドイツの外相がドイツの完全な主権回復を認める協定に調印した。そして，10月3日に，基本法（旧）23条に基づいて東ドイツが基本法の適用領域に入る形式（実質は併合）でドイツの再統一が果たされた。再統一後の新たな国名は「ドイ

ツ連邦共和国」であり，首都はベルリンと定められた。1999 年に**連邦議会**と**連邦政府**，2001 年には**連邦参議院**が，それまでの西ドイツの首都ボンからベルリンへ移転した。**連邦憲法裁判所**と**連邦通常裁判所**は再統一後もカールスルーエにとどまっているが，旧西ベルリンに置かれていた**連邦行政裁判所**は，2002 年にヴァイマール共和国時代にライヒ裁判所のあったライプチヒへ移転した。このように東西を統一したドイツは，ヨーロッパ統合へ向けてより積極的な役割を果たすようになる。

◯ フランス

1789 年 5 月 5 日，ルイ 16 世は 175 年ぶりに**三部会**を招集し，新規の課税について審議しようとしたが，三部会では議決方式をめぐって第三身分（庶民）と第一身分（聖職者）・第二身分（貴族）とが対立した。6 月には第三身分を中心とした勢力が**国民議会**を組織して自らが国民の代表であると宣言し，国王もこれを認めた（球戯場の誓い）。7 月に入ると，国民議会は自ら「制憲議会」として憲法制定作業を開始し，人権宣言の草案を起草した。そして，7 月 14 日，パリ市民はバスティーユ監獄を襲撃して政治犯を釈放し，旧体制は崩壊した。

8 月 4 日，国民議会は封建制廃棄宣言を決議し，8 月 26 日には**人及び市民の権利宣言**（フランス人権宣言：Déclaration des droits de l'homme et du citoyen）を採択した。人権宣言の 1 条には，まず**自由**及び権利の**平等**が示され，続く 2 条が，政治的結合すなわち国家の目的を，人の自然的権利の保全に求めると同時に，**自然権**を「自由，所有，安全及び圧政への抵抗」であると規定する。3 条では国民主権の原理が宣言され，4 条では自由の限界が示される。以下，**精神的自由権**，**経済的自由権**そして**人身の自由**について定められており，16 条は人権保障と権力分立という，近代立憲主義の原則を端的に示している。

国民議会は，**国民主権**(ナシオン)の原理や，主権が単一不可分・不可譲であって時効により消滅しないことを明らかにした，1791 年憲法を成立させた（9 月 3 日）。この憲法では，立憲君主たる国王が執行権を行使し，**一院制**の議会（間接制限選挙による）が立法権を行使する。国民と国民代表の関係は**自由委任**である。

だが，1791 年から翌年にかけてのルイ 16 世の立法に対する拒否権の行使は

議会との関係を悪化させ，1792年9月21日，新憲法制定のために招集された**国民公会**では王制の廃止が決議された。ルイ16世は翌年1月に処刑された。

国民公会の主導権を握った**ジャコバン派**は，1793年4月，議会に公安委員会を設置し，革命後の危機的状況に対処するとともに新憲法制定に着手した。同年6月10日に国民公会に提出された憲法草案は，24日に議会で採択された後，国民投票に付され，1793年憲法が成立した。**人民主権**(プープル)原理が採用され，男子**普通選挙**制や国民投票制が導入された。また，社会権的な文言が盛り込まれるなど，先進的な要素を備えていたが，1793年憲法は「平和の到来」までその施行が延期され，結局施行されることはなかった。

1793年憲法の施行が停止されるという状況の中，権力を掌握したのは公安委員会であった。**ロベスピエール**を中心とするジャコバン派はこれを拠点として革命独裁体制，恐怖政治を敷いた。しかし，その恐怖政治も1794年7月27日の**テルミドールの反動**と，続くロベスピエールの処刑によって終わりを告げた。

翌年，ジロンド派を中心に制定され，国民投票で承認されたのが，1795年8月22日の憲法である。初の共和制憲法であるこの憲法では，主権は「フランス市民の総体」にあるとされた。間接制限選挙により選ばれる議会は**二院制**であり，立法の実質を**五百人会**に，五百人会による立法手続の監視を**元老院**にそれぞれ委ねた。執行権は，五百人会が提出する名簿から元老院が選出する5名の執政官からなる執政府に委ねられた。両者は，完全に独立しており，**権力分立**が徹底された。もっとも，徹底した権力分立は立法権と執行権との確執を解決する手段がないことを意味し，結果としてクーデタ発生の素地を醸成することとなったのである。

1795年憲法下の不安定さを克服したのは，その軍事的才能によって人心を掌握した**ナポレオン・ボナパルト**である。遠征先のエジプトから戻ると，1799年11月9日，クーデタを決行したのである（ブリュメール18日のクーデタ）。

クーデタを成功させたナポレオンは直ちに憲法改正に着手した。執行権は，3名の**統領**からなる統領府に属し，自らは第一統領として他の2名よりも強い権限を行使した。立法府は法案の作成を行う**コンセイユ・デタ**，法案の審議を行う護民院，法案の議決を行う立法府，違憲審査を行う護憲元老院という4つ

の機関に分割され，権限の弱体化が図られた。この憲法は国民投票で支持され，ナポレオンは民主的正当性を調達することにも成功したのである。

　1802年（共和暦10年）8月4日憲法により，ナポレオンは**終身統領**となり，続く1804年（共和暦12年）5月18日憲法により，彼は**皇帝**に即位し，帝政が施かれた。終身統領制および帝政の原則の何れも，国民投票に付されたのちに，元老院の議決による憲法改正が実施された。その支配は，1812年のロシア遠征の失敗など，軍事的失策により崩壊した。彼の敗北は，国際的な反革命勢力による1814年のパリ陥落や，自身のエルバ島への流刑へと連なった。この機にイギリスから帰国したルイ18世の即位により，復古王政が実現したが，彼の反動的な政治に対するブルジョアジーの反発や，革命期から形成されてきた国民主権や民主主義的な政治風土は復古王政を歓迎しなかった。そこで，旧体制の復古を目指す勢力と，革命・共和派の妥協の産物として，1814年6月4日**シャルト**（「憲法」ではなく，建前としては旧体制と連続する政治体制を規定する）が欽定された。そこでは，1789年人権宣言で確認された自然権ではなく，「フランス人の公権」としての法律の前の平等や所有の不可侵が認められたに過ぎない。選挙は制限選挙であり，王党派的傾向が強い政治運営が行われた。もっとも，大臣が国王を補佐する大臣制度の萌芽が見られたのも，この時代である。

　シャルル10世（1824年即位）は旧体制の復活を目指し，反動的な政治を行ったため議会との間に軋轢が生じた。1830年の**七月革命**の結果，議会はオルレアン公ルイ・フィリップを国王に迎える（**七月王政**）。国王は，議会による1814年シャルトの改正を受け入れ，**協約憲法**たる1830年シャルトが成立した。

　この時代には，議会の多数派によって選出される同質の大臣により，事実上の内閣が形成されていった。この内閣は，国王と議会の双方の信任を必要とするという点で，**二元主義型議院内閣制**であり，こうした議院内閣制は**オルレアン型議院内閣制**と呼ばれている。また，1830年シャルトの下での選挙は，依然として厳しい制限選挙制であった。そこで，普通選挙制への要求が掲げられたが国王はこれを拒否したため，1848年，**二月革命**が勃発したのである。

　1848年2月24日，二月革命を担った共和派と労働者層は臨時政府を成立させ，共和制が宣言された。4月には，男子普通選挙によって制憲議会議員選挙

が実施され，穏健な共和派が多数を占めた。同年11月4日，制憲議会が制定した新たな憲法が**第二共和制憲法**である。この憲法は，労働の自由や無償の初等教育，職業教育や平等な労使関係など，社会的権利を規定する一方で，結社，集会，請願および出版の権利を，他者の権利・自由や公共の安全により限界付けていた。また，普通選挙により選ばれる公選の大統領と一院制の議会という権力分立構造をとっていたが，選挙権の行使には3年間同一の市町村に居住する義務があったため，職を求めて移動する労働者の選挙権行使は困難であった。

1848年12月10日，**ルイ・ボナパルト**が初代大統領に選出された。彼は第二共和制憲法の再選禁止規定を改正しようと試み，それが頓挫すると，1851年12月2日，クーデタを実行した。そして直ちに議会を解散し，普通選挙制を復活させた。さらに，国民投票によって憲法制定権を授権され，1852年1月14日，大統領の任期を10年，再選も可能とする新憲法を制定した。大統領は，執行権のみならず立法権も行使しうるものとされた。同年11月7日には元老院の議決によって憲法が改正され，帝政が復活した。最終的には同年12月2日，国民投票を経てルイ・ボナパルトは**ナポレオン3世**となった。**第二帝政**の成立である。

普仏戦争における1870年9月2日のセダンの敗北を契機に第二帝政は崩壊し，臨時政府により共和制が宣言された。1872年2月8日，プロイセンとの和平か抗戦かをめぐる議会選挙の結果，和平を主張する王党派が多数を占めた（**パリ・コミューン**を拠点に対抗した抗戦派も5月に鎮圧された）。戦争は5月10日の独仏講和条約により終結した。議会多数派の王党派も，ブルボン王朝派とオルレアン王朝派の対立が続き，当面の妥協策として王党派のマクマオンが7年任期で大統領に任命された。こうした状況下で成立した**第三共和制憲法**は「王政待ちの共和制憲法」といわれ，王政復古までの暫定的な憲法と考えられた。統一の憲法典ではなく，1875年2月24日の「元老院の組織に関する法律」，同25日の「公権力の組織に関する法律」，7月16日の「公権力の関係についての憲法的法律」という3つの法律により構成される。議会は二院制であり普通直接選挙により選出される代議院（下院）と，間接選挙で選出される元老院（上院）とから構成される。大統領は議会による間接選挙により選出される。

1876年2月20日，第三共和制での初の選挙の結果，共和派が下院の多数派となった。しかし，マクマオン大統領は共和派の首相を任命することを拒み，一度は任命した共和派のシモン首相も，翌年，辞職した（5月16日事件）。後任のド・ブローイに対する下院の不信任を理由に大統領は下院を解散したが，10月実施の選挙でも共和派が下院の多数を獲得したため，大統領は共和派のデュフォールを首相に任命することとなった。結果，大統領が内閣の存立について議会の意向を尊重せざるをえなくなり，内閣は議会に対してのみ責任を負う**一元型議院内閣制**が定着した。また，大統領による下院の解散は議会および共和制への敵対とみなされ，憲法上の大統領の解散権行使は封印された。1879年1月の選挙では元老院も共和派が多数を占め，その優位は決定的となり，1884年の憲法改正では，共和政体は憲法改正提案の対象とならないとされた。

　だが，憲法が予定する議会中心主義の統治構造に反し，実際には議会は小党分立状況ゆえに機能不全に陥ることもしばしばであった。そこで，内閣も不安定なものとならざるをえず，第三共和制そのものが停滞してしまった。

　第二次世界大戦中のドイツ軍の侵攻によるパリ陥落後の1940年6月22日，ペタン内閣はドイツとの休戦条約を締結し，首都はヴィシーに移され，両院合同会議が招集された。7月10日にはペタンに対して憲法改正権を含む全権を委任する憲法的法律が採択された。国家主席となったペタンは，親独的な政策を遂行したため，レジスタンス運動が起こった。そうした勢力を結集したのが**ド・ゴール**である。彼は，1940年6月18日には亡命先のロンドンからBBCラジオの演説で「自由フランスの首長」を名乗って対独抗戦を呼びかけた。やがてアルジェに「民族解放フランス委員会」を設置してその委員長となり，1944年6月にはこれを「フランス共和国臨時政府」へと改めた。

　パリ解放後に同政府が統治を行う中，ド・ゴールは，1945年10月21日の国民投票と議会選挙（初めて女性が参加）により，新たな政治体制の構築に着手した。国民投票では，ド・ゴールの提案通り，同時に実施された選挙を憲法制定議会の選挙とすることが承認され，制憲議会の権限を制限する法律案も承認された。議会選挙では，共産党，人民共和派，社会党の3党が勝利を収めたが，1946年4月に共産党と社会党の賛成により示された憲法草案は，5月5日の

国民投票で否決された。再度憲法制定議会が選出され，前回反対に回った人民共和派の意向も汲み入れた憲法草案は，10月13日の国民投票において僅差で承認され，1946年10月27日の**第四共和制憲法**として公布されたのである。

第四共和制憲法は前文において，「1789年権利宣言によって確立された人及び市民の権利及び自由，並びに，共和国の諸法律によって承認された基本的諸原理」を再確認し，「現代に特に必要なもの」として「政治的，経済的，及び社会的諸原理を宣言する」と述べている。さらには，庇護権，労働権，団結権，争議権といった権利も列挙されている。

統治構造は議会中心型であるが，直接選挙で選出される**国民議会**（下院）が，間接選挙で選出される共和国評議会（上院）に優越する**跛行型二院制**が採用された（例えば，内閣は下院に対してのみ責任を負い，上院は立法について諮問的な権限を有するのみ）。大統領は両院合同会議によって選出されるものの限定的な権限を行使する名目的な存在となった。その大統領は首相を任命するが，首相は下院によって「叙任」されなければならない。首相は，閣僚の任命権，法律の執行権，命令制定権を行使し，内閣を代表して下院に施政方針を提出することにより，信任を問うものとされた。もっとも，第四共和制も第三共和制と同様，下院の小党分立状況に由来する内閣の不安定さを露呈することとなった。

政府が**アルジェリア問題**への対応を誤った中，1958年6月1日，ド・ゴールは国民議会において叙任を受け，首相に就任した。翌2日，ド・ゴールは全権を掌握し，さらに3日の憲法的法律によって新憲法制定について授権された。憲法改正案の起草に際しては，ミッシェル・ドゥブレ司法相が中心的な役割を果たし，公権力の各部門の分離と均衡，広範な選挙人団によって選出される国家の仲裁者の必要性，地方議会によって選出される第二院の創設など，ド・ゴールがかつて**バイユー演説**で示した国家像が実現することとなった。憲法改正案は，9月3日の閣議の後，28日の国民投票によって承認された。この**第五共和制憲法**は，同年10月4日の審署ののち，翌5日に施行された。

その統治形態は議院内閣制と大統領制との中間形態であり，**半大統領制**と称される（**双頭制**とも呼ばれる）。ド・ゴール，ポンピドゥー，ジスカールデスタンに続き，社会党のミッテランが大統領となった。大統領は任意に首相を任命

できる（憲法8条1項）が，現実には，議会，特に国民議会の意向を無視できない。大統領と首相の党派が異なる状態は**コアビタシオン**（cohabitation：**保革共存**）と呼ばれ，ミッテラン大統領下での共和国連合のシラク首相（1986年）およびバラデュール首相（1993年），そしてシラク大統領下での社会党のジョスパン首相（1997年）の3回出現した。その後，サルコジに続き，社会党のオランドが現憲法下7人目の大統領となった。

　第五共和制で創設された**憲法院**は本来，法律が憲法の定める立法権の範囲を逸脱していないかを審査する機関であった。だが，1971年のいわゆる**結社の自由判決**以降，憲法院は人権保障機関としての性格を強めている。1974年10月29日の憲法改正により憲法院への提訴権者が拡大し，2008年7月23日の憲法改正により**合憲性の優先問題**（question prioritaire de constitutionnalité）が審査の対象となっている。

◯ イタリア

　北部に都市国家，中部の教皇領，長くスペイン支配下の南部のナポリ王国，シチリア王国などに分立し，独仏の干渉を受けた。だが，18世紀末から，各地で制憲の試みがあり，**ヴィーン会議**後に9カ国に再編されたイタリアの統一と自由を目指す運動が展開された。1820年に，ナポリ近郊で反乱が起こり，両シチリア国王（ナポリがシチリアを吸収）は**1812年スペイン憲法**をモデルとした憲法制定を約束したが，ヴィーン体制擁護者のオーストリア首相メッテルニッヒの介入で挫折した。1830年には「イタリア統合諸州」政府暫定憲法が生まれ，諸国家横断的意識が高まったが，再び，メッテルニッヒが介入した。

　1848年，シチリア島パレルモでの民衆反乱がナポリ，フィレンツェなどに広がった。両シチリア国王は急ぎ憲法を制定し，各国で，**1830年仏シャルト**や**1831年ベルギー憲法**を模範とする憲法が制定された。同年，「青年イタリア」のマッツイニは教皇領を占領してローマ共和国を建てたが，**ルイ・ナポレオン**の進軍により失敗した。また，サルデーニャ国王の**カルロ・アルベルト**はオーストリアとの戦争に敗北して退位し，革命は終息した。だが，自由主義的な**サルデーニャ王国憲章**（アルベルト憲章）は残り，1855年には**議院内閣制**が

確立された。中部諸国などでは革命が起こり，サルデーニャに呼応，「青年イタリア」の**ガリバルディ**は両シチリア王国を滅ぼした。住民投票の結果，彼の独裁権は認められず，制圧された同王国はサルデーニャ王国領となった。

1861年のトリノの国民会議でサルデーニャ王国主導による統一が成就し，同王国憲章が**イタリア王国憲章**となった。議会は**貴族院型二院制**であった。1866年の普墺戦争でベネチアを回復，1870年の普仏戦争でローマを奪還，首都とした（ローマ教皇領は殆ど消滅）。**国民国家**樹立が優先され，南部には封建的土地所有が残存，資本主義も民主主義も弱体で，社会主義・労働運動も高まった。1912年に男子**普通選挙**（30歳以上か，21歳以上で徴兵・納税義務を果たした者）が実施された。植民地争奪戦にも参加した（エリトリア，リビアなど）。

三国同盟を離脱し，第一次世界大戦では連合国側に回ったが，**ベルサイユ条約**（1919年）で得るものは少なく（サン＝ジェルマン条約によりトリエステなどを得た），**社会主義運動**が拡大，ストライキや暴動が続発した。同年の総選挙で社会党と人民党が第1・2党になり，ジョリッティが5度目の組閣をした。中産階級に不安が生まれ，財界や大地主，軍人に強力な反共政党待望論が生じた。

この期待を一身に受けたのがムッソリーニであった。同年に**戦士のファッシ**を結成した後（1921年に**ファシスト党**と改称），1922年にはゼネストを弾圧，**ローマ進軍**を行い，首相に任命された。翌年には選挙法を改正してファシスト党以外の政党・労働団体を禁止し，続けて，言論・集会の自由を認めず，1925年には政府主席（首相）の特権を定める法律を制定し，翌年には執行府の政令に法律と同じ効力を与え，ファシスト党以外の政党を全て解散させ，政治犯を裁く特別裁判所を創設し，1928年には党機関のファシズム大評議会を正式な国家の最高議決機関とした（1939年に「議会改革」。経済統制と土木事業による失業者救済と半官半民組織の駆使により，人々は**ファシズム**を支持した。ヴィクトリア・デ・グラツィア（高橋進ほか訳）『柔らかいファシズム』（有斐閣，1989）参照）。

ムッソリーニは1937年に日独防共協定に追参加，1940年6月に第二次世界大戦に参戦した。だが，1941年の大西洋憲章，翌年のドイツのスターリングラード攻略作戦失敗で旗色が変わる。1943年7月にムッソリーニは解任・逮捕され（ファシスト党解散），9月にバドリオ内閣が連合国に無条件降伏し，政

府は連合軍支配下の南部ブリンティジに逃れた。北部は占領したドイツ軍がムッソリーニを救出してイタリア社会共和国を置いたが，民衆蜂起でナポリが，1944 年には連合軍によりローマが解放された（**レジスタンス運動**）。ムッソリーニらは北イタリア国民解放委員会により 1945 年 4 月に逮捕，処刑された。

1946 年，**女性参政権**も初めて認められた制憲議会選挙・国民投票で共和制が支持され，王制が廃された。翌 1947 年には，キリスト教民主党・社会党・共産党主導で新憲法が制定され，翌年 1 月に施行された。1 条では，「勤労に基礎をおく民主共和国」であることが宣言され，社会主義とカトリックの妥協が見られる（なお，公職追放は緩やかで，旧時代の民法，刑法は有効だった）。人権は，市民的関係，倫理的社会関係，経済的関係，政治的関係で分類された。

国会議員の間接選挙で選出される**大統領**（任期 7 年）の下，**二院制**（ともに大統領の解散可）と**議院内閣制**が採用された。首相には大臣罷免権がない。通常裁判所・行政裁判所（国務院）でから移送を受ける，米独の中間型の**憲法裁判所**も設置された。また，5 万有権者により**法律発案**が，50 万有権者により法律廃案の**国民投票**も導入された。憲法改正は 15 回なされたが，大改正はない。

下院の選挙制度は完全な**比例代表制**がとられ，小党分立と汚職が特徴で，政治は不安定だった。そこで，1993 年，多党制を維持したまま安定与党連合・責任政府選択が可能になるとして，**小選挙区比例代表並立制**が導入された（投票義務制も廃止）。1994 年や 2001 年，2008 年の総選挙では右翼連合が勝利して**ベルルスコーニ**首相が誕生したが，1996 年や 2006 年に中道左派の「オリーブの木」連合が勝利して**プロディ**が首相となる（ほかにダレマ，アマートも）など，左右両派の政権交代が一般化してきた。2005 年，右翼連合与党は，総選挙の負けを見越して（相対多数獲得政党連合が過半数確保の特典付きながら）比例代表制を導入したが，連合体からの一会派の離反で政権が崩壊する危険は増大した（2008 年選挙では，一時西欧最強を誇った共産党の末裔の最左翼党派の議席が全滅。2011 年にベルルスコーニが退任し，モンティが非政治家内閣を組織した）。

◯ スペイン

1469 年，カスティリャ王女イサベルとアラゴン連合王国王子フェルナンド

の婚姻により，形式上統一スペイン王国が誕生した。両国は各々の法，統治構造，コルテス（議会），貨幣などを維持したため，実態は統一国家ではなかった。一人の国王による本来的な王国となったのは，イサベルとフェルナンドの子フアナ，そして孫カルロス1世への王位継承以降である。以後5代の**ハプスブルク家**統治の間，ラテンアメリカからフィリピン，ナポリ，シチリア，セルダニャ，フランドル，ポルトガルまでを版図とする一大帝国を形成した。だが，ヨーロッパ列強の圧力にも晒され，1588年の無敵艦隊の**アマルダ海戦**での敗北から没落の道をたどった。18世紀に入り，ハプスブルク家最後の国王カルロス2世の死後，フランスから送り込まれた**ブルボン家**のフェリペ5世の即位に端を発したスペイン継承戦争が勃発する。この戦争はブルボン家の勝利に終わったものの，スペインが再び世界の中心となることはもはやなかった。

　スペインの**近代立憲主義**の歴史は，**ナポレオン・ボナパルト**が，兄のホセによるスペイン統治を実現すべく制定を命じた**バイヨンヌ憲法**（1808年）に始まる。**権力分立**や一般規定として住居の不可侵，人身の自由，出版の自由などの進歩的な内容を備えていたが，対仏独立戦争の争乱の中で，施行されなかった。

　その最初の実質的な憲法典は1812年の**カディス憲法**である。対仏独立戦争（〜1813年）に際し，祖国防衛の任を担っていた中央最高統治評議会が摂政会議にその権限を委譲し，同会議がカディスに招集した王国議会が制定したものである。フランス**1791年憲法**を範とした同憲法は，**立憲君主制**，**国民主権**，権力分立などの統治の原則を定めるほか，個人の市民的自由，財産権その他の正当な権利の保障および維持をはじめ，住居の不可侵や法の下の平等，表現の自由，選挙権・被選挙権，刑事手続保障など，先駆的な人権カタログを持つ。他方で，カトリックを国教と定めるなど，スペインの伝統的な価値も体現された。

　しかし，対仏独立戦争後，ナポレオンに囚われていたフェルナンド7世が帰国し，国王となると，同憲法の効力停止を宣言し，**絶対王制**を復活させた（1814年）。彼の死後，1834年には娘イサベル2世の名で**王国憲章**が公布されたが，そこには人権保障や権力分立といったカディス憲法の内容は規定されず，議会の構成や権限，国王の地位および権限などを規定するのみであった。

　1837年に至り，**共有主権**（soberanía compartida），権力分立，人権保障およ

び宗教的寛容を基本原則として掲げる，カディス憲法の復活であることを明言する新たな憲法が制定された。1844年，ナルバエスが穏健派の支持を得て政権を担当し，翌年には穏健派的な内容の新憲法が制定された。国王と議会との共有主権が定められてはいたものの国王権限が強化され，議会権限は縮小された。カトリック国教制が明確に打ち出され，復古的な色彩が強かった。

　1868年には自由主義者による革命が勃発し，イサベル2世が退位した。政権を担うこととなった自由主義者たちは，**1869年憲法**を制定した。この憲法では君主制が宣言されながらも，その実態は**議会君主制**であった。国民主権原理を明らかにするとともに厳格な権力分立を備えた統治構造を予定していた。歴代スペイン憲法の中でも最も広範な人権カタログを含む憲法ともいわれた。

　1870年代に入ると，カルリスタ戦争やキューバ戦争などの政情不安も手伝って共和制への機運が高まり，1873年にはアマデオ1世が自ら退位して，**第一共和制**が樹立された。だが，その憲法草案はわずかな議論の後に頓挫し，議会も停止され，マルティネス・カンポス将軍のクーデターを契機として，1876年，イサベル2世の子アルフォンソ12世による王政復古が行われた。1876年憲法は，国王により強い権限を認める共有主権を原則とし，従来の憲法において確認されてきた権利および自由も概ね規定された。カトリックを国教としながらも，宗教的寛容を同時に定めている点に特徴がある。1876年憲法は，1923年に始まるプリモ・デ・リベーラ独裁（～1930年）までその命脈を保った。

　リベーラ独裁体制終焉後，1931年4月12日の地方選挙で共和派が勝利を収め，同月14日，**第二共和制**が宣言された。同年12月に制定された第二共和制憲法では，民主主義原理と権力分立が謳われた。国教の否定や**社会権**規定の導入，**憲法保障裁判所**の設置や自治州の創設など，極めて現代的な色彩が強かった。

　1936年に始まる**スペイン内戦**の結果，1939年，**フランコ**将軍の独裁体制が確立した。フランコ時代には統一的な憲法典はなく，実際の必要に応じて，①労働憲章（1938年），②国会設置法（1942年），③スペイン人憲章（1945年），④国民投票法（同年），⑤国家元首継承法（1947年），⑥国民運動原則法（1958年），⑦国家組織法（1967年）などの基本法（leyes fundamentals）が制定された。

　フランコ体制末期，その後継指名を受けた**フアン・カルロス**が1975年，国

王に就任し，1977年1月の政治改革法に基づき，スペインの民主化を推進した（同時期にポルトガルも）。総選挙後の二大政党（民主中央連盟，社会労働党）の同年6月の合意により，1978年，国民主権原理を標榜した**議会君主制**の憲法が制定された。新議会は二院制を採用し，下院は普通，自由，平等，直接，秘密選挙によって選出される。上院は民主的第二院であり，地域代表的性格を有する。議院内閣制がとられ，内閣総理大臣は下院の信任に基づき国王が任命する。司法権は，独立を保障され法の支配に服する裁判官が行使する。国民の権利・自由として，プライヴァシー権，環境権などの新しい人権も明文で保障される。地方自治を拡大すべく**自治州**が創設され，**憲法裁判所**は違憲審査権に加え**アムパーロ訴訟**（憲法訴願），国と自治州それぞれの間の権限争議を審理する。

◯ 北 欧

統治体としてのデンマークは10世紀頃に成立した。王は，立法と裁判を担う**ランスティング**（ティング＝集会）で選挙されていた。1661年，対スウェーデン戦争の敗戦で貴族勢力が衰退する中，王は世襲の絶対君主制を確立した。1665年に国王フレデリック3世が改正困難な基本法として宣明した**国王法**は，ボーダンの思想に影響を受け，王の主権と大権，王位の継承について定めていた。

19世紀ヨーロッパの革命運動の影響で，1848年にフレデリック7世が自らを立憲君主と宣明し，翌1849年には世襲の制限君主を戴いた議会制をとる憲法（デンマーク王国基本法）が制定された。立法権は王と二院制の議会とに付与され，王の持つ行政権は各大臣の副署なしに行使できなくなった。この憲法はデンマークと同君連合を構成していた**スレースヴィ（シュレスヴィヒ）＝ホルシュタイン公国**には適用されなかったが，1854年に公国を適用範囲に含む憲法が発布され，さらにこれに対するホルシュタインとプロイセンの抵抗でスレースヴィとデンマークだけに共通する憲法が1863年に発布されると，プロイセンおよびオーストリアとの間で戦争となった。デンマークは敗れ，公国を翌年プロイセンに割譲した。自由主義的な1849年憲法と公国の保守性を反映した1863年憲法の併存状況を整理する1866年の憲法改正は，上院議員の一部を勅選とした上，非勅選議員の一部に高額の納税要件を課すなど，後者の保守

性を継承していたため，上院に基礎を置く政府と下院との争いが恒常化した。1901年には，政府が下院の多数派で構成され，その信任なしに存続しえないという議会主義の原則が王によって承認された。

　第一次世界大戦下の1915年の憲法改正では，女性参政権の容認と選挙権における財産要件廃止のほか，比例代表制と憲法改正国民投票が導入された。1920年には北部スレースヴィのデンマーク復帰を受けた改正が行われ，同時に国王の権限も縮小された。第二次世界大戦後の1953年には，女性への王位継承権の付与，議会主義原則の明文化，国民投票の対象拡大，一院制と**オンブズマン**制度の導入，グリーンランドの植民地制度の廃止，国際機関への主権委譲規定の新設にかかる憲法改正が行われた。その後現在まで改正は行われていない。

　ノルウェーが統治体を構成するのは，沿岸部が統一された9世紀末ごろとされる。14世紀末にスウェーデンおよびデンマークとの同君連合である**カルマル同盟**に組み入れられて以後，ノルウェーのデンマークへの従属が強まり，16世紀中葉には法的にも完全にその一地方となった。デンマークによる支配はその**ナポレオン戦争**での敗北で終わるが，今度は1814年の**キール条約**でスウェーデンとの同君連合を強いられる。しかしその過程でノルウェーは自由主義的な独自の憲法を制定し，さらに両国の関係を詳細に規定した**連合法**も両国議会で承認され，この2法を根拠として，外交を除く広い自治が獲得されたのである。

　起草地に因んで**アイッツヴォル憲法**と呼ばれる1814年憲法は，現在も効力を有するヨーロッパ最古の成文憲法である。英米仏の憲法に影響を受けたこの憲法は，君主制を維持しつつ国民の直接選挙による二院制の議会（ストールティング。現在は一院制）を置き，立法権と課税・予算の決定権を付与した。人民主権の思想に基づく議会の設置で，デンマークより一足早く絶対君主制も廃された。そして王の個人的な権力と法的権限は，スウェーデンとの同君連合におけるノルウェー側の政治家や行政官との緊張関係によって削がれていき，行政権は首相と行政部によって担われるようになる。さらに1884年の責任内閣制の確立は，議会との関係において行政部の権力を縮減した。1905年，ノルウェー独自の領事事務を設ける法律の裁可を王が拒否したことを契機に，議会は同君連合から脱する決議を行い，国民投票の圧倒的多数に支持されて内閣が

独立を宣言した。新王はデンマーク王家から迎えられ，1814 年憲法が独立後も維持されている。

　アイスランドは，9 世紀以降のノルウェー人など北欧人の植民で形成され始め，930 年に島の全自由民が参加する**アルシング**と呼ばれる議会が作られた。これは世界最古の民主的議会とされる。1262 年にノルウェー統治下に入ったアイスランドは，1380 年にノルウェーとともにデンマークの一部となり，17 世紀後半には絶対王制を経験する。宗教改革以来有名無実となっていたアルシングは，1800 年に廃止されたが，その後の独立運動の中で 1845 年に復活し，1874 年には移住千年祭を記念して**アイスランドの特別な地位に関する憲法**が施行された。この憲法には国内立法や財政の自由が規定されたが，拒否権がデンマーク王に留保されるほか，行政権は総督に握られ，控訴審裁判所はコペンハーゲンにあった。しかし，1904 年の憲法改正による総督廃止と勅選議員減で自治が強化され，1918 年に国内法でありながらデンマークとの間で条約として結ばれた**連合法**により，同国と君主および外交を共通とする同君連合にある主権国家となった。**アイスランド王国憲法**は 1921 年に施行された。

　第二次世界大戦中のドイツによるデンマーク占領と英米のアイスランド占領でデンマークと隔絶されると，独立の機運が高まる。1944 年に国民投票で完全独立と共和制の**アイスランド共和国憲法**が支持され，政府は独立を宣言し，同憲法を施行した。1991 年に一院制が導入され，1995 年には人権規定が大幅に改正されているが，1944 年憲法の構造や基本理念は変更されていない。

　スウェーデンにおける最初の成文憲法は，マグヌス・エーリクソン王が各地方のランド法を統一し，1350 年ごろに定めた**一般ランド法**中の**国王法典**といわれるものである。これは王の選挙方法や当時の政府にあたる**枢密院**の任務，王から保護される臣民の地位を規定した。15 世紀末には世俗貴族，聖職者貴族，市民，農民からなる**四身分制議会**が確立し，1617 年にはその活動が**議会法**で定められた。1634 年には君主を補佐する中央政府の組織について定める**統治章典**が制定され，1660 年にはその規定に議会の 3 年ごとの召集が追加された。そして 1680 年以後の絶対王制を経て 1719 年に定められ，翌年見直された新しい統治章典では，わずかな大権を残して君主権限の多くが議会へ委譲さ

れ，いわゆる**自由の時代**が到来する。通常の法律より変更の困難な「基本法」という概念もこの時期に形成され，公文書へのアクセスに関する規定を含む1766年の**出版の自由法**は基本法として位置付けられた。

　1772年の王のクーデターは再び王の最高権力者性を強化する。同年の統治章典で議会の召集は王の任意となり，1789年の**同盟及び保護の証書**では王に立法の発議権の独占と官制大権がもたらされた。しかし，対ロシア戦争で敗北し，クーデターの再発で国王が交代すると，それらに代わって1809年に新しい統治章典が，翌1810年には新しい議会法と出版の自由法，**王位継承法**が基本法として制定された。同章典において行政権は王が担い，立法権は王と議会の双方に付与されたが，議会に対する大臣責任制や王の決定に対する大臣の必要的助言により，スウェーデンは立憲君主制への歩みを進める。1917年以降，王が議会多数派の支持を得た閣僚を任命するようになって議会主義が深化し，統治章典上の王の権限も形骸化した。1866年に二院制となった議会は1970年に一院制へ移行し，統治体制の変化を反映した統治章典が1974年に制定された（翌年施行）。同章典と王位継承法（1810年），出版の自由法（1949年）および**表現の自由基本法**（1991年）の4法が現在の基本法である。その後は基本権規定を拡充する憲法改正などが行われているが，国民を代表する議会に全ての政治的権力が所在するというスウェーデン憲法の中心的理念に照らすならば，1995年のEU加盟による国会の権限のEUへの委譲が，現行憲法体制における最大の変化とされている。

　フィンランドは1809年のロシアへの割譲までスウェーデンの一地方であり，その憲法下にあった。しかし割譲後もロシア法は適用されず，引き続きスウェーデン時代の統治章典（1772年）と同盟及び保護の証書（1789年）の下に，ロシア皇帝が立憲君主たる大公となって統治する大公国となった。そして，維持された基本法を礎に広範な自治を確立していった。1863年には大公国成立時を最後に停止されていた四身分制議会が再開され，1869年には新たな状況に対応した**議会法**が基本法として制定された。その後のロシアによる自治の抑圧を経て，1906年の新しい議会法は，当時のヨーロッパで最も後進的だった身分制議会を，女性を含む普通・平等選挙による一院制議会へ一挙に転換した。

同年には**言論，集会及び結社の自由法**も基本法として制定された。

1917 年，**ロシア革命**後にフィンランドは独立し，内戦を経て 1919 年に共和制をとる**統治章典**が制定・施行された。同章典は国民主権を明確に認めつつも，内戦に至る過程で暴走した議会への不信から，間接選挙で選ばれる大統領に強い権限を付与して議会の監視を担わせた。また，古典的自由権を中心とした基本権規定も置かれた。この統治章典は，既存の議会法（1928 年全面改正），閣僚などの弾劾訴追・裁判に関する 1922 年の**閣僚責任法**および**弾劾裁判所法**とともにフィンランドの基本法とされた。その後は大統領の権限縮小や立法手続の効率化にかかる改正が順次行われ，1995 年には基本権規定が大幅に拡充された。そして 2000 年には前記 4 法を整理・統合した**フィンランド基本法**が施行された。同法はこれまでの憲法の伝統を踏まえながらも，議会をもはや脅威とはみなしておらず，西欧の議会制民主主義的要素を新たに組み込んでいる。

◯ E U

EU とは，European Union の略称であり，一般に欧州連合と訳されている。EU は国家ではない。それは，ヨーロッパにある複数の国家が共通の機関を作り，主権の一部を委ね，それを共同で行使する統治の枠組みである。このような**超国家的共同体**は，EU 独自のものである。

ヨーロッパの歴史は，戦争の歴史でもある。とりわけ 20 世紀に入ると，第一次世界大戦によって，各国の国土は荒廃し，ファシズムの嵐が吹き荒れた第二次世界大戦は，戦敗国だけでなく，戦勝国の国家財政までも苦境に追い込んだ。アメリカは，ヨーロッパの共産主義化を阻止するため，ヨーロッパを団結させる戦略をとり，**マーシャル・プラン**（欧州復興計画）に基づき多額の資金をヨーロッパ復興のために投入した。

後に「欧州統合の父」と呼ばれることになる**ジャン・モネ**は，欧州統合の第一歩として，石炭と鉄鋼の共同管理を提唱し，この構想に賛同したフランス外相ロベール・シューマンが，その実現に尽力した。そして，1951 年の**パリ条約**により，現在の EU の出発点となる**欧州石炭鉄鋼共同体**（ECSC）が発足した。この共同体の設立条約に調印したのは，フランス，（西）ドイツ，イタリア，

ベルギー，オランダ，ルクセンブルクの6カ国であった。戦争の原因となる資源でもある石炭と鉄鋼の共通市場を創設し，共通の機関を通じて協力し合うことで，戦勝国と戦敗国との間に平和的な関係を構築することが目指された。

　ECSCの発足に続いて，原加盟国6カ国は，あらゆる製品やサービスをも対象としたより広範囲な経済統合を行うこととし，また，原子力資源の統合・管理のための機関も設立されることになった。1957年3月，6カ国は，**欧州経済共同体**（EEC）および**欧州原子力共同体**（ユーラトム）の設立条約（**ローマ条約**）に調印した。なお，これらの共同体は，1967年に再編成され，共通の機関（単一の理事会や単一の委員会）によって運営される欧州共同体（European Communities）と総称されるようになっている。

　ローマ条約は，関税同盟の結成，物・人・サービス・資本の自由移動，共通農業政策などを目標に掲げた。関税同盟が達成されると，域内加盟国間の貿易における関税はゼロになり，対外共通関税も実現した。ところが，1970年代になると，加盟国は，世界的な景気後退に直面し，自国の利害を優先する傾向が顕著になった。このため，非関税障壁は依然として残り，共同市場の停滞が続いた(ユーロペシミズム)。そこで，1986年に単一欧州議定書が署名され，1992年末までに非関税障壁を撤廃し，加盟国間の域内国境を廃止して「域内市場」を完成させることが目標とされた。その間に，加盟国数は増加し，1973年にイギリス，デンマーク，アイルランドが加盟，1981年にギリシャ，1986年にはスペインとポルトガルがECに加わった。さらに，1995年にはオーストリア，フィンランド，スウェーデンが加盟している。

　1993年11月，欧州連合条約（**マーストリヒト条約**）が発効し，EUが誕生した。欧州統合に政治的側面が加えられ，同条約により，「欧州共同体」，「共通外交・安全保障政策」および「司法・内務協力」（のちに「警察・刑事司法協力」）というEUの「三本柱」構造が導入された。しかし，EUは，法人格を持たなかったため，EU自体が非加盟国と国際協定を締結したり，国際機関に加盟したりすることはできなかった。また，主権の制限を伴う超国家的法秩序を特徴とするECとは異なり，「共通外交・安全保障政策」と「司法・内務協力」の政策分野では，主権の制限を伴わない政府間協力にとどまっていた。

2004年に中東欧など10カ国がEUに加盟し，さらに2007年にはブルガリアとルーマニアが加盟した（また，クロアチアの加盟交渉は終了しており，EU加盟国とクロアチアにおける条約批准手続を経て，同国は2013年7月に加盟予定）。EU拡大にともない，より簡素で効率的な決定方法の導入が不可避となり，EU基本条約の根本改革が図られ，**EU憲法条約**が提案された。しかし，これが2005年にフランスとオランダの国民投票で否決されたため，これに取って代わるリスボン条約による改革が実施されることとなった。

2009年12月に発効した**リスボン条約**（EU条約およびEC設立条約を改正する条約）は，EU自体に単一の法人格を与え，マーストリヒト条約で導入された「三本柱」構造を解消した。リスボン条約によりECはEUに継受され，従来のEC設立条約は，**EU運営条約**に改められた。同条約によって法的効力を付与された**EU基本権憲章**には，充実した基本権カタログが含まれている。

EUは，**EU条約**と**EU運営条約**の2つの基本条約に基づいて成り立つ。両条約は，EUを統治する上で必要な原則を定め，EUの諸機関がEUの政策を実施する際の規則や加盟国とEUとの権限の配分，各機関への権限の委譲について規定する。EUの権限領域については，①EUが排他的な権限を持つ領域（関税同盟，競争政策，ユーロ圏の金融政策など），②EUが加盟国と権限を共有する領域（単一市場，農業・漁業政策，環境政策，消費者保護など），③加盟国が権限を有し，EUが調整・支援を行う領域（文化，観光，教育など）の3つに分けられる。EUが排他的な権限を持つ領域では，EUと加盟国の権限の分担問題は生じないが，EUが関わる政策の多くは，EUが加盟国と権限を共有している。EUと加盟国が権限を共有する政策領域でも，一度EU法として成立した場合，そのEU法は加盟国を拘束し，EU法と抵触する加盟国の国内法は効力を失う。EU法は，加盟国の国内法に対する優越性，そして，その直接効果（実際の裁判で各国の国民がEU法を援用することができる）を本質的特徴とする。

欧州統合が進展しても，EUを構成する加盟国は依然として主権国家である。EUへの過度の権限集中と市民と掛け離れた政策決定を防ぐ目的で，EUは，**補完性の原則**を導入した。この原則によれば，EUとして行動をとりうるのは，加盟国や地域レベルの行動ではより効果的な政策が期待できない場合に限定さ

れる。意思決定は，可能な限り市民に近いレベルで行われるべきものだからである。また，EUのいかなる行動も，条約の目的を達成するのに必要な範囲を超えることはできない（**比例性の原則**）。

〇 ロシア

ロシアは，「タタールのくびき」を経て，16世紀に**ツァー**（皇帝）イワン4世が周辺国を併合，1613年からの**ロマノフ王朝**となり，ピョートル1世が**絶対王制**を確立した（最後まで憲法典すらなし）。貴族層（**官僚制**と**常備軍**）が支え，その収入を支えるため，**農奴制**を維持していた。1825年には，**ナポレオン戦争**（撃退は1812年）に従軍して西欧の自由主義を学んだ青年将校たちによる，憲法制定や農奴解放，ツァーリズムの廃止を求める動きも生じた（デカブリストの反乱）が，ニコライ1世に鎮圧された。西欧の影響を受け，進歩的貴族・新興市民の子弟（インテリゲンツィア）が体制批判を始めた。また，クリミア戦争（1853〜56年）の敗北はロシアの後進性を晒した。アレクサンドル2世は1861年に**農奴解放令**を出すなどの改革を進めたが，1881年に暗殺された。

1870年代には，農村協同体の相互扶助の伝統を基に平等社会を実現しようとした**ナロードニキ運動**が，青年層を中心に生じた。工業化で労働者階級が誕生すると，**社会主義**がその心を摑みだした。**ロバート・オーウェン**（英），**サン・シモン**（仏）の掲げた**空想的社会主義**は，**カール・マルクス**（独）の『**共産党宣言**』（1848年）などにより，**唯物史観**に基づく実現可能な**科学的社会主義**へと転じた。国有財産化と計画経済により貧富の差の解消を図るものとされ，共産党などの前衛党が革命を起こして政権を奪取することや，労働者の国際的連帯が説かれた（後の社会民主主義が選挙での政権獲得を目指したのと異なる）。

1893年には**ロシア社会民主労働党**が結成されたが，1903年にはプレハーノフら右派の**メンシェヴィキ**（少数派）と，レーニンら左派の**ボルシェヴィキ**（多数派）に分裂し，後者が主導権を握るようになった。1905年には，普選議会開設などのデモに軍が発砲した**血の日曜日事件**（第1次革命）が発生すると，農民や兵士によるソビエトの結成が図られ，これに対して皇帝ニコライ2世は国会開設の詔書を発布し（十月宣言。実際，1906年に議会（ドゥーマ）は開設され，

1917年まで4回開会された），革命は一旦終息した（急ぎ，日露戦争も講和した）。

　しかし，1917年，第一次世界大戦緒戦の連敗や，怪僧ラスプーチン（1916年暗殺）の暗躍に象徴される宮廷の腐敗に，各層の不満が爆発し（**二月革命**），首都ペトログラード蜂起を受けて皇帝は退位に追い込まれた。首都にはブルジョア政党（立憲民主党）を中心とする**臨時政府**と，**ソビエト**（評議会，労兵会）があり，二重権力構造が生じた。臨時政府は戦争継続策をとったため，労働者らはソビエトに結集し，ボルシェヴィキ派が武装蜂起して，臨時政府首相で社会革命党の**ケレンスキー**を追放，レーニンを人民委員会議長とする革命政権を樹立した（**十月革命**）。1917年11月の憲法制定議会選挙で社会革命党が勝利したため，翌1月に「**勤労し搾取されている人民の権利の宣言**」を提出，否決されると，レーニンはこれを反革命と名指しして武力で解散させ，ボルシェヴィキ（3月から**ロシア共産党**）独裁を確立した。続いて，ドイツとブレスト＝リトフスク条約を結び，大戦から撤退した（皇帝一家を銃殺，ポーランドなどを放棄）。

　1918年，**ロシア社会主義連邦ソビエト共和国憲法**が制定された。そこでは，(労働力を搾取するブルジョアの存在を認めずに）**プロレタリア独裁**が確認され（権力分立の否定），労働者・農民・兵士の**代議員ソビエト**が創設された。また，**私有財産制廃止**（地主階級の消滅）を行い，銀行・地下資源などの国有化も図った。社会主義憲法では人権は普遍的でなく労働者の権利であった。戦時共産主義に入り，1921年からはネップ（新経済政策）に移行した。憲法は新しい政策とともに書き換えられる。1923年には**ソ連**（ソビエト社会主義共和国連邦）**憲法**を制定したが，これは旧ロシア帝国内の4つのソビエト制共和国（後に15カ国）の連邦結成宣言であり，**条約憲法**である（首都モスクワ）。そこでは，**全連邦ソビエト**が最高議決機関とされたが，通常は**中央執行委員会**がこれを代行するものとされ，全ての勤労者に資本に対する闘争の要塞となる任務などが規定された。

　レーニン死去（1924年）の後，1929年に**スターリン**が世界革命論の**トロッキー**らを追放して，独裁者となった（後に大量の粛清も明らかになる）。その指導による計画経済の下，ソ連は**世界恐慌**を逃れて成長を続けると，社会主義に対する期待が世界的に高まった。1936年には，「労働者と農民の社会主義国家」（一国社会主義）を掲げる，いわゆる**スターリン憲法**を制定した。スターリンは，

第二次世界大戦末期に，東欧諸国を赤軍により解放すると，これらの国々に一党独裁に近い体制（**人民民主主義**）の憲法を持たせ，1955 年に東側の軍事同盟（**ワルシャワ条約機構**）を結んだ（これを表す，1946 年のチャーチル「**鉄のカーテン**」演説は有名。西側は 1949 年に**北大西洋条約機構**（NATO）を結成）。スターリン死去（1953 年）後の 1956 年には**フルシチョフ**第一書記による**スターリン批判**がなされ，1959 年の憲法改正，1961 年の共産党綱領制定で，共産主義への過渡期を宣言，ソ連が全人民国家と規定されるなど，前時代の見直しも進んだ。

　だが，1964 年にフルシチョフは失脚し（中ソ対立も生じた），**ブレジネフ**（第一書記。1966~1982 年，書記長）時代となり，いわゆる**ブレジネフ憲法**も制定された（1977 年）。ソ連を「労働者，農民，インテリを代表する全人民の社会主義的国家」と規定し，共産主義社会の建設を最高目的に共産党の指導的役割を明示した。だが，その綻(ほころ)びも目立ってきた。マルクスの予言では，成熟した資本主義国が社会主義に転化するはずであったが，現実は後発国のキャッチ・アップ手段であり，先進国の多くは，予言の自己成就として，ソ連化を回避すべく**福祉国家**を選択した。ソビエト制は下から積み上げられた**民主集中制**（会議制の一種）のはずであるが，現実には，各級書記は上級党委員会の委員として上級党書記に選任され，党組織は大衆的意見より上級書記の指示に従う（選挙は候補者が 1 名に定められ，不信任は困難）上命下達体質となり，独裁を導いた。反対者に政治的自由を与えなかった（精神的自由の封殺）。絶対的権力は絶対に腐敗する，という格言に例外はなく，独裁者は後継者の育成をしないため，その死後に権力が空白となった。また，前衛革命はいつも臨戦態勢であり，軍事予算の割合が大きくなり，生産性向上は生活向上に直結しなかった。加えて，首都の机上の農業計画の限界は，**計画経済**の失敗，**官僚国家化**の弊害として現れた（ソ連憲法については，森下敏男『ソビエト憲法理論の研究』（創文社，1984）など参照）。1979 年からの**アフガニスタン侵攻**の膠着(こうちゃく)が，停滞を決定付けた。

　1985 年に**ゴルバチョフ**書記長が**ペレストロイカ**（改革）を掲げて登場し，「人間の顔をした社会主義」を構築しようとした。翌年の**チェルノブイリ原発事故**の把握に手間取ったことは，その組織的欠陥を内外に示し，**グラスノスチ**（情報公開）の必要性を認識させた。1989 年，**ベルリンの壁の崩壊**や，ルーマ

ニアのチャウシェスク大統領夫妻処刑などにより，東欧の社会主義は相次いで崩壊した（既に，ユーゴスラビアの**チトー**大統領の自主外交，1956年の**ハンガリー事件**，ポーランドの**ポズナニ暴動**，1968年の**プラハの春**，1980年代初頭のポーランドの**自主管理労組「連帯」**などの動きもあった）。同年12月，ブッシュ米大統領との**マルタ会談**で，**冷戦**の終結も宣言された。ソ連も1989年には憲法改正を行い，翌年には**大統領制**を導入し，ゴルバチョフが大統領となり，**憲法裁判所**も設置したが，ロシア共和国大統領の**エリツィン**などが各共和国の主権の主張を強めた（民族問題の噴出）。1991年8月，この動きを阻止するため，保守派がゴルバチョフを軟禁し，クーデターを起こしたが，エリツィンらに鼓舞された市民の強い反発を受け，失敗した（9月にはバルト3国がソ連から独立した）。続けて，ゴルバチョフは共産党解散を発表，年末にソ連も解体された。いわゆる社会主義国はベトナム（ドイモイ政策実施），キューバ，中国，北朝鮮だけとなった。

1992年，旧ソ連構成国の多くは**独立国家共同体**（CIS）に集った。ロシアは急速な経済自由化で混乱し，新興財閥のみを儲けさせた。2000年までのエリツィン時代は野党が強く，一部議員の議会立て籠り事件（1993年）も生じた。

1993年，「民主主義的連邦制法治国家」を宣言する**ロシア連邦憲法**が制定された（国民投票で辛うじて過半数が賛成）。脱全体主義を目指し，人権の普遍的原理を謳い，自由権，社会権がともに明記された。国家元首で「人と市民の権利および自由の保証人」（80条）である大統領（2008年から6年2期まで。以前は4年）に権限が集中し，下院（国家院）の信任は必要ながら（しかし拒絶は3回まで）首相の任免権を握り，安全保障会議，国家評議会なども掌握している。法律事項と大差ない形で大統領令も広汎に出せ，立法拒否権も有する（但し，議会にも再議決権がある）。議会は**二院制**で，各連邦主体の立法・行政代表178名の上院（連邦院）と，任期5年（2008年就任の後から。以前は4年）の選挙による450名の下院で構成される。2005年に，下院選挙は全国一区の**比例代表制**（但し，7％条項あり）となった。19名の裁判官からなる憲法裁判所は**付随的違憲審査**，抽象的違憲審査もできるほか，**勧告的意見**も出せる（125条）。憲法改正については，基本原理等は憲法制定議会の3分の2の賛成か**国民投票**が必要（135条）で，それ以外の事項でも上院の4分の3，下院の3分の2（108条），

連邦構成主体の3分の2の賛成（136条）が全て必要と定められ，硬性度が高い。

　プーチン（与党「統一ロシア」も議会を制した）が2000年からと2012年から大統領になり（2008年のメドベージェフの下でも首相），長期政権を築いた。

○ 中　国

　中国の近代化は，イギリスとの**アヘン戦争**の敗北に始まる。その後，清朝では，西洋の技術を導入する**洋務運動**が繰り広げられた。日清戦争の敗北でその限界が明らかになると，康有為・梁啓超らは，光緒帝の支持の下，1898年6月に明治維新に範をとった政治改革を行った（**戊戌の変法**）が，急激な改革は猛烈な反発を招き，9月の西太后・袁世凱らのクーデタで挫折した（戊戌の政変）。

　しかし，扶清滅洋を掲げた義和団の乱を鎮圧した列強諸国が，この乱を支持した清朝政府に賠償金，駐兵権などを求めたことから，西太后らは清朝維持のための政治改革の必要性を認識し，1901年1月に戊戌の変法と同様の「新政」を行うことになった。さらに日露戦争での日本の勝利は，君主専制に対する君主立憲の勝利として，清朝政府に衝撃を与えた。そこで清朝政府は，1905年12月にアメリカ，ドイツ，日本，フランスなどに政治視察団を派遣し，1907年9月にイギリス，日本，ドイツに憲政視察団を派遣した。そして1908年8月には，明治憲法を模範とする憲法草案である**欽定憲法大綱**を公布したのである。

　列強諸国の侵略が深刻化する中，1911年10月に革命派の武昌蜂起を契機とする**辛亥革命**が勃発し，1912年1月に南京に**中華民国**が建国され，**孫文**が臨時大総統に就任した。ところが，その政権基盤は脆弱であり，清朝政府がなお北京にあることを解決すべく，孫文は清朝皇帝の退位と**中華民国臨時約法**の遵守を条件に**袁世凱**に臨時大総統の地位を譲った。袁は宣統帝を退位させ，北京で中華民国臨時大総統に就任し，中華民国臨時約法を公布・施行した。その後，1913年10月に，袁世凱の権力を制限する中華民国憲法草案（天壇憲法草案）が国会に提出された。これに対して，大総統選挙を強行し中華民国大総統に就任した袁世凱は，政権打倒のための軍事蜂起（第二革命）に孫文ら**国民党**が関わったことなどを理由に，国民党を解散し，国民党員の国会議員から議員資格を剥奪し，国会を解散した。そして1914年5月に，臨時約法を改正し，

議会の権限を大幅に縮小し，大総統の権力を制約しない中華民国約法（袁記約法）を公布したのである。翌年12月に，帝政復活を図った袁世凱が1916年6月に急死すると，地方有力者（北洋軍閥）の間で北京の政権をめぐる抗争が繰り返され始めた。こうした状況の下，中華民国憲法草案（段祺瑞，1919年），中華民国憲法（曹錕憲法，1923年），中華民国憲法草案（段祺瑞，1925年）が制定されたが，抗争の激化で日の目を見ることはなかった。

　他方で，1917年10月のロシア革命の勃発を背景に，第一次世界大戦後のパリ講和会議で日本に山東省の権益の譲渡が認められたことに対し，1919年1月に反日・反帝国主義を掲げる大衆運動が起こり，中国全土へ拡大していった（**五四運動**）。そこで孫文らは，1919年10月に広東で新たに国民党を結成した。1924年1月，国民党は第1回全国代表大会で連ソ・容共・扶助労農の方針を採用し，共産党とともに北京政府に対抗する**第一次国共合作**を成立させた。孫文が1925年3月に亡くなると，1926年5月に国民革命軍総司令官に就任した蔣介石は，全国を統一するために北伐を開始した。もっとも蔣介石が1927年4月に上海でクーデタを起こし，共産党員を粛清したことから，第一次国共合作は決裂することになった。1928年6月の北伐完了により，蔣介石の国民政府が中華民国唯一の政府となり，全国統一が果たされた。国民政府は，1931年5月に，正式な憲法の制定までの基本法として**中華民国訓政時期約法**を制定した。その後1936年5月には，**中華民国憲法草案**（**五五憲草**）を発表したが，1937年7月に日中戦争が勃発したことから（盧溝橋事件），国民大会の開催が不可能となり，憲法制定は延期された。

　蔣介石の反共政策の下で都市部を追われた共産党は，1927年8月に江西省南昌で武装蜂起を起こした。1931年11月，共産党は江西省瑞金に**毛沢東**を主席とする中華ソビエト共和国を樹立し，**中華ソビエト共和国憲法大綱**を制定した。その後も国民党軍の攻撃を受けた毛らは，1934年10月に瑞金を放棄して各省を移動する**長征**を始め，1936年10月に陝西省延安を新たな拠点とした。1936年12月の**西安事件**以来，国民党と共産党の間には内戦停止，一致抗日の雰囲気が拡大し，1937年9月に**第二次国共合作**が実現することになった。延安の中華ソビエト共和国は，国民政府管轄下の行政区である陝甘寧辺区となり，

国民政府の指導や法令が適用されたのである。とはいえ、辺区では国民政府の法令に依拠しつつも、辺区施政綱領などを制定し、独自の政権工作が行われていた。その後1943年9月に、国民大会での憲法制定が決定されたが、国民党は五五憲草を基礎とし、以前の選挙で選ばれた代表で構成される国民大会での憲法制定を主張し、共産党などはこれに反対し、国共両党の関係は悪化していった。

　1945年8月の日本の敗戦後、国民党と共産党の間で和平交渉が行われた。だが翌年6月、国民党が辺区を攻撃し始め、国民党と共産党は内戦へ突入していった。当初、国民党は共産党を圧倒しており、11月に共産党などの反対を無視し、国民大会を強行し、12月に**中華民国憲法**を制定した（1947年12月施行）。しかし1947年中頃に戦局が一変し、共産党は1949年1月に北平（現在の北京）を解放し、**中国人民政治協商会議**を開催し、新国家の基本政策などを規定する**中国人民政治協商会議共同綱領**を制定し、1949年10月に**中華人民共和国**を建国した。国民党は台湾に撤退したのである（同年12月に台北を臨時首都とした）。

　中華人民共和国では、土地改革運動、反革命鎮圧運動などを通じて政権基盤が強化され、1954年9月に**全国人民代表大会**（国家の最高権力機関であり、唯一の立法機関である。現在、国務院総理、国家中央軍事委員会主席、最高人民法院院長などを選出・罷免する）で**中華人民共和国憲法**（**1954年憲法**）が採択された。だがソ連共産党第20回大会でのスターリン批判を契機に中ソ関係が悪化すると、1956年6月、毛沢東は民主諸党派や知識人に中国の現状に関して率直な批判を求めた（百花斉放・百家争鳴）。ところが、批判が共産党や政権に集中したので、毛は1957年6月に批判者の摘発を開始した（反右派闘争）。さらに急進的な大躍進政策の実施に、自然災害による食糧不足が加わり、大飢饉が発生したことから、1962年1月、**劉少奇、周恩来、鄧小平**らは調整政策を始めた。これに対し、毛は資本主義復活の危険があるとして階級闘争を呼びかけ、1966年8月に**文化大革命**を発動した。**林彪**（りんぴょう）**・四人組**らにより、多くの人々が無実の罪で反革命分子として非情な迫害を受けたのである。そして文革期に掲げられた「プロレタリアート独裁の下での継続革命理論」に基づき、中華人民共和国憲法は1975年1月に改正されることになった（**1975年憲法・文革憲法**）。ところが周恩来と毛沢東の急逝により、文化大革命が終結し、1978年3月に憲法

が改正されることになった（**1978年憲法**）。その後の文化大革命に対する批判の高まりを背景に，共産党と国家の活動の中心を階級闘争から経済建設に転換し，人治体制から法治体制に転換することが求められ，1982年12月に中華人民共和国憲法はまた改正されたのである（**1982年憲法**）。

経済の発展に伴い，1988年4月には，土地使用権の譲渡や私営経済を認める1982年憲法の一部改正がなされた。しかし経済発展によるインフレの進行，官僚による不正な経済活動の横行は，社会的不満を蓄積させていった。1989年4月，改革の旗手であった胡耀邦の死を機に，政治改革の停滞に焦りを感じていた知識人や学生が北京の天安門広場で座込み，民主化や汚職打倒を主張するようになった。中国政府は危機感を深め，1989年6月4日，天安門広場に人民解放軍を突入させ，集まっていた知識人や学生らを武力で排除した（**天安門事件**）。ベルリンの壁の崩壊（同年11月），東欧社会主義国の民主化，ソ連崩壊（1991年12月）も中国政府に大きな衝撃を与え，社会主義体制の平和的転覆（和平演変）への危機感が主張され始めた。このような状況の中，天安門事件に対する西側先進国からの批判，制裁措置や中国国内で民主化や人権を主張する者に対抗するため，中国政府は1991年11月に「中国の人権状況」を公表したのである。

徐々に政治的安定を回復していく中，1992年1月，鄧小平は上海や深圳(シンセン)などを視察し，**改革開放政策**の成果を高く評価した（南巡講話）。1993年3月には，1982年憲法の一部を改正し，「中国の特色を有する社会主義」を建設する理論に基づき，改革開放を堅持し，**社会主義市場経済**を実行していくことが規定された（経済発展を背景に，欧米諸国と対等な立場で人権をめぐる対話を進めようとする中国政府は，1997年10月に経済的・社会的・文化的権利に関する国際規約（社会権規約）に署名し（2001年3月批准），翌年10月には市民的・政治的権利に関する国際規約（自由権規約）に署名した（未批准））。更なる1982年憲法の一部改正によって「社会主義的法治国家」の建設が規定され（1993年3月），「国家は人権を尊重し保障する」（33条3項）ことが新たに規定された（2004年3月）。もっとも，社会主義憲法である中華人民共和国憲法は，人が生まれながらにして当然に有する天賦人権ではなく，あえて「公民の基本的権利」を保障すると規定してきた。このことを踏まえると，（天賦のものと解釈することは難しい）「人

権」と「公民の基本的権利」の整合性に関する問題が生じてこよう。

○ 台 湾

台湾は 1895 年 4 月の日清戦争の講話条約（**下関条約**）によって清朝から日本に割譲され（2 条），日本法を通じて近代法が導入された。重要な問題は内地法と**植民地法**の関係であった。1896 年 3 月に「台湾ニ施行スヘキ法令ニ関スル法律」（六三法）が制定され，台湾総督に「法律ノ効力ヲ有スル命令」（律令）を発する権限を賦与した（委任立法制度。関連して，明治憲法と台湾総督の委任立法権の抵触の可能性，台湾における明治憲法の効力などについて論争が起きた（六三問題））。六三法を継承する 1906 年 4 月の「台湾ニ施行スヘキ法令ニ関スル法律」（三一法）も，台湾総督に律令制定権を賦与し，例外的に勅令で内地の法律が台湾で施行されるとしたが，1921 年 3 月の「台湾ニ施行スヘキ法令ニ関スル法律」（法三号）では，勅令で内地の法律を台湾に施行し，例外的に台湾総督が律令を制定するとされ，台湾で内地法が直接適用されるようになった。その後，1945 年 8 月の日本の敗戦で，台湾は中華民国によって接収された。

中華民国では**中華民国憲法**が 1946 年 12 月に国民大会で採択され，翌年 12 月から施行されることになった。ところが**国共内戦**の激化に伴い，国民党（**蔣介石**総統）は 1948 年 3 月に国民大会を開催して中華民国憲法の効力を停止し，**動員戡乱時期臨時条款**（反乱鎮定動員時期臨時条項）を制定し，同年 5 月から施行した。国家や人民への危難を避けるため，**総統**の権限を強化し，憲法上の手続に拘束されずに緊急処分を下せるようにしたのである。国共内戦の敗北による国民党の撤退を受け入れるため，台湾では，1949 年 5 月に戒厳令が敷かれた（1947 年 2 月，台北で本省人と外省人の大規模な抗争および国民党軍による弾圧（2.28 事件）が発生した）。国民党は，台湾に撤退した後も，中華民国が中国全土を統治するという建前を堅持し，中華民国憲法と動員戡乱時期臨時条款を台湾で施行した。こうして台湾，金門島および馬祖島（福建省）だけを実効支配している現実との間に様々な矛盾が生じた。2 年間の時限立法として制定された動員戡乱時期臨時条款は，1950 年に自動延長され，1954 年の国民大会の決議に基づき存続が正当化された。そして「大陸反攻」というスローガンの下，1960

年，1966年，1972年の修正によって総統の権限の絶対化が図られた（権威主義）。台湾住民の自由や権利は制限され，弾圧されたのである。特に1979年12月に雑誌『美麗島』の主催した高雄でのデモ行進が警察官と衝突し，主催者らが投獄された事件（美麗島事件）を契機に，台湾における民主化要求が高まっていった（1975年，蔣介石死去）。

　こうした民主化要求などを背景に，蔣経国総統時代（1978〜88年）の1987年7月に戒厳令が解除され，**李登輝**総統代理・総統時代（1988〜2000年）の1991年5月に国民大会で動員戡乱時期臨時条款が廃止され，**中華民国憲法増修条文**が制定された（憲法改正は，憲法本文はそのまま，修正条文を追加する方法で行われる）。しかし，これを行う**国民大会**代表は40年余り改選されず，民意代表機関とはいえなかったため，国民大会代表の選出方法を改正してから，統治機構を改めることにした（一機関二段階修憲）。実際には，①中華民国の実効支配地域が台湾であることを前提として，国民大会代表の選出方法を改めた（1991年5月）。②国民による総統の直接選挙の方針を定め，国民大会などの権限を変更した（1992年5月）。③総統の選出方法を国民による直接選挙に変更した（1994年8月）。④総統に立法院解散権を賦与し，**行政院**院長任命に対する**立法院**の同意権を不要とし，立法院に行政院院長の不信任案提出権，総統の弾劾提案権を賦与するなど総統と立法院の権限を強化した。また，台湾省長・省議員の選挙を停止し，台湾省の組織と機能を凍結した（1997年7月）。⑤国民大会代表と立法委員の任期を調整した（1999年9月。しかし2000年3月に**大法官会議**は，この実質的な任期延長が国民主権の原則に合致しないことから無効とした）。国民大会代表の自己中心的な態度が明らかになり，そのあり方が問われ，⑥国民大会の権限を立法院に移管し，国民大会を非常設機関とした（2000年4月）。⑦立法院の提出する憲法修正案，領土変更案の再審議権が国民大会から国民投票に移管され，総統・副総統の弾劾案の議決権が国民大会から司法院大法官に移管された（2005年6月）。**三民主義**の下で中心的機関とされた国民大会は廃止され，実質的には三権分立体制に移行しているのである。

○ 韓　国

　長く朝貢体制の下にあった朝鮮王朝が近代国家形成を目指し始めるのは19世紀後半である。開化派の人々が立憲君主制を目指した改革を行い（甲午・乙未改革），この時期に清からの自主独立や民権保障を謳った独立誓告文の**洪範14条**も出された。1897年には国号も「大韓帝国」と改めて中華体制からの脱却を表明する。しかし，国内改革には失敗し，国家の基本法に当たる1899年の「大韓国国制」全9条の条文では「万世不変」の「専制政治」が明示されて君主権の強化が図られ，立憲化は進まないまま，1910年の**日韓併合**を迎えた。

　初めて近代的な憲法ができるのは，植民地支配下の1919年のことである。**3・1独立運動**を契機に大韓民国臨時政府が設立され，同年4月11日には全10条の**大韓民国臨時憲章**が，9月11日には全58条の**大韓民国臨時憲法**が制定された。このとき初めて民主共和制が採択され，人権条項も導入されたが，植民地支配下では憲法そのものが実質的な機能を果たせる状況ではなかった。

　植民地支配からの解放後，朝鮮半島は米ソに分断統治され，南側はアメリカ軍政庁により支配されることとなった。当初，米英中ソによる最大5年の信託統治案が出されたが，これには大きな反対運動が起こった。米ソは共同委員会を開き協議したが決裂し，結局南側だけが国連の監視下で総選挙を行い，政府を樹立した。こうして1948年に大韓民国が名実ともに樹立され，初代国会において憲法が制定された（**第一共和国憲法**）。この憲法は大韓民国臨時政府の憲法精神を継承することを謳い，**一院制議会**，**大統領中心制**，**統制経済政策**などの特徴をもった国家制度を規定していた（以来今日まで9度の改正が行われ，大きな統治体制の変更のあったものを指して第一〜第六共和国憲法と呼ぶ）。

　第一共和国では**李承晩**（イスンマン）政権下で，2度の改正（大統領・副統領直選制の導入などの改正，現職大統領の3選禁止を解除する附則の追加，国務総理の廃止等を含む改正）が行われたが，何れも政権温存を図る意図を有し，手続的にも疑問のあるものであった。体制への不満は次第に膨らみ，1960年，不正選挙に対する学生らの反対デモに抗し切れず，李承晩は退陣に追い込まれた（**4・19革命**）。

　4・19革命後，**許政**（ホジョン）を首班とする過渡政府が作られ，6月には国会で憲法改正が決議されて**第二共和国憲法**が成立した。独裁の反省から**議院内閣制**の導

入，**憲法裁判所**の設置や基本権保障の強化等がその内容とされた。同年11月には，不正政治の清算として反民主的行為者処罰のための憲法改正も行われた。しかし，1961年には国内の混乱および朝鮮半島統一問題で韓国が守勢に置かれていることを憂慮した朴正煕(パクチョンヒ)ら少壮軍人が革命六公約を掲げ，軍事政府を樹立した。軍事政権は**国家再建非常措置法**を制定・公布し，基本権を制限するとともに，国家権力を**国家再建最高会議**に統合し，非常事態の名の下に憲法の効力を制限した。一方，革命公約に基づき，新憲法も準備し，1962年，最高会議議員9人に民間人学者，専門家らを専門委員として加えた憲法審議委員会で作成された要綱を最高会議で議決し，国民投票で確定した（**第三共和国憲法**）。大統領中心制の復活，総綱への政党条項の導入，通常裁判所による違憲審査権，国家安全保障会議の設置などが新しい内容で，朴正煕が大統領に選出された。この後，さらに3期継続在任を認める改正が行われた。また北との緊張緩和を図り，1972年には南北共同声明を発表，自主的平和的統一の実現に向けた南北調節委員会が設置された。一方，同年朴大統領は，南北対話の積極的な展開と周辺情勢の急変する事態に対処する体制改革の必要性を理由に，2カ月間憲法の一部の条項の効力を停止する**非常戒厳**を宣布し，国会解散，政党および政治活動禁止とともに国会の権限を大統領，国務総理，国務委員からなる非常国務会議が遂行するものとして，平和統一を指向する憲法改正案の公示を宣言し，非常国務会議で議決，国民投票で確定した（維新憲法，**第四共和国憲法**）。この憲法の下では「韓国的民主主義」の名の下に大統領への権力集中が図られた。以後，反体制的言論に対処するため緊急措置や非常戒厳が頻繁に出されるが，1979年10月26日に朴正煕が暗殺され，維新憲法で導入された**大統領選任機関，統一主体国民会議**の大統領補選によって崔圭夏(チェギュハ)が大統領となった。

　崔圭夏は大統領就任とともに改憲の意向を示し，その作業が進められた。しかし，軍内部では全斗煥(チョンドゥファン)ら新たな勢力が実権を握り，社会では学生の民主化デモが激化したために，大統領は戒厳令を宣布し，1980年5月には軍が学生による大規模デモを鎮圧しようとして**光州事件**が起こった。6月，国家保衛非常対策委員会が設置され，8月には崔圭夏大統領が辞任，統一主体国民会議は後任として全斗煥を選出した。一方，1980年3月に作られた憲法改正審議委

員会小委員会では国会案や各界各種の案を参照して要綱が作成され，国務会議での議決後，10月に国民投票で改正が成立した（**第五共和国憲法**）。この憲法では，大統領権限は制限され，大統領選挙は選挙人団による間接選挙で7年の単任制とされ，新しい基本権条項が盛り込まれるなど，維新憲法に比べ，民主的な内容となった。附則では過渡立法機関として国家保衛立法会議を規定し，同会議に不正を行った者に対する政治活動制限の遡及立法の権限を認めている。

しかし，全斗煥政権の正統性には問題があった。このことは大統領間接選挙制の改憲論議とともに国民の民主化要求に発展し，1987年，全の後任に指名された**盧泰愚**（ノ・テウ）は，国民の要求を入れて大統領直接選挙制を含む民主化案を「国民大和合と偉大な国家への前進のための特別宣言」（6・29宣言）として発表した。こうして国会で民正党，民主党両案を摺り合わせ，与野党合意で憲法改正が議決され，国民投票で確定した（**第六共和国憲法**）。大統領の5年単任直選制，国会権限の強化，憲法裁判所の設置などが盛り込まれたこの憲法は民主化以降，改正されていない。盧泰愚以降の大統領には文民の**金泳三**（キムヨンサム），**金大中**（キムデジュン）（首相を務めた**金鍾泌**（キムジョンピル）と合わせて「三金」といわれた），**盧武鉉**（ノ・ムヒョン），**李明博**（イ・ミョンバク）が選出されている。

* * *

以上が，比較憲法の対象となる候補国であろうが，典型的な西欧の4カ国のほかは，これとやや異なる法体系を持ちつつ成熟した福祉国家を確立してきた北欧を一体として取り上げ，日本の旧植民地であるが，独裁体制を脱して民主化して久しい韓国と台湾を対象とする。また，今日，連邦国家への過渡期にあるように見えるEUも取り上げる。独裁国家や典型的な君主制国家，社会主義体制やイスラム諸国，憲法典なきサウジアラビア，リビアの旧カダフィ政権，ミャンマーの旧軍事政権，あるいはそれらの状態から**近代立憲主義**に転じて日の浅い国々を，日本の憲法の手本や参考として比較対象とすることは避けてよい（大日本帝国憲法，特にその軍国主義時代を比較対象とするのも誤り）と考えるし，英米独仏以外の西洋の国々を追加するメリットも小さいと判断した。必要を感じれば，他書に頼って戴くか，機が熟せば対象として再検討するかである。以下では，総じて**機能的方法**によりつつ，以上の憲法を比較していきたい（日本憲法史は，君塚正臣編『高校から大学への法学』33-70頁（法律文化社，2009）参照）。

第 1 章　各国憲法史

　本書は「憲法」の比較を行うが，20 世紀以降，国家システムや人権，それに平和に関して**国際法**（**条約**），特に**多国間条約**の果たす役割の大きさも特記せねばならない。そこには，絶対的であった**国民国家**の仕組みの動揺と再編の端緒が見られる。第一次世界大戦後に**国際連盟**を設立した**ベルサイユ条約**（1919 年），「国際紛争を解決する手段としての戦争」の放棄を定めた**不戦条約**（ケロッグ＝ブリアン条約。1928 年），第二次世界大戦後の**国際連合憲章**（1945 年），**世界人権宣言**（1948 年），ジェノサイド禁止条約（1948 年。1951 年発効），難民の地位に関する条約（1951 年。1954 年発効），**国際人権規約**（社会権規約，自由権規約。1966 年。1976 年発効），**人種差別撤廃条約**（1965 年。1969 年発効），**核拡散防止条約**（1968 年。1970 年発効），**女性差別撤廃条約**（1979 年。1981 年発効），**子どもの権利条約**（1989 年。翌年発効），生物多様性条約（1992 年。翌年発効），対人地雷全面禁止条約（1997 年。1999 年発効），京都議定書（温室効果ガス削減を定めた。1997 年。2005 年発効）などがある。国際人権規約自由権規約第一選択議定書（個人通報制度。条約と同時に採択・発効），同じく第二選択議定書（死刑廃止条約。1989 年。1991 年発効），社会権規約第一議定書（個人通報制度。2008 年。未発効）があるが，何れも日本は**批准**していない。このほか，限られた国の間のものには，欧州人権条約（1950 年。1953 年発効），南極条約（1959 年），部分的核実験禁止条約（1963 年），宇宙空間平和利用条約（1967 年），トラテロルコ条約（ラテンアメリカ非核化条約。1967 年），米州人権条約（1969 年），生物・毒素兵器禁止条約（1972 年），ラロトンガ条約（南太平洋非核地帯設置条約。1985 年），中距離核戦力全廃条約（INF 全廃条約。1987 年），戦略的兵器削減条約（START。1991 年），ベリンダバ条約（アフリカ非核兵器地帯条約。1996 年）などがある。地域連合としては EU のほか，アラブ連盟（LAS。1945 年），東南アジア諸国連合（ASEAN。1967 年），南アジア地域協力連合（SAARC。1985 年），独立国家共同体（CIS。1991 年。旧ソ連の 8 カ国からなる），太平洋諸島フォーラム（PIF。2000 年。1971 年発足の南太平洋フォーラムを改称），アフリカ連合（AU。2002 年。1963 年設立のアフリカ統一機構を基に），南米諸国連合（UNASUR。2004 年）などがあり，非同盟諸国首脳会議（1961 年），英連邦（1931 年）もある。

第2章　統治機構概論

　統治機構は三権に分けて著述するのが一般的であるが，その前に，各国のそれの基本的な構造や理念を考察したい。あわせて，主権や憲法制定権力，連邦制か単一国家かなどの国の成り立ちについて，総論的検討を行いたい。

1　各国憲法の性質

○ イギリス

　イギリスの憲法は，しばしば，**不文憲法**，**軟性憲法**である点に特徴があるといわれる。「憲法」の名称を持ち，通常法律に優位する効力を認められた単一の法典（成典憲法，硬性憲法）は存在しない。

○ アメリカ

　アメリカの憲法は，イギリスから独立して人民が建国した歴史的背景から自由と民主主義を重視する。よって，大統領や連邦議会は人民の選挙によって選ばれ，連邦最高裁判所さえも任命過程において政治部門の関与がある。反面，多数派の圧制の危険に対する懸念も強く，**代表民主制**や**司法審査制**はそれを防ぐ意味を持つ。特に司法審査制は個人の自由を保障するために重要な役割を果たす。

　統治構造としては，政府の権力が濫用されないように，三権がそれぞれ独立して権限を行使し，かつそれが行き過ぎないように**抑制と均衡**のシステムによってバランスがとられている。例えば，立法府は法律を制定することができるが，大統領はそれに対して**拒否権**を持ち，立法府が両院の3分の2で再可決しても，最終的に司法のチェックが残っているといった具合である。また，連

邦制も中央政府の専制を防ぐための手段として重要なシステムとなっており，連邦政府は憲法に列挙された権限しか行使できないようになっている。

○ ドイツ

ドイツの形式的意味における憲法は，「1949年5月23日のドイツ連邦共和国基本法」（**基本法**）である。それ以前は憲法と法律との質的相違が十分には意識されていなかったが，基本法は，形式的のみならず実質的にも法律に優位すると理解されている。このことは，改正手続が法律に比べて厳格化されていること（ヴァイマール憲法も形式的には**硬性憲法**であった）に加え，例えば，憲法の優位を担保する制度として**連邦憲法裁判所**が設置され，その連邦憲法裁判所が，比較的早い段階の判例（リュート判決，BVerfGE 7, 198）において，私法秩序の形成も基本権に拘束されると判断したことにも表れている。

○ フランス

第五共和制憲法の特質としてまず挙げられるのは，憲法制定に多大な影響力を行使した**ド・ゴール**の憲法構想が，忠実に反映されていることである。そもそも，1958年5月のアルジェリアにおけるクーデタの発生と，それに対応するための危機管理の手法としてのド・ゴールの権力復帰が，第五共和制の出発点であった。それゆえ，第五共和制憲法にはド・ゴールが有名な**バイユー演説**において明らかにした，公権力の各部門の分離と均衡，広範な選挙人団によって選出される国家の仲裁者の必要性，地方議会によって選出される第二院の創設などの要素が盛り込まれている。

○ 北 欧

5カ国は何れも最高法規としての成文憲法を有する。スウェーデンの憲法は，改正の困難な**基本法**として位置付けられる4法から構成される。フィンランドも同様であったが，2000年に4基本法を整理統合した単一の憲法典が施行された。デンマークでは**王位継承法**も憲法的地位にあり，憲法改正手続が適用される。

◯ ＥＵ

憲法に相当するEUの基本条約（第一次法）は，**EU条約**と**EU運営条約**であり，EUはこれらの条約に基づいて成り立っている。**欧州憲法条約**（2004年調印）は，フランスおよびオランダにおける国民投票（2005年）で否決されたため棚上げされたが，2009年に発効した**リスボン条約**は，欧州憲法条約の内容の多くを取り入れたものとなっている。しかし，欧州憲法条約にあった国家を連想させる「憲法」という文字やEU外相というポストの名称は消去された。

◯ 台　湾

憲法は，**孫文**の**三民主義**に基づき，立法，行政，司法に中国伝統の**考試，監察**を加えた五権を国民大会に集中させる**五権分立**の強力な統治体制を確立しようとした。もっとも1990年代以降の憲法改正により，国民大会は立法院にその権限を移し廃止されるなど，実質的には**三権分立体制**に移行している。

◯ 韓　国

行政府にややフランスに似た要素もあるが，**たたかう民主制，憲法裁判所**制度，基本権規定などを中心に，法文上も理論上もドイツの影響が伝統的に強い。

2　各国憲法の特殊性

◯ イギリス

法律に優位する単一の「憲法」典はないが，統治の仕組みに関わる規範の多くは制定法や行為規範（code）で明文化されている（例えば，議会法や大臣行為規範など）。また，1972年**欧州共同体法**や1998年**人権法**の制定を通じて，通常法に優位する憲法的法律の観念が形成されつつあるとの評価もある。

◯ アメリカ

憲法の法源は何よりもまず**憲法典**を第一とする。アメリカでは，**憲法起草者**に対する敬意が高いのも特徴で，判例でも憲法起草者の意図がしばしば参照さ

れる。裁判所が憲法起草者の意図を尊重することを**原意主義**という。原意主義は、憲法起草者の原意を維持することで、民主的正当性の弱い司法府が憲法の意味を変えてしまわぬようにすると同時に、原意に従った判断をすることで司法審査に正当性を付与するという側面を持つ。これは、司法審査に関する規定が憲法の明文で保障されていないという事情も絡んでいるといえる。

もっとも、憲法典に忠実だということは、憲法典に明文で規定されていない事柄を一切許容しないわけではない。統治に関する事項だけでも、**司法審査権**、**国政調査権**、**執行特権**など、憲法上黙示の権限が認められるに至っている。

また、イギリス流のコモン・ローの伝統を受け継いでいる点も特徴である。判例も憲法法源の一つと見なされ、**先例拘束性**が強いとされる。

○ ドイツ

基本法の憲法秩序は、**人間の尊厳**、**民主主義**、**社会国家**、**連邦国家**、および**法治国家**という基本的な構成原理に基づいている。そして、この憲法秩序は、ヴァイマール憲法の失敗を教訓に、人間の尊厳の不可侵を宣言するほか、いわゆる**たたかう民主制**や**実質的法治国家概念**を採用するなどの特徴を有している。

この実質的法治国家概念によれば、法の拘束を受けない国家の領域は存在しない。すなわち、立法権は基本法に、執行権と司法は「法律と法」に実質的に拘束される。憲法の優位を担保する**連邦憲法裁判所**はここでも重要な意義を有する。また、法治国家原理には、公法私法の領域を問わず、独立の裁判所による権利救済制度を整備することも含まれる。さらに、**罪刑法定主義**などの原則による国家の刑罰権の法的拘束や**適正手続**も、法治国家原理から導かれている。

国家の高権的諸権利の国家機関への委譲を定める 24 条（国家の開放性）や、欧州連合の発展への協力を定める 23 条も基本法の特徴を形成している。

○ フランス

第五共和制の基本原理として、人権および**国民主権**の原理（前文）や共和国の不可分性（1条）といった、フランスの共和制に見られる伝統を継承しつつ、いくつかの第五共和制に特徴的な国の形が見てとれる。

第1に，第三・第四共和制との比較における大統領権限の強化がある。ド・ゴールはとりわけ第四共和制期の議会における小党分立と議院内閣制の機能不全を見て議会中心主義と決別し，大統領を中心とした統治構造を選択した。

第2に，議会権限の縮小である。議会が制定できる法律事項が憲法上制限されている（34条）。政府との関係において議会が相対的に劣位に置かれている（**合理化された議会制**）。もっとも，2008年の大幅な憲法改正により，議会の役割が強化され，法律事項が拡大したこともあわせて考察されなければならない。

第3に，**憲法院**の創設である。議会中心主義および法律の優位の伝統のため，法律の効力を裁判機関が否定する違憲審査制はフランスには馴染まないと考えられていた。だが，第五共和制憲法は，審署前に法律の効力を否定する権限を有する憲法院を創設した。憲法院はその後，人権保障機関の役割も高めている。

○ 北　欧

フィンランドとアイスランドが共和制，ほかは**立憲君主制**であるが，**議会制民主主義**をとる点で一致し，**法の支配**が尊重されるべき法原則とされる。政治参加も重視され，民主的意思決定による**北欧福祉国家**の形成・発展を支えている。

○ Ｅ　Ｕ

2つの基本条約（EU条約，EU運営条約）がEU法体系の最上位にあり，EU市民の日常生活に影響を与える膨大な**派生法**（第二次法）の基礎となっているが，一般の憲法とは全く異なる。基本条約はEUを統治する上で必要な原則を定め，EUの機関が政策を実施する際の規則や加盟国とEUとの権限分担，各機関への権限の委譲について規定するとともに，政策の範囲と各機関の政策分野ごとの活動を定義する。基本条約は人権規定をほとんど含まないが，リスボン条約により法的拘束力を持った**EU基本権憲章**がEUの人権目録となっている。

○ 台　湾

中華民国は国共内戦に敗れて台湾に移ったが，中華民国憲法は中国全土に効力を有するとされた。しかし，中華民国と憲法の**実効支配**地域が台湾のみであ

るという現実との矛盾が強く意識され，台湾省の存在意義が薄れたことから，省の組織と機能は簡素化された（1997年7月第4回憲法修正）。

○ 韓　国

韓国憲法の特殊性を形成する大きな要素は，朝鮮半島の**分断**である。憲法上，3条が領土を「朝鮮半島およびその付属島嶼」と規定し，大韓民国を朝鮮半島全域を支配する国家と捉える一方，前文と4条は「平和統一」を指向することを述べており，両者の矛盾が問題視されている。多数説・判例は従来，「北朝鮮地域は大韓民国の領土であるが，『朝鮮民主主義人民共和国』という不法団体により占領されている未修復地域として大韓民国の主権は当然に及ぶが，統治権は現実に及んでいないものと見る」という立場をとっており，「朝鮮民主主義人民共和国」を「反国家団体」と位置付けてきた。但し，憲法裁判所は「反国家団体」であると同時に「対話と協力のパートナー」でもあるという両面性を認めるに至っており，学界には3条改正の主張もある。法制上，**国家保安法**が安保と保安のために存続する一方，統一推進の観点から「南北交流協力に関する法律」「南北関係発展に関する法律」なども制定されている。また前文で「自由民主的基本秩序」を謳い，「民主的基本秩序」に反する政党の解散権を憲法裁判所に与えて，**たたかう民主制**の制度を導入している。

3　主　権

○ イギリス

イギリスでは「主権（sovereignty）」の語は日本とは異なる意味で用いられている。すなわち，成文憲法が存在しないため「憲法制定権力」は観念されず，通常は国法における議会制定法の**最高権威性**の意味で用いられる。「**議会主権（Parliamentary Sovereignty）**」とは，議会はいかなる内容であれ法律を制定改廃しうること，議会以外の組織（裁判所や行政機関など）は議会制定法（Act of Parliament）の効力を覆すことができないことを意味する。ここに「議会」とは，「議会における女王（Queen in Parliament）」を指し，上下両院と女王を含む。

もっとも，議会主権の原則はEU法や人権法との関係で揺らいでいるといわれる。

○ アメリカ

「我ら合衆国人民」で始まる憲法前文からわかるように，主権が人民にあることは明らかである。最初から共和国を建設したという自負もあり，アメリカは民主主義を何よりも誇りにしている。自分たちのことは自分たちで決定するという**自己統治**の思想を実現するのが民主主義であり，人民主権なのである。但し，同時に**共和主義**的発想が強いことにも留意しなければならない。人民主権は民主主義の基盤であるが，それはときに誤ることもありうる。そのため，大統領選挙は**間接選挙**を採用し，連邦議会議員も選挙で選ぶ。つまり，人民の判断はときにデマゴーグに陥る恐れがあるため，理性的判断に基づく自己統治を行うために，代表民主制が採用されているのである。したがって，議員は人民の意思に直接拘束されず，**自由委任**のスタイルをとっている。

○ ドイツ

基本法20条2項1文は「全ての国家権力は，国民に由来する」として，**国民主権**を明確に定める。そして，国家権力の行使は，国民自らが選挙・投票で行うか，立法・執行権・裁判の諸機関を通じて行うかであると定める。ここにいう国民は，多数説によればドイツ国籍保有者である。基本法は，国民が直接に意思決定をする手続である**国民投票**にも言及している。しかし，多数説は，投票の対象事項，投票の要件，手続，投票結果の法的性格（拘束力）などは法律ではなく憲法で定めるべきであるが，それについての憲法上の規定がない以上，連邦レベルで国民が直接に決定することはできないと解している。

○ フランス

憲法3条1項に示されるように，国民の主権（La souveraineté nationale）は**人民**（peuple）に属する。主権は，代表者を通じて，あるいは**国民投票**によって行使される。フランスにおいては，主権の帰属について**国民（ナシオン）主権**（1791年憲法）か，**人民（プープル）主権**（1793年憲法）か，が議論されてきたが，

第五共和制憲法は人民主権を標榜し，民主的な共和制の実現のために，国政運営における重要事項については国民投票の制度が導入されている。

◯ 北　欧

国民主権原理は「全ての公権力は国民に由来する」（スウェーデン），「立法権は議会を通じて国民が行使する」（ノルウェー），「**国権**は議会に代表される国民に存する」（フィンランド。アイスランドでは同様の内容が不文の基本原理とされる），といった憲法上の規定や，**国民投票**に与えられた広範な機会と憲法改正手続上の重要性（デンマーク）などに現れている。

◯ Ｅ　Ｕ

EU 加盟国は，基本条約で定められた分野で，EU にその主権を委譲する。EU が排他的な権限を持つ領域には，関税同盟，競争政策，通商政策，**ユーロ圏の金融政策**などが含まれる。また，EU と加盟国が権限を共有する領域でも，加盟国法より EU 法が優位する場合が圧倒的に多い。なお，外交や防衛の分野では，加盟国が主権を維持し，EU は立法権を持たない。

◯ 台　湾

「中華民国は，**三民主義**に基づく**民有，民治，民享**の民主共和国である」（1条）。その主権は，国民全体に属するとされる（2条）。ここにいう国民主権とは，君主主権や国家主権とは異なり，**人民**が国家権力の源であり，人民から授権された国家権力だけが**正当性**を有することを意味する。

◯ 韓　国

憲法 1 条は「民主共和国」を謳い，「主権は国民にあり，全ての権力は国民より発する」とする。主権行使者としての国民は，憲法改正および重要な政策についての国民投票，大統領および国会議員の直接選挙を行う。憲法上，領域高権，対人高権については，朝鮮半島全域を含むと考えられている。

4 憲法改正

○ イギリス

成文憲法典を持たないので，憲法改正を論じる前提を欠く。1990 年代後半以降の，議会制定法や各種の行為規範（Code）による統治の仕組みの大きな変容を「憲法改革（constitutional reform）」と呼ぶことがある。

○ アメリカ

憲法改正は，以前の条文を塗り替えるのではなく，前の条文を残したまま新たに条文を追加していく修正方式がとられる。そのため，既存の条文の内容を打ち消すためには，修正によって打ち消しの条文を追加することになる。

修正手続については憲法 5 条が規定している。憲法修正の発議については，連邦議会の両院の 3 分の 2 の賛成か，州議会の 3 分の 2 の賛成が必要である。この発議を受けて，州議会の 4 分の 3 または州の憲法会議の 4 分の 3 の賛成があれば成立する。したがって，発議と承認の方式が各 2 パターンあり，計 4 つの手続的パターンがある。これを見ればわかるように，アメリカの憲法修正手続はかなりハードルが高く，典型的な**硬性憲法**である。

○ ドイツ

基本法の改正は，基本法改正法律によってのみ行うことができる（79 条 1 項）。改正のためには，**連邦議会**の法定議員数の 3 分の 2 以上，**連邦参議院**の表決数の 3 分の 2 以上の賛成が必要である（同 2 項）。しかし，**国民投票**は必要とされていない。**憲法改正の限界**は，明文で定められている。すなわち，連邦制による州の編成，立法における州の原則的協力，第 1 条および第 20 条に定められている諸原則である（同 3 項）。これらの限界規定は例外規定であるから厳格に解するべきであるとされ，またそこに挙げられていない基本法の規定は，限界とは解されていない。2013 年末現在で，59 回の改正がなされている。

◯ フランス

憲法改正は、通常の場合、**首相**の提案に基づく共和国**大統領**の発議あるいは**国会議員**の発議により、両院が同一の文言で表決した後、**国民投票**によって承認され、確定的になる。政府提案の憲法改正案が**両院合同会議**において5分の3の多数によって承認された場合には、国民投票は不要である。通常の法律の制定改廃と比較して要件は慎重であり、第五共和制憲法は**硬性憲法**である。

なお、例外的にではあるが憲法改正そのものを国民投票の対象事項とし、大統領が直接国民投票によって憲法改正を行ったことがあるが（1962年の憲法改正）、当該憲法改正の合憲性については多くの疑義が唱えられている。

◯ 北 欧

ノルウェーでは議会の3分の2の賛成が要件だが、憲法の精神と諸原則の改正は明文で禁止されている。スウェーデンとアイスランドは総選挙前後の2度の議会での、過半数の賛成でよい。デンマークではさらに、この2度の議決後6カ月以内に実施される**国民投票**で、投票の過半数かつ全有権者の40％以上の賛成を要する。スウェーデンでは1回目の議決後、議会の3分の1の要求で総選挙時に国民投票を実施でき、反対票が賛成票を上回り、かつ総選挙における有効投票の過半数を超える場合、改正案は否決される。フィンランドでは選挙前の議会の過半数と選挙後の3分の2の賛成で可決される（改正提案の緊急性が議会の6分の5の賛成で宣言されれば、選挙を経ずに議会の3分の2の賛成で可決）。

◯ EU

EU条約48条は通常改正手続と簡易改正手続を規定する。前者の手続では、EUの機能の拡大・縮小の何れも可能であるが、後者の手続ではEUの機能を拡大することはできない。通常改正手続では、欧州理事会が召集する諮問会議（国内議会、加盟国政府首脳、**欧州議会**および**欧州委員会**の代表からなる）や政府間会議の開催が必要になる。**EU運営条約**第3部の規定（EUの政策や対内的行動）の改正に適用される簡易改正手続においては、諮問会議や政府間会議は開催されず、欧州理事会の全会一致の決定で足りるが、全加盟国の批准が必要である。

○ 台　湾

憲法の修正案は，**立法委員**の4分の1の発議により，立法委員の4分の3の出席の下で，出席委員の4分の3の決議でもって提出される。修正案は，公示されてから半年後，有権者による投票を行い，有効同意票が有権者総数の過半数となった場合に採択される（憲法増修条文12条）。

○ 韓　国

改正は，国会在籍議員の過半数または大統領の発議により提案され，大統領が20日以上の期間，これを公告する。国会は公告日から60日以内に議決しなければならない。議決には在籍議員の3分の2以上の賛成を要する。国会の議決後，30日以内に**国民投票**に付し，国会議員選挙権者の過半数の投票および投票者の過半数の賛成を得れば憲法改正は確定し，大統領は直ちにこれを公布しなければならない。韓国憲法は1948年の建国以降，9回改正されているが，民主化によって成立した1987年憲法は現在まで改正されていない。なお憲法上，大統領の任期延長または再任変更のための憲法改正は，その憲法改正の提案当時の大統領には効力がないと規定されている。

5　条約の地位

○ イギリス

政府による条約の批准は，その21日前までに両議院に文書を提出し，その間に何れかの議院の条約を批准すべきでない旨の決議がないことが要件とされる（憲法慣行であったが，2010年憲法改革法（Constitutional Reform and Governance Act 2010）により成文化された）。条約は原則として国内法的効力を有さず，国内法的効力を付与するには**編入**（incorporation）の手続が必要とされる。

○ アメリカ

憲法6条2項により，憲法に従って締結された**条約**は法律と並び国の最高法規とされる。憲法に従わなければならないことから，憲法に反する条約を結ぶ

ことはできない。法律との優劣については争いの余地があるが，少なくとも州法に対して条約は優先的地位にあるといえる。なお，条約は締結されれば直ちに国内で効力を持つわけではなく，条約を締結しても，その実施のためには別途国内法が必要である点に注意すべきである。

条約締結プロセスについては，憲法2条2節2項により，**上院の3分の2**の賛成が必要とされている。上院の3分の2という高めの要件が設定されているのは，上院には州の大小に関わらず各2名の代表が送られていることから，条約によって州の権限が不当に侵害されないようにするためである。

○ ドイツ

国際法の一般的諸原則は連邦法の構成部分であり，法律に優先し，また連邦領域の住民に対して直接に権利・義務を生ぜしめる（基本法25条）。この一般的諸原則とは，圧倒的多数の国が承認し，国際的に妥当している法規範と解されている。国際慣習法も含まれる。ドイツの国家機関はこれに従わねばならない。また，この一般的諸原則に反する外国の行動に参加・協力することも許されないと解されている。さらに，法律のみならず憲法もこの諸原則に友好的に解釈されねばならないが（国際法友好原則），この諸原則と基本法とが矛盾するときは基本法が優先する。個別の条約は，承認によって国内法的効力を有する（59条2項）。この形式的効力は法律のランクであり，優劣は法律と同様に扱われる。

○ フランス

憲法上，**憲法院**が条約に憲法に違反する条項が含まれていると判断した場合には，憲法改正の後でなければ当該条約の批准または承認を行うことはできない。条約について交渉し，批准する権限は共和国大統領に留保されている。

○ 北　欧

各国ともに条約締結権は共通して政府，内閣または大統領という**行政権**に存し，法律や議会の管轄にかかわる場合には**議会**の承認を要する。何れも**二元主義**をとり，条約は国内法秩序への**編入・変形**などを経て国内で効力を発する。

但し，EU 加盟国における EU 条約ないし EU 法は，その例外とされる。

○ Ｅ　Ｕ

EU の基本条約それ自体が条約の形式をとっており，基本条約の改正も条約によって行われている。EU が第三国や国際機構と締結した国際協定は，EU の機関や加盟国を拘束する。**欧州司法裁判所**も第三国と締結した協定を EU 法秩序の不可欠の一部としている。国際協定は，EU の機関が制定した派生法に優位するものとされている。なお，リスボン条約による改正以前は，EU は法人格を持っていなかったため，法人格を持つ EC が条約を締結していた。

○ 台　湾

憲法では，**総統**が条約を締結し (38 条)，行政院が条約案を立法院に提出し (58 条)，立法院が条約案を議決する (63 条)。これらの手続により承認された条約とは，「中華民国と外国，国際組織が締結した国際的な書面の取決め」を指し，法律と同等に位置付けられている (司法院釈字 329 号)。

○ 韓　国

憲法は，「憲法に基づいて締結し，公布された条約及び一般的に承認された国際法規は，国内法と同一の効力を有する」と規定している。国際法と国内法の関係については日本と類似した議論があるが，学説・判例は**国内法優位の一元論**をとっている。条約の締結・批准権は大統領が有し，重大な財政負担を伴う条約，立法事項に関する条約その他一定の内容を持つ (60 条 1 項) 条約については国会の同意を要する。憲法裁判所は法律と同一の効力を有する条約の違憲性は違憲法律審査の対象となると見ている。

6　連邦制

○ イギリス

イギリスは単一国に分類されるが，厳密には歴史的経緯 (⇨第 1 章) からイ

ングランド，スコットランド，ウエールズおよび北アイルランドの連合（union）である。

ブレアの憲法改革により，スコットランドでは領域内における広範な第一次立法権を付与されたスコットランド議会とスコットランド政府が，ウエールズでは第二次(≒委任)立法権のみを付与されたウエールズ議会が誕生した（1998年スコットランド法（Scotland Act 1998），1998年ウエールズ統治法（Government of Wales Act 1998））。ウエールズでは2006年ウエールズ統治法により行政部がウエールズ政府として議会から分離し，2011年の住民投票の結果，議会は列挙された事項の第一次的立法権を持つことになった。北アイルランドでも，1972年以降は幾度かの自治の挫折を挟んで直接統治がなされてきたが，1998年のベルファスト合意の実現を目指す1998年北アイルランド法（Northern Ireland Act 1998）により，社会経済政策に関し広範な第一次立法権を持つ北アイルランド議会と，統一派と国民派との連立が法律上必須となる執行府の体制が整えられた。スコットランドに関してはスコットランド議会の多数を占め，スコットランド政府を組織するスコットランド国民党（SNP）が2014年に独立のための住民投票を行う旨を宣言したが，法的効力について疑義が出されており，今後の行方が注目される。

○ アメリカ

近年，連邦政府の役割が増大しているとはいえ，各州の自治権は非常に広範で，**一般的統治権限**は州が有している。実際，修正10条は，憲法で連邦政府に任せていない事項については州の管轄であることを確認している。

州の自治権の保障は，建国の歴史的背景に加え，連邦政府の専制を防止するという機能のためである。また，各地域の文化や伝統を尊重し，より人民に近い政治を行うという意味でも，州政府の果たす民主的役割は大きい。連邦と異なり，州では裁判官の任命ですら，公選制になっているところが多い。

しかし，州の自治を認めるあまり，州が合衆国憲法の保障する人権を侵害することがしばしばある。連邦最高裁のこれまでの違憲判決を見てもわかるように，州の立法が違憲となった事例がかなりの量を占める。また，連邦政府の権限拡大に伴い，連邦最高裁のみならず，連邦議会も憲法1条の**通商条項**や修正14

条のデュー・プロセス条項を用いて，人権保障を試みている点も重要である。

❍ ドイツ

連邦国家原理は，基本法の基本的構成原理の一つであり，憲法改正によっても放棄されえない（79条3項）。もっとも，基本法が保障しているのは連邦国家制であり，現存する州の存続ではなく，州の再編成は認められる（29条）。

連邦と州との権限配分について，基本法は，別段の定めのない限り州の権限に属するとしており（30条），連邦は権限規定が置かれている場合にのみ活動できる。また，この権限規定は厳格に解さなければならず，類推解釈などによって連邦の権限を拡張することは許されない。連邦と州の権限行使は，中世からの伝統である連邦忠誠の原則，すなわち連邦に友好的に活動するよう命じる原則により規定されている。連邦と州との紛争について，個別の憲法規定が存しないときはこの原則が適用され，これに反する法律や措置は違憲・無効となる。また，最近では，国家任務の実効的な遂行にはより積極的な連邦と州の協力関係が必要であるとされ，協働が見られるようになった（**協働的連邦主義**）。

❍ フランス

フランスは連邦制ではない。

❍ 北　欧

5カ国は何れも単一国家であるが，デンマークには**フェロー諸島**と**グリーンランド**，フィンランドには**オーランド諸島**という極めて独立性の高い自治領があることから，両国が連邦制的要素を持つと評されることがある。

❍ E U

EUは加盟国により異なる。

❍ 台　湾

中国では，これまでに联省自治運動（1920年）での連邦主義の主張などが見

られたが，中央集権制を象徴する観念(大一統)が支配的である。台湾では，1991年3月に国家統一綱領が制定されたが，陳水扁総統によって2006年2月に適用終了が宣言された。

○ 韓　国
韓国は連邦制ではない。

7　軍　隊

○ イギリス
1689年の権利章典により，議会の同意なき常備軍の保持が禁止されている。現在，軍隊の存立と規模については毎年度の歳出予算の審議を通じて議会が決定する。また軍隊の規律などについては，5年ごとに軍隊法が定められ，さらにこの法律に対し，毎年，決議により議会が同意を与える形で統制を行っている（2011年軍隊法（Armed Forces Act 2011））。軍隊は志願制である。

○ アメリカ
独立戦争時に自ら武器をとって自由を勝ちとったという背景もあり，アメリカでは自衛精神が今でも残っている。憲法も，修正2条によって民兵と銃を持つ権利を保障している。但し，**選抜徴兵法**により，徴兵登録は義務付けられているものの，実際に徴兵するには更なる手続が必要であり，徴兵制度は存在していない。つまり，現在でも志願兵が多いのだが，これは自衛精神というよりも，貧困であるがゆえに軍隊に入るしか道がない者が増えているという問題なのである。

○ ドイツ
第二次世界大戦後，武装解除されたドイツは，**北大西洋条約機構（NATO）**に加盟するため，1954年と56年に基本法を改正し，56年に国防軍を設置した。侵略戦争は禁じられており（26条），**国防軍**が出動できるのは，防衛のためのほか，基本法が明文で定めた場合，すなわち災害救助（35条2項），防衛上の

緊急事態・緊迫状態（87a条3項）および「自由な民主的基本秩序」に対する差し迫った危険防止（同4項）の場合のみとされ（同2項），何れも国内の活動であることが前提されている。しかし，連邦憲法裁判所は，**集団的安全保障**について定める24条2項は，ドイツの防衛を超えた，国連及び北大西洋条約機構の枠内での国防軍の活動に憲法上の根拠を与えるものであるとしている（BVerfGE 90, 286 ; 118, 244 ; 121, 135）。これら国防軍の出動には，常に**連邦議会**の個別の同意が必要である。

○ フランス

軍隊の長は共和国**大統領**である。大統領は，国防高等評議会および国防高等委員会を主宰する。武官の任命も大統領の権限である。また，宣戦は議会の承認が必要であるとともに，軍隊の外国への派遣決定については議会への通知が必要となる。4カ月を超える外国への派兵には，議会の承認が求められる。

○ 北 欧

デンマークでは，内閣が武力攻撃への防衛以外で他国を攻撃するには議会の承認を要する。ノルウェーでは憲法上の軍最高司令官としての王の決定には首相ではなく防衛相の副署を，戦力増減には議会の同意を要する。スウェーデン政府は武力攻撃への対抗として，または議会が同意するか，法律で許可されている場合や，議会で承認された国際的義務を履行する場合に軍事力を行使できる。フィンランドでは軍の最高司令官たる大統領が議会の同意をもって戦争と講和を決定する。アイスランドは**NATO**加盟国ながら国軍を保有していない。

○ E U

EU理事会の権限下に置かれた政治・安全保障委員会，EU軍事委員会，文民危機管理委員会およびEU軍事参謀部が共通安全保障・防衛政策を実現し，危機管理任務を遂行する責任を負う。EU加盟国は，自発的に自国軍の一部をEU部隊に提供している。武器製造分野での加盟国間の協力強化，各加盟国の軍隊が共同で任務を果たすための軍隊の運用，各種装置の標準化を推進するた

めに欧州防衛機関が発足し，EU としての軍事力の強化が図られている。

◯ 台　湾

国防の目的は，「国家の安全を保障し世界平和を擁護すること」であり(137条)，いかなる党派・個人も武装力を政争の道具にしてはならない (139条)。現在，徴兵制と志願制が併用されているが，2015年1月から**志願制**に完全移行するため，それまでの過渡期における代替役務が導入された (2011年兵役法改正)。

◯ 韓　国

大統領は憲法および法律に従って軍を統帥する。この**統帥権**には軍事上の行為も軍行政上の行為も含まれるとされる。大統領の軍事に関する行為については，国務総理および関係国務委員の副署を要する。国軍の組織と編成は法律で定められるものとされており，**国軍組織法**がある。合同参謀本部は国防部に置かれている。侵略戦争は否認されており，国軍は「安全保障及び国土防衛」の義務の遂行を目的とし，政治的中立性を遵守することが憲法で定められている。国民には国防の義務があり，男子には兵役法により**兵役の義務**が課される。

8　総　括

ほとんどの国は成典の**硬性憲法**を有し，憲法改正は慎重である（特に，基本原理は不可侵とさえ思える）。**国民主権**が一般的であり，君主が残る国でも君主権限は抑制的である（立憲君主制）。国民の意思が直ちに国家意思となる危険も熟知され，**権力分立**原理が導入されている。その程度により，どのような統治制度が選択されるかが決定されているともいえる。また，権力分立の一翼である裁判所が，違憲審査権を確立し，**法の支配**（実質的法治国）を具現化した意味も大きい。日本国憲法もこの系譜に属することは明らかだが，他国と比べ，直接民主制的制度が抑制的であるといえよう。また，その徹底した平和主義の輝きの陰で，存在する自衛隊を規律する憲法規定の欠如も熟慮を要しようか。

第3章　立法府

　近代立憲主義国では，民主的に選ばれた議員が国の基本的事項について議会で決定するのは，基本中の基本であるが，そのあり方は各国によって異なる。

1　選　挙

○　イギリス

　議会は，**下院**（**庶民院**（House of Commons））と**上院**（**貴族院**（House of Lords））の二院からなる。下院は650議席である。公選であり，全ての議席が**小選挙区制**によって選出される。2011年に，択一投票制導入の可否を問う国民投票が実施されたが，否決された（択一投票制とは，選挙区の定数は1であるが，有権者は候補者に順位を付して投票を行い，第一順位の票の合計で過半数得票者がいればその者を当選者とし，過半数得票者がいない場合には最下位の者の票をばらし第二順位の者に回して，過半数得票者がいればその者を当選者とする，以下この作業を繰り返す制度をいう）。

○　アメリカ

　連邦議会は，**上院**と**下院**から構成され，各々別の選挙によって代表者が選ばれる。両院ともに2年ごとに選挙（上院は改選）があり，大統領選挙の2年前に行われる選挙は**中間選挙**と呼ばれる。選挙の結果，大統領の所属する政党とは異なる政党が連邦議会で多数派を構成することがある（大統領選の行方を占う）。このような状況を**分割政府**（divided government）といい，大統領と議会が互いに独立するアメリカではよく生じる現象である。それとは反対に，与党側が連邦議会においても多数派を握る場合を**統合政府**(unified government)という。

両院とも選挙は，**小選挙区制**に基づいて行われるが，具体的な選挙区割りについては各州に委ねられている。但し，**投票価値の平等**の問題や人種的**ゲリマンダリング**などの問題が生じた場合には司法のチェックを受けることがある。

○ ドイツ

立法府のうち，**連邦参議院**の構成員は州政府が任免する。

連邦議会議員の選挙について，基本法は，普通，直接，自由，平等，秘密の選挙によるとし，18歳に達した者は**選挙権**を有し，成年に達した者は**被選挙権**を有する（成年は，現行法律では18歳）と定める。このほか，法律上，ドイツ国籍，3カ月以上のドイツ国内での居住などの要件がある。なお，在外ドイツ人も，一定の要件を満たせば選挙権を行使できる。平等選挙の原則は，投票価値の平等も要請する。連邦選挙法は，較差(かくさ)が25％を超えたときは新たに選挙区割りを行わなければならないと定める（連邦憲法裁判所は，選挙過程の重要部分を国民の監視可能にすべく**公開選挙の原則**を基本法解釈によって導き，票の集計過程が公に監視できない電子投票システムはこの原則に反すると判断した（BVerfGE 123, 39））。

基本法は選挙の原則を定めるのみで，選挙制度の形成は法律に委ねている。連邦議会議員は，「人物を加味した比例代表制」（**小選挙区比例代表連用制**）によって選出される。小選挙区選挙のほか，比例選挙が州単位で行なわれ，政党は州ごとに比例選挙の候補者名簿を届け出る。有権者は2票与えられ，第1投票で小選挙区の候補者，第2投票で政党に投票する。連邦議会での各政党の議席配分は，第2投票の得票率で決まる。但し，議席が配分されるためには，得票率が5％に達しているか，少なくとも3小選挙区で当選者を出さなければならない。議席は，まず小選挙区の第一位の者で満たし（定員の半数。各政党の獲得議席数を超えても当選），残りを州ごとの各政党の候補者名簿によって満たす。

○ フランス

国民議会（下院）議員は，直接選挙によって選出される（憲法24条3項）。同選挙には，**小選挙区二回投票制**が採用されている。被選挙権年齢は23歳である。

元老院（上院）議員は**間接選挙**によって選出され，地方公共団体を代表する

(24条4項)。選挙は県を選挙区として行われ，選挙人は県選出の国民議会議員，全ての州議会議員，県議会議員，そして市町村議会議員によって選出される。定数3以上の選挙区では比例代表制が，定数2以下の選挙区においては多数代表制が採用されている。被選挙権年齢は30歳である。

◯ 北 欧

何れも**非拘束名簿式比例代表選挙**による任期4年の**一院制**議会である。デンマークの国会であるフォルケティングは179議席からなる。自治領のフェロー諸島とグリーンランド選出の各2議席を除く175の本土議席中，135は10の選挙区に配分された**固定選挙区議席**で，残り40は各党の得票状況を議席配分に正確に反映させるための議席であり，**調整議席**または**補充議席**と呼ばれる。得票が有効投票総数の2％を下回った政党は調整議席を得られない（**阻止条項**）。ノルウェーのストールティングは169議席であり，うち150が県を単位とする19の選挙区に人口で配分される固定議席，19が投票総数の4％の阻止条項を伴う調整議席である。解散はない。アイスランドのアルシングは63議席であり，6の選挙区が憲法上最低各6の固定議席を持つ。残りは有効投票総数の5％の阻止条項を伴う調整議席である（現行選挙法では固定議席は各選挙区9，調整議席も9）。スウェーデンのリークスダーグは全349議席につき，全国の投票総数の4％か選挙区での投票総数の12％という阻止条項がある。310が県を単位とする29の選挙区に配分される固定議席で，39は調整議席である。フィンランドのエドゥスクンタでは200の議席全てが15選挙区に人口で配分され（オーランド諸島区は常に1議席），調整議席はない。

◯ E U

EU市民を代表する**欧州議会**の議員は，直接普通選挙によって，5年の任期で選出される。EU条約14条2項は，議席の上限を750とし（これに議長1名が加わる），各加盟国から少なくとも6名，最大で96名と定める。議席の配分は，議会の提案または同意により欧州理事会（EU首脳会議）が全会一致にて決定するが，各国の人口が考慮される。

第3章 立法府

◯ 台 湾

立法委員は113名であり，任期は4年である。直轄市，県・市および小選挙区から73名，平地および山地先住民から各3名，**比例代表**および海外同胞から34名選出される。比例代表は各政党の当選名簿から選ばれ，女性の比率が2分の1以下になってはならない（憲法増修条文4条）。

◯ 韓 国

韓国の国会は**一院制**の議会であり，議員は4年に一度の選挙により選ばれる。被選挙権を有するのは25歳以上の国民である。議会の解散はなく，任期満了日前50日以後の最初の水曜日が選挙日となっている。選挙の方法は，**小選挙区制**と**比例代表制**である。議員定数は「200人以上とする」ことが憲法上，定められており，現在の公職選挙法では，243名の小選挙区選出議員と56名の全国区比例代表議員の計299名となっている。議員は国民の代表と考えられているが，法的代表と見るか政治的代表と見るかについては諸説がある。

2 議会の構成・活動

◯ イギリス

議会は**下院**（庶民院）と**上院**（貴族院）の二院から構成される。下院は650議席で公選である。任期は5年であるが（1911年議会法第7条），解散がある。

これに対し，上院は非公選である。現在は，①一代貴族，②聖職貴族，③世襲貴族から構成される。かつては法服貴族も構成員であったが，2009年11月に最高裁判所が創設されたため，上院から分離され，当時の法服貴族も裁判官在籍中は上院議員欠格に当たる措置がとられている。世襲貴族は，1999年上院法（House of Lords Act 1999）で，世襲貴族間の互選により92名を選出して，次の上院改革まで暫定的にこの92名にのみ議席を保持させることとされている。聖職貴族は26名の国教会の大司教，司教があてられる。一代貴族は上院任命審査会（House of Lords Appointments Commission）の推薦または審査を経て首相の推薦に基づき国王から任命されるが，定員はない。これらを合わせ，2011

年12月現在で，上院議員は826名存在する（休職中の者を含む）。任期はない。

○ アメリカ

上院と**下院**は基本的に対等の関係にあるが，両者の構成は異なる。上院は，各州の代表者という色彩が強いことから，州の大小に関わらず各州から2名ずつ，計100名選出される。上院の選挙は各州を選挙区とする**小選挙区制**である。上院議員の任期は6年であるが，2年ごとに3分の1ずつ改選される（改選数は33名のときと34名のときがある）。なお，議長は副大統領が兼任する。

一方，下院は全国民の代表的機関であるため，**人口比例**に基づき人数が割り当てられる。そのため，総議員435名のうち，1名しか代表者を出せない州もあれば，50名以上もの代表者を送り出せる州もある。下院の選挙は小選挙区制であり，**選挙区割り**は各州に任せられている。

○ ドイツ

連邦参議院は，州が，連邦の立法と行政，および欧州連合の事務に協力するための機関である。構成員は州政府の代表であり，実際にはほぼ閣僚である。各州は人口に応じて3～6票を与えられ，その票数に応じた員数の代表を出すことができるが，**命令的委任**であるため表決権は州として統一的に行使される。連邦議会からは独立しており，同時活動の原則などはない。

連邦議会は国民により直接に選挙された議員で構成される。任期は4年で，定数は現行法律では598名である。活動は，任期を一つの立法期（会期）としている。連邦議会は，選挙後30日以内に集会されねばならない。集会した連邦議会は，自ら会議の終了および再開を決める（議長は，そこで決められた再開より前に議会を招集できる）。また，連邦議会議員の3分の1，連邦大統領または連邦総理大臣の要求により，議長は招集する義務を負う。会議は公開が原則であるが，議員の10分の1，または連邦政府の申立てに基づき，3分の2の多数で非公開と決することができる。連邦議会の議決は，基本法に別段の定めのない限り，投票の過半数で決する。なお，定足数は，**規則制定権**の自律性を根拠に，基本法ではなく連邦議会議事規則により議員の過半数と定められている。

第3章 立法府

◯ フランス

国民議会の議員定数は、577を超えてはならない（24条3項）。577の定数のうち、556は各県に、21は海外領土に配分される。任期は5年である。

元老院の議員定数は、348を超えてはならない（24条4項）。任期は6年であり、3年ごとに半数が改選される。

なお、1999年7月8日の憲法改正により、選挙によって選出される議員職への男女の平等なアクセスの促進が、憲法に明記された（1条2項）。

◯ 北 欧

毎年自らの決定する時期に参集するフィンランドの議会を除き、会期年度は9月（スウェーデン。議会法による）または10月（アイスランド、デンマーク、ノルウェー。日付はそれぞれ異なる）に始まる。デンマークは**会期不継続の原則**をとるがアイスランドを除く3カ国は**継続の原則**をとる。フィンランドとスウェーデンに定足数はないが、他3カ国では過半数である。また、交替理由に違いはあるが、5カ国全てに議員が活動に支障を来した際の**代理議員**制度がある。

◯ E U

欧州議会は、一院制であり、EUレベルで組織される政党グループに分かれている。欧州議会の主たる役割は、**EU理事会**と共同で、立法・予算に関する権能などを行使することである。議会の本会議は、ストラスブールで開かれる。

◯ 台 湾

立法院は**一院制**であり、その会期は毎年2回（2〜5月末、9〜12月末）である。

◯ 韓 国

国会の運営については日本と同様、本会議で決定されるが実質的な審議については**委員会**方式がとられている。**常任委員会**、必要に応じて置かれる特別委員会、常任委や特別委から派生し任務を分担する小委員会、政府組織に関する法律案や租税または国民に負担を課す法律案などの重要議案について在籍議員

の4分の1以上の要求により議員全員で構成される全員委員会，2以上の委員会の間で意見調整のために設けられる連席会議がある。国会法上，国会の運営は常任委員会中心主義がとられている（国会法上16の常任委員会がある）。また議員は20名以上が集まって交渉団体を構成することができるものとされており（同一政党の議員でなくともよい），交渉団体は院内での発言順序や常任委員会委員の割り当てに一定の権限を有する。

　国会の運営にあたっては**会期制**がとられ，**定期会**は毎年9月1日に召集され，100日を超えることはできない。このほかに大統領または在籍議員の4分の1以上の要求によって開かれる**臨時会**がある。

3　立　法

○　イギリス

　法案には，一般法案（Public Bill：社会の全ての構成員に適用される一般的な法律案），私法案（Private Bill：特定の地域や集団に対してのみ適用される個別的な法律案），混合法案（Hybrid Bill：一般法案であるが，特定の私的な利益に，同種の者と異なる形で影響を与える法案），金銭法案（⇨本章第4節）の種別がある。

　以下では一般法案の制定過程を略述する。下院においては，原則として，**第一読会**→**第二読会**→**委員会**→**報告**→**第三読会**という手続を踏む。第一読会は形式的で，法案提出者が本会議場のテーブルに法案を提出し，議場参事（Clerk at the Table）が法案の名称を読み上げることで終了する。第二読会では法案全般の目的について審議を行う。第二読会で可決された法案は逐条の検討に付されるが，2006年の改革で，多くはその前に**一般法案委員会**に送付され，関連する文書提出や証言を得ることとなった。

　なお，憲法上重要だとされる法案や政府が迅速な成立を望む法案は，一般法案委員会ではなく本会議場で開かれる**全院委員会**に送付される。委員会での討論を終了した法案は本会議に戻され報告される。この段階で修正される法案もあるが，ここで討論にあてられる時間は概して短い。第三読会では，字句修正のみが認められる。争いのある法案は審議が長引くこともあるが，通常，その

討論は短く形式的で、すぐに表決に付される。

上院での審議も、委員会段階が原則として全院委員会による点、第三読会での修正に制限がないなどの違いはあるが、おおむね、下院と同様の手続による。

法案は、金銭法案は**下院先議**の**習律**があるが、それ以外は両院どちらに先に提出してもよい。実際には、重要法案は下院に先に提出されることが多い。

両院で可決された法案は国王の**裁可**（royal assent）を得て成立する。

両院の議決が異なる場合、金銭法案以外の法案については、上院には1年の停止的拒否権が認められているに過ぎないので、連続2会期、下院が同一の法案を議決し、最初の会期の第二読会の議決と後の会期の第三読会の議決との間が1年経過していれば、その法案は成立する（1911年議会法および1949年議会法）。また、1945年以来、総選挙での公約に含まれていた事項については、下院を先議で通過した政府提出法案が貴族院で修正を受け、その修正を下院が否決した場合、貴族院は下院の議決に従うという慣行（Salisbury Convention）が確立している。

なお、議会は政府の委任立法（⇨第4章）に対しても積極的決議または消極的決議の形式で統制を行う。

○ アメリカ

憲法1条は連邦議会に立法権を付与する。連邦議会は同条に列挙された事項しか法律を制定することができないが、**McCulloch v. Maryland**（17 U.S. 316 (1819)）により、**必要かつ適切条項**に基づいて広範な権限を行使することが可能となっている。

法律が成立するためには、上下両院で可決されなければならない。但し、大統領は両院で可決した立法に対して**拒否権**を行使することができる。この場合、両院で各々3分の2の多数を得られれば、**再可決**することができる。

大統領の拒否権を除き、立法過程に他の機関が介入することは許されない。立法の発議および可決は立法府の専属事項である。例えば、議員はしばしば個別のお土産法案を重要な法律に混ぜて提出することがあるが、これに対して大統領が個別の項目ごとに拒否することができるか否かが争われたClinton v. City of New York（524 U.S. 417 (1998)）ではそのような拒否権の行使は立法

過程を歪めるものとして認められないとしている。

○ ドイツ

連邦と州との立法権限の配分原理は，基本法が定める。連邦の立法権の対象のうち，連邦に留保された専属的立法事項は73条に列挙されている。競合的立法事項については，連邦が立法権を行使しない限りにおいて州に立法権限がある（連邦優先）。連邦の立法権は一定の事項については限定され（72条2項），一定の事項では州が連邦法とは異なる定めを置くことが認められる（同3項）。

立法手続には，**連邦議会**と**連邦参議院**のほか，**連邦政府**と**連邦大統領**も関わる。法律案の提出権を有するのは，連邦政府，連邦参議院，そして連邦議会議員である。議員による提出は，院内会派によるか，または5％の議員の署名を要する。連邦政府の法律案は，先に連邦参議院に送付され，連邦参議院が賛否・修正の態度決定をした後それを付して，連邦政府を通じて連邦議会へ提出される。連邦参議院の法律案は，連邦政府を通じて連邦議会に提出されるが，この際，連邦政府は見解を付するものとされている。

連邦議会で審議，可決された法律案は，遅滞なく連邦参議院に送付される。連邦参議院が同意すれば成立する。連邦参議院が，法律案を受けとってから3週間以内に両院の代表からなる**合同調整委員会**招集の申立てをしなかったとき，連邦参議院の同意を要しないと基本法の定める法律について2週間以内に異議を連邦議会に申し立てず，あるいは異議を撤回したとき，または異議を連邦議会が否決したときにも，法律案は成立する（78条）。連邦参議院の同意を要する法律案について連邦参議院が同意しなかったときは，法律案は不成立となる。

成立した法律は，連邦総理大臣または所管の大臣が副署した後，連邦大統領の認証・署名を経て連邦官報により公布され，効力を発する（連邦大統領が認証の際に法律の憲法適合性を審査し，署名を拒んだ例も，わずかだがある）。なお，防衛上の緊急事態については簡略化された立法手続が定められている（115a条）。

○ フランス

議会の重要な権限として，憲法24条1項前段は「議会は，法律を議決す

る」と定めている。もっとも，「**法律は一般意志の表明である**」がゆえの法律万能主義とは訣別し，議会が合理化された第五共和制では，**法律事項**も憲法上の制限を受けることとなった。法律事項は憲法34条に列挙され，それ以外については**命令事項**とされたのである（37条1項）。審議に付された法案の内容が法律事項の領域に属するか否かについては，終局的には憲法院が審査する。

普通法律（loi ordinaire）のほか，内容的にこれとは異なる特別の法律がある。憲法改正を目的とした**憲法的法律**（loi constitutionnelle），公権力の組織と運営の態様を定める**組織法律**（loi organique），国の歳入と歳出を定める財政法律（loi de finances）などがそれであり，憲法上，立法手続も普通法律とは異なる。

法案の提出権は，普通法律の立法は，首相および国会議員に競合的に付与されている（39条1項）。前者による**政府提出法案**（projets de loi）は，憲法39条2項の定めに従い，コンセイユ・デタの意見を徴した後に，閣議で審議され，両院の何れかの理事部に提出される（同2項）。後者の**議員提出法案**（propositions de loi）は，議員が属する議院の理事部に提出される。法案は全て**委員会**に付託される。委員会では，その法案を担当する報告者が指名され，法案についての報告書を作成し，本会議に提出する。委員会での審議が終了し，報告書が提出されると法案は本会議の議事日程に登載され，審議が開始される。

「全ての政府提出法案又は議員提出法案は，同一の法文の採択を目指し」（45条1項），両議院の間を往復する。議院における法案の審議を**読会**（lecture）と呼ぶが，各院で2回の読会を経ても両院の意見が一致しない場合には，首相か，あるいは議員提出法案の場合には両院の議長が共同で，両院同数委員会（commission mixte paritaire）の開催を求めることができる（45条2項）。この委員会は，**議長協議会**（conférences des présidents）の反対を受けることなく政府が審議促進手続の採用を決定した場合に，両議院のそれぞれ1回の読会の後にも，同様に開催を要求することができる（同）。同委員会は両院の審議に付する法文を作成し，当該法文が両院で採択されると法案の成立となる。

議会で確定的に採択された法律は，政府に送付された後15日以内に，大統領が**審署**する（10条1項）。もっとも，大統領は法律あるいは法律の一部の再審議を議会に要求することができ，議会はこれを拒むことはできない（同2項）。

審署後の法律は官報に掲載されることにより公布され，効力を発生させる。

○ 北　欧

　法案は，基本的に内閣ないし政府と各議員が提出できる。デンマークとアイスランドの国会は同様の**三読会制**をとる。第一読会で法案全体の討論を行い，読会後の原則的な委員会審査と修正提案を含む結果の報告を経て，第二読会で逐条および修正案の審議を行い，修正案と法案全体について表決する。必要な場合再度の委員会審査後，第三読会で最終的な修正について審議・表決し，最後に法案成立の可否を表決する。ノルウェーの三読会制では，議会上程後の委員会審査を経て第一読会で委員会報告を審議・表決する（否決で廃案）。第二読会で再度審議し，可決されれば法案は成立する。否決の場合，修正提案を第三読会で審議し，可決されれば成立，否決で廃案となる。フィンランドは**二読会制**をとる。第一読会では委員会報告書に基づいて法案の内容を審議・表決し，第二読会で法案の可決・否決の最終表決を行う。スウェーデンでも議会上程後委員会審議が行われ，本会議で議決される。両国の委員会審査は義務的である。なお，デンマークでは法案可決後議員の3分の1が請求すれば，国会が法案を撤回しない限り，その否決を求める国民投票が実施される。また，可決後に大統領が承認しなかった法案は，アイスランドではそのまま有効に成立するが国民投票に付され，否決されない限り効力は維持される。フィンランドでは議会が同じ内容で再可決すれば効力が生じる。

○ Ｅ　Ｕ

　EUの基本条約に基づきEUの機関が採択する**派生法**には，「規則」「指令」「決定」などがある。**欧州議会**はEU市民を代表する機関であるが，法案提出権はなく，立法権も制限される。1986年の単一欧州議定書によって協力手続（議会とEU理事会の2度にわたる法案の読会）が導入され，議会の立法権限が強化された。その後，重要な領域においてEU理事会と対等の立場で規則や指令を採択する権限が議会に付与され（共同決定手続），幅広い政策分野に適用された。

○ 台　湾

立法院は,「国家最高の立法機関」であり,法律案を議決する (62, 63 条)。

○ 韓　国

憲法上,「立法権は国会に属する」と規定され,国会は法律制定権を有する。法律案は国会議員と政府が提出できる。前者は10名以上の賛成を要し,後者は**国務会議**の審議を経て提出される。なお予算措置を必要とする法律案については予算明細書の提出が必要とされる。法律案の審議は当該所管**常任委員会**での審議を経た後,**法制司法委員会**で字句修正・体系適合性のチェックが行われ,本会議での議決後,大統領が署名・公布する。なお大統領は**拒否権**を行使し国会に再議を要求することができる。再議決は在籍議員の過半数の出席の下で3分の2以上の賛成で行われ,この場合,法律案は法律として確定する。

4　それ以外の立法府の権能

○ イギリス

第1に,**財政統制**が重要である。歳出に関しては,**歳出予算案**(Estimates)が政府から下院に決議案の形式で提出される。議決が得られればその内容が**統合基金充当法案**(Consolidatetd Fund and Appropriation Bills)に変換され,審議に付される。統合基金充当法案は議会での討論なしに議決に付される。課税に関しても,まず歳入予算の決議を行い,その後4カ月以内に決議内容を法案化した**財政法案**(Finance Bill)を議決することとされている。課税,歳出などの財政事項のみを含む一般法案は金銭法案(Money Bill)に分類され特殊の制定手続に服する(1911年議会法1条)。金銭法案の提出権は政府にのみ認められ,また下院に**先議権**がある。金銭法案は上院送付後1カ月以内に修正なしで通過しない場合,貴族院の議決がなくても国王の裁可を得て成立する。予算執行後は,**会計検査院**(Comptroller and Auditor-General)と下院**決算委員会**(Public Accounts Committee)による決算の手続を通じて議会による統制が確保されている。

第2に,**政府統制**である。各種の手段が充実している。①**質問**(Question)は,

議員が大臣に対して行う。質問には書面または口頭で回答がなされる。口頭回答は，事前に書面で通告がなされるが，大臣の回答に対して口頭で補足質問が可能なため，活発なものとなる。毎週月曜日から木曜日の55分間，各大臣が輪番制で回答を行う。首相への質問は，毎週水曜日の午後に30分間割り当てられる。②**討論**(debate)には，毎日休会前の30分間に行われる休会討論(adjournment debate) や国家的に重要な案件につき提案される緊急討論がある。③**特別委員会**(select committee)は，1979年に創設された省庁別(下院)または事項別に設置された委員会である。平議員のみで構成され，議会侮辱罪を背景とした証人召喚権や文書提出命令権に基づいて**国政調査**を行い，報告書を本会議に提出する。

○ アメリカ

立法府は行政機関を監督する役割を担っている。行政需要が高まる中，立法府は1921年に会計上のチェックを行う機関として**会計検査局**（現在の行政監査局）を創設した。これにより，行政がずさんな会計を行わないようにするシステムが確立されている。

また，行政機関の違法行為をチェックするために，多くの省庁には**監察総監**が置かれている。これは，立法府が1978年に監察総監法を制定し，行政の内部から違法行為をチェックするシステムを作ったものである。

○ ドイツ

連邦議会と連邦参議院が二院として協働するのは立法のみであり，それ以外は特別の機関が議会から形成される。

○ フランス

議会の権能として，政府の行為の監視および公共政策についての評価が重要である（24条1項後段）。政府統制の任務を遂行するため，各議院には調査委員会が設置される（51の2条）。また，常任委員会は立法活動のみならず聴聞を行うことにより，政府の監視機能を果たしている。さらに常任委員会は，派遣調査団を設置し，法律の施行統制を行っている。議員から大臣に対して行われ

る口頭質問および書面質問も，政府の説明責任を追及する手段として有益である。加えて，**会計検査院**も政府の行為の監視について議会を補佐し，公共政策の評価について議会および政府を補佐する（47の2条1項）。

また，政府の責任を追及するための制度として，信任および不信任が用意されている（49条）。同1項は，首相は国民議会に対して政府の綱領または一般政策の表明について，政府の責任をかけると規定している。また，同2項は，国民議会は，**不信任動議**の表決により，政府の責任を追及すると規定している。不信任動議は，国民議会議員の少なくとも10分の1の署名がなければ受理されず，動議提出後，48時間を経過しなければ表決を行うことはできない。さらに同3項は，財政法律または社会保障財政法律の表決について，国民議会に対して政府の責任をかけることができると規定している。国民議会が不信任動議を採択し，または政府の綱領もしくは一般政策の表明に反対した場合には，首相は大統領に対して政府の辞表を提出しなければならない（50条）。

そのほか，決議の議決（34の1条），宣戦の承認，外国への派兵についての通知の受理および4カ月を超える派兵の承認（35条）などが議会の権限である。

◯ 北 欧

何れも**条約締結承認権**以外に，財政統制として**予算承認権**があるほか，**一般的財政監督権**（アイスランドとフィンランド），**会計検査官**任命権（前2カ国以外）などがあり，行政統制としては閣僚や大臣への質問権および意見ないし報告要求権，**議会オンブズマン任命権**，閣僚などの**弾劾訴追権**（以上は5カ国），公益に関する事項の調査権（アイスランド），内閣ないし閣僚の**不信任議決権**（同国以外）などがある。特にスウェーデン統治章典は，議会の**一般的行政監督権**を国家体制の原則に挙げた上で13章の「統制権」に関係規定をまとめるほか，議会の憲法委員会による大臣の職務遂行や政府の事務処理に対する審査権を定める。

◯ EU

欧州議会は，**欧州委員会**の任命を承認し，3分の2の多数で罷免する権限を持つ。欧州委員会委員長の選出に関し，従来，議会にはEU首脳理事会が指名

した候補を承認する権限しか与えられていなかったが，リスボン条約により，議会は，欧州理事会が指名した候補の中から委員長を選出することとなった。

○ **台　湾**

立法院は，予算案，戒厳案，大赦案，宣戦案，条約案等を議決する (63条)。また，**司法院，考試院，監察院**の人事同意権，**総統**および副総統の**弾劾**権，正副総統の罷免案，**行政院**院長の不信任案，憲法改正案，領土変更案の提出権などを有する（憲法増修条文1，2，3，5，6，7条）。

○ **韓　国**

憲法改正の発議（国会在籍議員の過半数）および議決権（在籍3分の2以上の賛成。議決後，国民投票に付す），条約の締結・批准・宣戦布告・国軍の外国派遣などの同意権，予算審議・確定権，決算の審査権，大統領選挙における決選投票権，**憲法裁判所**裁判官中3名の選出権，国務総理・大法院長・大法官・憲法裁判所長・監査院長の任命同意権，弾劾訴追についての議決権，国務総理・国務委員に対する国会出席要求・質問権および解任建議権がある。国政監査と国政調査の権限もあり，前者は国政一般について毎年20日間行い，後者は在籍議員の4分の1以上の要求に基づき，必要に応じ特定の国政事案について行われる。さらに**自律権**に基づき規則制定権，議員の資格審査・懲戒の権限を有する。

5　議院の権能

○ **イギリス**

議院自律権と議員の特権は，**議会特権**（Parliamentary Privilege）の名の下に観念される。まず，議院自律権に相当する権限として，両議院は自らの組織と手続を規律する権限を有する。例えば，組織に関して，所属議員の議員資格の裁定や懲罰の延長として議員の除名を行う権限を，手続に関して，**議院規則**の制定や秩序を維持する権限を有する。裁判所はこれらの事項に関し両議院の判断に対する審査権を持たない。

第3章 立法府

○ アメリカ

両院は各々立法に必要な情報を入手するために**国政調査権**を有している。この権限は憲法上明示されているわけではないが，建国当初から行使されており，McGrain v. Daugherty（237 U.S. 135（1927））により，立法機能を遂行するための補助的な権限として認められている。また，連邦議会は大統領や裁判官などの公務員に対して**弾劾裁判**を行う権限を持ち，下院の訴追に基づき，上院がその審査を行う。

上院と下院はそれぞれ独自の権能を持つ。上院だけが保持する権能として，条約承認権や上級官吏の承認権，連邦最高裁判所裁判官の承認権が挙げられる。特に条約承認権は上院の3分の2の賛成という高いハードルになっている。一方，下院は予算先議権を持っている。

○ ドイツ

連邦議会は，**連邦総理大臣**の選挙，**連邦憲法裁判所**裁判官の半数の選出，国防受託者の任命の権能を有し，**連邦大統領**の選挙，各連邦裁判所裁判官の選出にも関わる。また，**予算法律**決定権も有する。さらに，連邦議会は，統制機能を果たすための情報収集手段として**調査委員会**を設置し，調査することができる。このほか，議長等の役員選挙権，議事規則制定権，選挙審査権などがある。**連邦参議院**は，連邦の行政および欧州連合の事務に協力する権能を有し，連邦憲法裁判所裁判官の半数の選出に関わる。また，議長選出権を有する。

○ フランス

前述の政府統制に関する権能に加え，議事日程の決定が重要である。合理化された議会制の下，立法活動は政府によって主導されてきたが，2008年7月23日の憲法改正により，一定の場合を除いて議事日程の決定権が各議院に認められた（48条1項）。また，各議院には規則制定権が認められる。もっとも，議院規則は施行前に憲法院の審査に付されなければならない（61条1項）。

◯ 北　欧

何れの国も一院制のため，特記事項はない。

◯ Ｅ　Ｕ

欧州議会は，総議員の4分の1の要請により，他の機関の権限に抵触しない限りにおいて，EU法違反および行政の過誤を調査する臨時の調査委員会を設置することができる。また，議会は，EU市民から提出された請願を検討する。

◯ 台　湾

一院制のため，特記事項はない。

◯ 韓　国

一院制のため，特記事項はない。

6　議員の特権

◯ イギリス

議員の特権としては次のものがある。**不逮捕特権**は，刑事手続には認められていない。民事手続に関しては認められている（例えば，民事上の義務の強制のための収監は免除される）が，近年，この特権を廃止すべきだとする提案がなされている。（発言）**免責特権**は，1689年**権利章典**9条が「議会における言論及び討論又は議事手続の自由は，裁判所及び議会外の場所において避難されたり，問題にされたりしてはならない」と定め，これを明文化している。なお，下院議員の歳費は，1911年から支給されている。

◯ アメリカ

以上の権限を行使するためには，外部からの不当な干渉から免れていなければならない。連邦議会の議員には，**不逮捕特権**と**免責特権**が認められている。憲法1条6節1項は，反逆罪などの一定の場合を除き，議員に逮捕されない特

権を与え，さらに院内での発言につき院外で責任を問われない旨の規定を置いている。これにより，議員は他の機関から不当な干渉を受けずに，自律的な活動を営むことができるようになっている。

○ ドイツ

連邦議会議員は**自由委任**であり，委任や指図に拘束されない（38 条）。これを担保するために，**免責特権**と**不逮捕特権**とが与えられている（46 条）。免責特権により，連邦議会または委員会で行った表決や発言を理由に刑事・民事責任を問われない。不逮捕特権により，議院の許諾がある場合のほかは，現行犯またはその翌日まででなければ逮捕されない。また，一定の要件の下で証言拒否権を有し（47 条），選挙のための休暇や議員歳費請求権も有する（48 条）。

○ フランス

議員には，職務の執行中に表明した意見または表決について，訴追，捜索，逮捕，拘禁または裁判されないという**免責特権**が保障されている（26 条 1 項）。さらに，現行犯または確定した有罪判決の場合を除いては，所属する議院の理事部の許諾なしに逮捕あるいは自由を剥奪または制約するいかなる措置の対象にもならず（同 2 項），議員の拘禁，自由を剥奪または制約する措置あるいは訴追は，その所属する議院の要求により，会期中停止される（同 3 項）という**不逮捕特権**が認められている。

○ 北　欧

議員の活動への妨害排除（フィンランド）ないし議員の職務の独立（同国以外），**不逮捕特権**および**発言の免責**が何れでも認められている。

○ ＥＵ

欧州議会議員は，歳費を受ける。当初は，加盟国がその予算から出身議員に対して歳費を支給してきたが，為替変動などによる加盟国議員間の不公平感を軽減するために，現在では，EU 予算から一律の歳費が支給されている。

◯ 台　湾

　立法委員は，院内での言論や表決について院外に対して責任を負わず，現行犯を除き，立法院の許諾を経なければ逮捕，拘禁されない（73, 74 条）。

◯ 韓　国

　国会議員は，国会での職務上の発言・評決について免責特権を有し，現行犯でない場合には，会期中国会の同意なくして逮捕・拘禁されず，会期前に逮捕された場合にも，現行犯でない限り，国会の要求があれば会期中釈放される。

7　それ以外の機関

◯ イギリス

　1967 年に**議会オンブズマン**が創設された。オンブズマンは身分保障がある。「行政の不手際（maladministration）の結果，個人が被った不正（injustice）」の不服申立てを下院議員を通じて受け付ける。オンブズマンは，裁判所に準じた証人召喚権や文書提出命令権に基づいて調査を行い，報告書を当該議員（を通じて申立人）および当該省庁に送付する。救済を付与する権限は持たないが，適切な救済方法や補償額などに関する勧告を行う。

◯ アメリカ

　連邦議会には，立法活動を補佐する機関として**議会図書館**やそれに伴う**議会調査局**が存在する。専門スタッフが常駐して調査・報告を行い，立法府の活動を補助している。

◯ ドイツ

　連邦議会の全議員と，州議会が**比例選挙**の諸原則に従って選挙したこれと同数の議員とによって，**連邦会議**が構成される（54 条 3 項）。この会議は**連邦大統領**を選挙する権限のみを有し，過半数によって決する（同 6 項）。

　防衛上の緊急事態の場合，連邦議会と連邦参議院の任務を引き受けるために，

合同委員会が設置される（53a条，115e条）。委員の3分の2は連邦議会議員，3分の1は連邦参議院構成員で構成するが，連邦政府の構成員は委員となることができない。この委員会の議決した法律などは，暫定的である（115k条）。

○ フランス

特徴的な機関として，各院の**議長協議会**がある。同協議会は，議長，副議長のほか，各会派の長，常任委員会委員長，財政委員会総括報告者，欧州問題委員会委員長，社会問題委員会委員長（元老院のみ）から構成され，場合により政府構成員が加わる。その憲法上の権限は，政府提出法案の議事日程への登載の統制（39条4項），および上述の法案の審議促進手続への参画である。

○ 北　欧

発祥国スウェーデンを含む5カ国で**議会オンブズマン**が公権力の法適用を監視している。情報収集や公文書へのアクセスにつき強い権限を持ち，市民の不服申立てを個別に受けるほか，職権でも活動する。なお，アイスランドとスウェーデンで**会計検査院**は議会に属し，フィンランドでは議会の関係機関とされる。

○ Ｅ　Ｕ

議会は，**オンブズマン**を任命する権限を持つ。

EU理事会は，各加盟国政府の閣僚によって構成され，会議の議題に応じて異なる閣僚が出席する。各加盟国は半年交代でEU理事会の議長国を務める。EU理事会は，**欧州委員会**の提案に基づき，**欧州議会**と共同で，共通政策に関する主要な決定を採択する。EU理事会での議決は，案件に応じて，単純多数決，加重票を用いた特定多数決，または全会一致の何れかの方法で行われる。

欧州理事会（EU首脳会議）は，EUの全体的な政治指針と優先課題を決定する最高政治機関である。その構成員は，加盟国の首脳のほか，欧州理事会議長，欧州委員会委員長であり，外務・安全保障政策上級代表（外相に相当）も参加する。欧州理事会には，常任議長が置かれる（任期は2年半，1回のみ再選可）。

○ **台　湾**

　国民大会，**立法院**，**監察院**が憲法上の職権等から国会に相当するといわれる（司法院釈字76号）。しかし，国民大会は立法院に権限を移行し廃止され，監察院も委員選出方法を変更し国民代表の性格を失い，準司法機関となった（憲法増修条文1, 7条）。

○ **韓　国**

　国会内の他の機関に，国会事務処，国会予算政策処，国会立法調査処，国会図書館がある。憲法上の必須的合議制独立機関として選挙管理委員会があり，選挙・国民投票の管理権，政党事務管理権などを有している。

8　総　括

　一院制か**二院制**か（そして，**上院**と**下院**の関係，上院議員の選出方法など）には考え方の違いが相当にある。近代立憲主義の魁（さきがけ）となった英米独仏では二院制がとられる（但し，イギリスは実質一院制に近づきつつある）が，北欧や韓国・台湾は一院制（多くの発展途上国も）である。主に連邦制，地方自治体などの代表の意味合いから上院が設立されており，日本は例外である。日本も含め，二院制は総じて，直近の多数派の横暴を諫（いさ）め，決定を慎重にする目的がある。一院制の国でも**オンブズマン**や監察院があり，権力分立に配慮している。二院制の下院や一院制議会の選挙は当然に自由・平等・普通・直接選挙である。そして，議会の民主性は，立法以外の権能を保持することや，議員の（主に行政の圧力に抗する）特権を正当化する。選挙制度には各国事情が反映し，英米は小選挙区制が伝統であるが，ドイツなどヨーロッパ大陸では比例代表色が強い。韓国と台湾は，日本同様，前者の割合の多い並立制であるほか，フランスの制度も中間的なものである。定員は，連邦制のアメリカを除き，人口比で日本より多い。

第4章　執行・行政府

　議会制定法を執行する機関は必要である。当該機関が，これを忠実に執行するのが**会議制**であり，議会から独立した機関が強い権限を有するのが**大統領制**である。その中間に，議会と行政府が均衡と抑制を働かす**議院内閣制**（大統領や君主がありながら，その政治的権限の希薄な国は，これに分類できる）がある。加えて，これと大統領制の間に**半大統領制**と呼ばれる統治形態が生じている。何れにも利点と欠点があり，各国の事情からその選択がなされている。

1　議会との関係

◯ イギリス

　イギリスは**議院内閣制**の母国である。内閣の構成員は両院議員から女王が任命するが，議会の意向が反映される。首相には下院の過半数の支持を得ることができる者（通常は過半数を占める政党の党首）が任命され，他の大臣は首相の意向に従い任命される。内閣は下院に対して**連帯責任**を負い，下院は**内閣不信任決議**により内閣を**総辞職**させることができる。

　内閣（当該議院に議席を有する大臣）は両議院において法案の提出や答弁を行う。従来，内閣総理大臣は国王に要請していつでも下院を**解散**することができたが，2010年に組閣したキャメロン連立政権は議会の任期を5年に固定し，下院の解散は，内閣不信任決議が可決され次の組閣が14日以内にされない場合と，下院が3分の2以上の多数決で自主的な解散を決めた場合を除き，行われないとする法律を制定した（2011年**議会任期固定法**（Fix-term Parliaments Act 2011）を制定）。これにより首相の下院解散権は大きく制限されることとなった。

○ アメリカ

　憲法2条は大統領に**執行権**を付与していることから，大統領が単独で執行権を統括する。もっとも，憲法制定時には，大統領単独の**独任制**にするか，複数人の合議に基づく**会議制**にするかをめぐって争いがあった。憲法起草者らはそれぞれのメリット・デメリットを検討し，最終的には強い中央政府を創り上げる必要があるとの判断から独任制たる大統領制を選択した。このような見解は，**単一執行府論**（unitary executive）と呼ばれ，大統領が一元的に執行府を統括して権限を行使する際に言及される。大統領は議会の解散はできない。弾劾の場合を除き，議会も大統領を解任することはできない。

○ ドイツ

　基本法は**議院内閣制**を採用しており，連邦の執行の最高機関である連邦政府は，**連邦議会**の信任に依拠している。

　議会の不信任決議による政府の解職について，**ヴァイマール憲法**の下で，不信任決議は成立しても過半数を獲得する首相が出ないために政治が麻痺したことに鑑み，基本法は，いわゆる**建設的不信任**の場合にのみ認めている（67条）。すなわち，連邦議会は，後任の**連邦総理大臣**を選出して初めて，現職の連邦総理大臣を罷免するよう**連邦大統領**に求めることができる。連邦大統領は，選出手続の瑕疵など法的問題がない限り，この罷免・任命を拒否できない。

　また，基本法は，連邦政府の提案による連邦議会の**解散**も定める（68条，なお議会の自主解散はできないと解されている）。まず，連邦総理大臣が，自己に対する信任決議を連邦議会に求める。これが過半数の同意を得られないとき，連邦総理大臣は，辞任し，あるいはそのまま少数政権を維持することもできるが，連邦大統領に連邦議会の解散を提案することもできる。連邦大統領は，解散提案を受けた後，諸般の事情を考慮して解散するかを決定する。連邦議会は，新たな連邦総理大臣を先に選出することで，解散権を消滅させることができる。なお，議会での政権基盤をより安定させるために，信任決議を与党に否決させて解散に持ち込むことは，学説の有力な批判があるが，実際に行われ，また連邦憲法裁判所も違憲ではないとしている（BVerfGE 62, 1 ; 114, 121）。

○ フランス

第五共和制憲法は，議院内閣制の建前を維持しながらも，大統領制に傾斜した，議院内閣制と大統領制との中間形態を採用している。こうした統治形態は**半大統領制**（régime semi-présidentiel）とも称されている。

○ 北　欧

何れも**議院内閣制**である。議会の解散権（ノルウェーはなし）は，首相（デンマーク。形式上は国王），政府（スウェーデン），大統領（アイスランドではその全権限が内閣に委任されるため実質的決定権は内閣，フィンランドでは首相の理由付き提案に基づく）が持つ。アイスランドとフィンランド何れの大統領も法律の**停止的拒否権**を持ち（⇨第3章。デンマークとノルウェーでは憲法上国王が持つが形骸化），前者は国会の4分の3の多数による決議で行われる国民投票で過半数が承認すれば解職される。なお，スウェーデンでは裁判所以外の公的機関も，基本法または他の優越的法令への違反か制定時の手続違背を見出した法令を適用できない。

○ E　U

執行府の機能を果たすEUの機関は，**欧州委員会**である。欧州委員会のみが法案提出権を持つが，法案の採択には，EU市民の代表である**欧州議会**だけでなく，各加盟国政府代表からなる**EU理事会**も関与する。欧州委員会の委員長は，欧州理事会（EU首脳会議）が指名した候補の中から欧州議会が選出する。議会は，欧州委員会の任命を承認し，3分の2の多数で罷免する権限を持つ。

○ 台　湾

動員戡乱時期や1990年代の憲法改正を経て，実際には，憲法の規定よりも**総統**の権限が強化され（憲法増修条文2条），**半大統領制**（双首長制）となっている。

○ 韓　国

韓国憲法裁判所は政府形態について，「若干の議院内閣制的要素もあることはあるが基本的には**大統領制**」であるとしている（1994年4月28日決定）。大

統領は国民の直接選挙によって選ばれ，任期5年で再任はできない。大統領と国会の間は相互に独立であるが，**議院内閣制**的要素として，合議制の**国務会議**があること，国務総理の任命に国会の同意を要すること，国務総理と国務委員について国会に大統領に対する**解任建議権**があることなどが挙げられる。

2　執行・行政府の構成・活動

○ **イギリス**

政府は，**国王**（女王），**内閣**（内閣総理大臣，大臣），省庁など（公務員）からなる。

国王は大権として首相や大臣の任免権，下院の**解散権**を有するが，上述のとおり実質的な決定権者は別におり，その役割はほとんど儀礼的なものである（とはいえ，日本の天皇と異なり，国王の政治関与が皆無でない点には注意を要する）。国王は各種の儀式を行い，国民の統合を象徴する機能を果たしている。

内閣には，狭義の内閣と広義の内閣がある。狭義の内閣は，閣議に出席する首相と**閣内大臣**（Cabinet Ministers）で組織される。首相は，大臣の任免権，委員会の編制権，閣議の主宰権，大臣行為規範（Ministerial Code）の制定権，省庁の組織編制権，上級公務員の任命に対する同意権等を有する。閣内大臣は各省の長を兼ねることが多いが，無任所の大臣も存在しうる。この狭義の内閣の外側に，閣内大臣の下で各省の任務の一部を割り当てられる**下級大臣**(Ministers of State)，**政務次官**（Parliamentary (Under) Secretaries），院内幹事（Whips）が存在する。これらの役職は習律上，両院議員でなければならないが，法律により役職数の上限は95と定められている。両院議員から任命される大臣政務秘書官（Parliamentary Private Secretary）を含めると，約130名もの国会議員が政府に入る。

内閣は，**連帯責任**の問題となりうる重要政策に関する決定と省庁間の争いの最終的な裁定を行う。ただ，近年これらの機能を首相が果たす傾向が徐々に強まっており，現在では，「内閣統治」か「首相統治」かが論点となっているところである。この点，サッチャー政権やブレア政権は首相統治の色彩が強かったが，キャメロン政権は連立政権ということもあり，内閣内部の合意形成を重視する内閣統治に戻っているといわれる。

第 4 章　執行・行政府

◯ アメリカ

　大統領が束ねる執行機関は様々な種類があるが，政治活動機関，事務管理行政機関，独立機関に大別することができる。政治活動機関は，**大統領府**としてくくられる機関を指す。具体的には**ホワイトハウス事務局**や**国家安全保障会議**などがそれに該当し，大統領に対して必要な助言を行う。なお，この中には副大統領も含まれることがある。事務管理行政機関は国務省や財務省などの各省庁を指し，一般行政活動を行う。独立機関は，郵便公社や環境保護庁などの一定の独立性を備えた機関を指し，それぞれに割り当てられた特別な任務を行う。

◯ ドイツ

　連邦政府は，**連邦総理大臣**と**連邦大臣**で構成される（62条）。連邦総理大臣は，**連邦大統領**の提案に基づき，連邦議会によって討議にかけずに選出される（63条）。連邦大統領は自らの裁量で1名の候補者を提案できるが，通常は，議会多数派が推薦した者を候補者としている。連邦総理大臣の被選挙権の要件は，連邦議会議員のそれと同じで，それ以上の要件を課すことはできないとされる。連邦大統領の提案した候補者が連邦議会で過半数を得れば，連邦総理大臣として連邦大統領により任命される。過半数を得られなかったときは，連邦議会は，14日以内に議員の提案（議事規則により4分の1の署名が必要）により，過半数をもって連邦総理大臣を選出する。連邦大統領は，この者を連邦総理大臣に任命しなければならない。しかし，この選挙を2回行っても過半数を得た者がいないとき，連邦大統領は，相対多数を得た者を任命するか，議会を解散しなければならない。なお，連邦大統領は，選挙手続の瑕疵などの違法があったときに限り，任命を拒否できると解されている。連邦大臣は，連邦総理大臣の提案に基づき，連邦大統領によって任命される（64条）。連邦大臣の資格要件も連邦議会議員の被選挙資格と同様と解されている。連邦大統領は，この資格要件を欠くなどの法的な理由に基づく場合にのみ，任命を拒否できる。

　連邦総理大臣は，政治の基本方針を決定し，これについて責任を負う。また，連邦政府が決定し連邦大統領が認可した職務規則に従って，連邦政府を指揮する。連邦大臣は，連邦総理大臣が決定した基本方針の範囲内で，独立して，ま

た自らの責任で所管の事務を指揮する。もっとも、連邦の機関の連邦法律執行権限は基本法が特に定める場合に限られ、執行の中心は州である。すなわち、基本法に別段の定めがない限り、州は「その固有事務として連邦法律を執行する」(83条)。連邦に留保されている連邦固有行政は限定されており、例えば、外交事務、連邦税財政行政、連邦国境警備、連邦国防などである。また、核エネルギーなどの連邦委任行政については、連邦政府が**連邦参議院**の同意を得て一般的行政規則を置くことができ、所管の最上級の連邦行政庁が州の担当機関に指示できる。しかし、執行のための機関の形成などは州の権限である。

◯ フランス

憲法上、行政府は、国家元首である**共和国大統領** (Président de la République) と、合議体である政府 (gouvernement) から成り立っている。大統領は、憲法の尊重を監視し、その裁定によって公権力の適正な運営と国家の継続性を確保する (憲法5条1項)。また、国の独立、領土の一体性、条約の保障者である (同2項)。**首相**は、政府の活動を指揮し、国防について責任を負い、法律の執行を保障し、命令制定権を行使し、文武官を任命する (21条1項)。このように、大統領と首相が執行権を分有している制度を**双頭制** (二頭制) と呼ぶ。

共和国大統領は、5年の任期で、直接普通選挙によって選出される (6条1項)。また、連続して2期を超えて大統領の任期を務めることは禁じられる (同2項)。もっとも、第五共和制成立当初は、大統領は①元老院議院および国民議会議員、②県議会議員、③市町村議会議員ないしはその代表による間接選挙によって選出されていた。しかし、間接選挙では大統領の民主的正当性を十分に獲得できないと考えたド・ゴールが、1962年10月28日、憲法11条に基づき、国民投票を実施して憲法を改正し、**大統領直接公選制**を導入したのである (憲法89条が定める通常の手続によらずに行われたこの憲法改正については、手続的な違憲性が指摘され、元老院議長がその合憲性について憲法院に提訴したが、憲法院は「そのような提訴について判断する権限を持たない」として訴えを退けた)。

合議体である政府は、首長たる首相および大臣によって構成される。首相は大統領によって任命されるが (8条1項)、首相の任命については憲法上いかな

る要件も課されてはいないため，大統領の裁量に委ねられた行為といえる。もっとも，政府は議会に対して責任を負うので (20条3項)，政府に対する議会，とりわけ国民議会の信任が必要となる。そこで，首相の任命についても，事実上，大統領は議会多数派の意向を尊重しなければならない。大統領を支持する党派と議会多数派およびその信任を受けた首相を支持する党派が異なることもあり，このような状態を**コアビタシオン**（**保革共存**）と呼ぶ。

　政府の構成員は，首相の提案に基づいて大統領によって任命され，また罷免される (8条2項)。なお，議院内閣制を採用しつつも，明確な権力分立を理由に，構成員には議会の議員職，全国的な性格を持つ職能代表の職務などとの兼職が禁止されている点は特徴的である (23条1項)。

◯ 北　欧

　デンマークでは憲法上国王が国事に関する最高の権限を持つが，それは大臣を通じて行使され，国王は責任を負わない。首相・大臣の任免権も国王にあるが，実際には現職首相が国王とともに，議会で多数を形成できる新首相を選び，新首相が大臣を選ぶ。ノルウェーでも憲法上行政権を持つ国王の決定には閣僚の副署を要し，国王は無答責である。政府も憲法上国王が選任するが，実際には議会内の政党間協議で選ばれる。閣僚任免権を大統領が持つアイスランドも同様である。ノルウェー，スウェーデン，フィンランドでは政府は首相と他の大臣で構成される旨の規定がある。スウェーデンでは，議会内会派の代表が議長の招集で協議し，議会に提案した首相候補者1名が，絶対多数に支持されなくても総議員の過半数に反対されなければ首相となる（**消極的議院内閣制**）。フィンランドの首相は，議会内会派の協議で議会に提案された候補者1名が投票総数の過半数の支持で指名され，大統領が任命する。大臣も首相の提案に基づき大統領が任命する。なお，君主制3カ国の王位継承は長子優先で性別を問わない（スウェーデンは1980年の，男子優先継承だったが男子不在のため1972年から女王を戴くデンマークは2009年の王位継承法改正，ノルウェーは1990年の憲法改正による）。

◯ ＥＵ

EU条約17条3項は，**欧州委員会**の委員の任期を5年と定める。委員会の委員は，その独立性に疑いのない人物の中から，全般的な能力や欧州への貢献度を基準として選ばれる。委員会は，現在のところ，委員長，外務・安全保障政策上級代表を含めて，各加盟国からそれぞれ一人の委員から構成されているが，リスボン条約による改正により，加盟国数の3分の2に相当する数の委員で構成されることになる予定である。委員会は，EUの一般的利益を促進し，その目的のために適切な発議を行う。また，委員会は，基本条約およびEUの機関が採択した措置の適用を確保し，EU法の適用を監督する。

◯ 台 湾

憲法上，**総統**が元首であり（35条），行政院が最高行政機関である（53条）。総統は国民の直接選挙によって選出される。任期は4年で，再選は1回である（憲法増修条文2条）。**行政院院長**は総統によって任命される。立法院の同意は必要ないが，立法院は行政院院長の不信任案を提出できる（同3条）。

行政院は，立法院に対して施政方針等の提出，立法院が議決した法律案，予算案，条約案の再審議の要求，行政院院長の不信任案の提出に責任を負う（同3条）。総統による法律公布には行政院院長の副署が必要である（憲法37条）。

◯ 韓 国

執行府は，**大統領**と狭義の行政府からなる。大統領は憲法上，国家の元首で対外的な国家代表であり，行政府の首班であるとされている。大統領は行政の最高指揮権者・責任者であり，行政府の組織権者である。**国務総理**は国会の同意を得て大統領によって任命され，国務委員（15～30名）は国務総理の指名に基づき，大統領が任命し，国務会議の構成員として国務会議に議案を提出する。大統領・国務総理・国務委員で構成される国務会議は主要な政策の審議機関であり，大統領が議長である。国政の基本計画や重要な対外政策をはじめ，憲法に規定された事項は国務会議の審議を経なければならず，最高・最終政策審議機関とされている（大統領の下部機関ではない）が，決定機関ではない。国務総

理と国務委員は大統領の**補佐機関**であると考えられる。国務総理は大統領に次ぐ上級行政機関として行政各部の事務調整を行い，日本の省庁に当たる行政各部の長は，国務委員の中から国務総理の指名・大統領の任命によって選ばれる。

3 執行・行政

○ イギリス

政府は，内政の方向を定め，外交政策を決定し，軍隊を統制する機能を果たすなど，非常に強力な権力を有する。**執行権**には，議会制定法の執行のほか（もっとも，政府提出法案の作成と提出や議事運営への関与も行政部の重要な役割といえる），**大権**（prerogative）の行使が含まれる。大権には外交関係の処理（条約締結や宣戦布告を含む）や恩赦，叙勲，旅券発給などがある。

○ アメリカ

執行府の主な責務は，法律を誠実に執行することであるが，それは**執行**（executive）と**行政**（administrative）に区別される。憲法が大統領に付与しているのは執行権であることから，これには政治的権限を含む執行府の機能全体が含まれる。一方，行政は主に行政機関が行う日常の事務管理活動のことを指すため，行政には政治的決定という側面が出てこない（法律で設立された独立行政委員会がそれを執行することなどが，典型的「行政」である）。このため，執行は執行機能全体または政治的機能を指し，行政は一般的な事務管理活動を指す。

○ ドイツ

基本法の「**執行**」（vollziehende Gewalt）は，広義の**行政**（Exekutive）と同旨であり，**統治**（Regierung）と狭義の行政（Verwaltung）を含む。通説的見解によれば，広義の行政は，一般にいわゆる控除説で消極的に理解されている（積極説では，法の執行に加え，法を審査して必要な修正を立法府に提案することなども含むとする）。統治とは，機能的には政治を指導する活動である。狭義の行政とは，法律を執行し個別具体的に国家の任務を実現していく活動である。

❍ フランス

　共和国大統領の地位は憲法5条に示されている（⇨本章第2節）。さらに，大統領は，軍隊の長であり（15条），条約について交渉し，批准する（52条）など，国防および外交を司（つかさど）る。また，大統領が首相の提案あるいは副署を要することなく，単独で行使しうる権限は，①首相任免権（8条1項），②国民投票への付託権（11条），③国民議会解散権（12条1項），④非常事態措置権（16条），⑤議会への教書送付権（18条），⑥国際協約の合憲性についての憲法院への付託権（54条），⑦憲法院構成員の任命権（56条1項），⑧法律の合憲性についての憲法院への付託権（61条）であり，何れも国政上重要な権限である。他方，憲法19条は，上記の諸権限を除く大統領の行為については副署が必要であると規定している。

　首相には，政府構成員の任免についての大統領への提案（8条2項），憲法改正の発議の大統領への提案（89条1項），国民議会解散前に大統領からの諮問を受けること（12条1項），法律の発議権（39条1項）なども憲法上認められている。

　執行権の双頭制の下では，大統領と首相の権限配分が問題となる。憲法に明示された両者に固有の権限についてはともかく，例えば軍事については両者が権限を有している。こうした場面においては，大統領の権限が優越するものと考えられている。また，コアビタシオンの際に顕著なように，大統領と首相の間で適切な権限配分が必要な場面においては，大統領は外交に関する事項を中心に，首相は内政事項を中心に，各々の権限を行使するという慣行がある。

　政府は，国政を決定し遂行する（20条1項）とともに，行政および軍事力を司る（同2項）。また，49条・50条に定める要件と手続に従い，国会に対して責任を負う（同3項）。その他，政府は閣議によって**オルドナンス**（ordonnance）や**デクレ**（décret）の議決（13条1項，38条2項⇨本章第4節），一部の文武官の任命（13条3項・4項），戒厳令の発令（36条1項），政府提出法案の審議（39条2項），国民議会に対して政府の責任をかける際の審議（49条1項・3項）を行う。

❍ 北　欧

　特記すべきはスウェーデンであり，国の行政が，政策策定とマクロな行政機能を主に担う行政省と，政策を執行する**行政機関**とに分離される（二元的構造）。

◯ E U

欧州委員会は，EU の行政機関として，共通農業政策などの分野に関する **EU 理事会**の決定を実行に移す。委員会は，EU の共通政策を運営する広範な権限を有し，その予算も管理する。委員会には行政事務を司(つかさど)る多数の部局があり，ほとんどがブリュッセルかルクセンブルクに置かれている。

◯ 台　湾

行政概念については，立法，司法，監察を除いた全ての国家作用とする説（控除説）や，その作用や機能に着目し，一般的な行政概念の定義を試みる説（積極説），その作用や機能の具体的な特徴を捉えて定義とする説（特徴描写説）などがある。

◯ 韓　国

実質的な意味の「行政」の概念については「控除説」「積極説」の議論があり，「執行権」は狭義の統治権と行政権を総称するものと考えられている。

4　それ以外の執行・行政府の権能

◯ イギリス

政府は**委任立法**（多くは Statutory Instruments と呼ばれ，議会への提出などが必要）や行政規則（administrative regulations：公務員に対する内部規則）の制定を行う。

◯ アメリカ

憲法は大統領の個別の権限として，外交関係，拒否権，恩赦権，軍の指揮権など，様々な規定を置いている。何れの権限も高度な政治的決定事項となっているため，それ自体に対して他の機関は干渉することができない。

◯ ドイツ

連邦政府の権限は「執行」である。国家元首とされる連邦大統領は，国際法

上連邦を代表し，連邦の名において条約を締結し，連邦裁判官，連邦公務員を任命する権限などを有する。既述の例外を除き，統治に関する権力は有しない。

○ フランス

憲法上，議会が制定しうる法律事項は予め憲法に列挙され (34 条)，それ以外の事項は命令事項とされている (37 条 1 項)。行政府による命令制定権の行使は，第五共和制の特徴である。行政立法としての**オルドナンス**は，本来は法律によって規律すべき事項につき，政府の要求に応じて授権法律 (loi d'habilitation) によって権限が付与された場合に政府が制定する法規である (38 条 1 項)。また，**デクレ**は，首相が命令制定権を行使して制定する法規である (21 条 1 項)。何れにせよ，命令制定権は重要な行政府の権限として認識されてよい。

○ 北　欧

条約締結権および恩赦 (権限はデンマークとノルウェーでは形式上国王に，アイスランドとフィンランドは大統領，スウェーデンは政府に帰属) のほか，軍最高指令権 (ノルウェー，フィンランド)，武力行使決定権 (デンマーク，スウェーデン)，緊急時の暫定法律 (デンマーク，アイスランド) や法律に代わる緊急命令 (スウェーデン) ないし基本権を一時的に制約する命令 (フィンランド。政府) の制定権，裁判官任命権 (5 カ国。但しアイスランドは法務省，フィンランドは大統領) などがある。

○ Ｅ　Ｕ

立法権に関して，**欧州委員会**は，EU の機関の中で唯一法案提出権があり，新たな EU 法の制定に向けて決定的な影響力を持つ。また，司法権に関して，委員会は，基本条約の守護者であり，加盟国を条約違反で提訴することができ，**欧州司法裁判所**に判断を仰ぐこともある。さらに，委員会は，EU 競争法に違反した個人や法人に罰金を科すこともできる。

○ 台　湾

総統は，法律公布，文武官の任免，権限争議の調停などの権能を有する (36-

44条，憲法増修条文2条）。その他の広範な行政事務は，行政院が掌理する。

○ 韓　国
大統領は，「憲法及び法律の定めるところにより」，公務員の任免を行う。大統領令を発するほか，緊急処分，緊急命令，戒厳の宣布の権限を有し，国軍の統帥権を有する。また，外交，国防，統一，その他国家安危に関わる重要政策を国民投票に付すことができる。政府には違憲政党解散提訴権がある。

5　執行・行政府成員・公務員の地位

○ イギリス
従来，公務員の地位は国王大権事項であったが，2010年**憲法改革法**（Constitutional Reform and Governance Act 2010）により法律に基づく規律に服するようになった。公務員規範（Civil Service Code）および公務員管理規範（Civil Service Management Code）が公務員の地位や勤務条件などの原則を定めている。

○ アメリカ
執行府は，大統領を頂点として，副大統領，政治活動機関，事務管理行政機関，独立機関の職員からなる。これらのうち，上級官吏については上院の承認が必要となる。何れも公務員の地位にあるが，アメリカの特徴として公務員制度は**スポイルズ・システム**（猟官制）に基づく。つまり，政権ごとに政治的判断で任命されるというシステムである。そのため，中立的な行政というよりも，大統領の政策を実現するというのが公務員の役割ということになる。

○ ドイツ
執行に当たる公務員は，官吏と，公勤務職員・公勤務労働者とに大別される。官吏は，連邦に対して公法上の勤務・忠誠関係にあり（忠誠は，その都度の政府に対してではなく，自由な民主的基本秩序に対してである），政治的中立性が義務付けられる。官吏は，団結権は持つが，争議権はなく，その代わりに連邦によっ

て福利が配慮される。公勤務職員・公勤務労働者は，連邦と私法上の雇用契約を結び，この関係には，通常の労働者と同様に労働法が適用される。

○ フランス

「国家・地方公務員一般身分規程」には，公務員の権利義務に関する定めがある。公務員の権利として，在職中の給与受給権，退職後の恩給受給権のほか，社会保障や疾病年金の受給権もある。義務として，職務専念義務，私的な営利活動から断絶する義務，守秘義務，上司の命令に服する義務がある。また，職務上の，政治的・宗教的見解の表明は禁じられ，中立性，公平性が要求される。

○ 北　欧

ノルウェー，デンマーク，アイスランドの憲法では，国家公務員に憲法遵守（ノルウェーではさらに国王への忠誠も）の宣誓ないし宣言が求められる。また，フィンランドでは公務員の一般的任用基準として「スキル，能力，実証された市民としての功績」が明示され，スウェーデンは統治章典で任用の際の考慮要素を「功績及び能力などの客観的根拠」に限定している。

○ Ｅ　Ｕ

欧州委員会の委員は任務の遂行にあたり，出身国政府の意向に左右されてはならず，EUの利益のためだけに行動することを義務付けられている。委員会の委員はそれぞれ一つ以上の政策領域に関して責任分野を持つが，その決定については連帯して責任を負う。**欧州議会**が委員会の不信任動議を3分の2の多数で可決したときは，委員会の委員は総辞職しなければならない。

○ 台　湾

行政院人事行政総処が，**考試院**の監督の下，行政院に属する各機関の人事に関する業務を統括する。

○ 韓　国

公務員は国民全体の奉仕者とされる。公務員については身分保障があるとともに政治的中立性が要求される。

6　それ以外の機関

○ イギリス

社会保障や入国管理などの領域で紛争解決を行う多くの**審判所**（Tribunals）は，2007年裁判所・審判所・強制執行法（Tribunals Courts and Enforcement Act 2007）で二層制の審判所に整理統合され，司法府の一部ともいえる（⇨第5章）。

加えて，政府機能の分散が進んでいる。**エージェンシー**は，省庁機能を政策と運用に二分して後者を委ねられた組織である。省庁の一部で職員も公務員の地位を有するが，長には予算執行や運営につき一定の独立性が付与される。**非省庁公共機関**（NDPBs）は，専門性や政治的中立性等の理由から省庁の一部ではなく，通常は職員も公務員の地位を有さないが，法律等に基づき設置され，役員は大臣により任命される。このほかにも，国民保健サービス（NHS）や公共企業体が存在する。

○ アメリカ

執行府内の機関のうち，最も大統領の政策推進力をバックアップしているのが，政治活動機関である。特にホワイトハウスのスタッフは重要であり，大統領と緊密に連絡を取り合いながら，直接助言を行う。これらの多くは政治任用職であり，上院の承認を受けずに大統領が直接任命している。

○ ドイツ

基本法は，基本法または連邦法律による任務の履行を州に強制するための機関である受託者の任命を連邦政府に認めている。現在では，例えば，文化，情報，統合，障がい者福祉などについて，受託者が置かれている。また，専門家からなる諮問・助言を連邦政府に行う機関として，例えば，経済発展に関する

専門家委員会，企業独占を監視し政府に勧告する独占禁止委員会，環境問題専門家委員会などが法律に基づいて設けられている。

○ フランス

1970年以降，農政，金融，財政，原子力安全など，多岐にわたって**独立行政機関**（autorité administrative indépendante）が組織されてきている。

○ 北　欧

スウェーデンの**行政機関**（⇨本章第3節）は統治章典上政府から独立し，自らの責任で業務を行う。スウェーデンとフィンランドにはそれぞれ政府と大統領が任命する**法務総裁**が置かれ，政府の機関でありながら独立して公的機関（裁判所を含む）の活動を監視する。**議会オンブズマン**と役割を分担して個人の不服申立てを受理するほか，政府（および大統領）の法律顧問的役割も果たす。

○ Ｅ　Ｕ

欧州委員会以外の機関として，ユーロ圏の金融政策を担う**欧州中央銀行**，EU予算の歳入・歳出や財務管理の監査を行う欧州会計監査院のほか，欧州経済社会委員会，地域委員会，欧州投資銀行といった機関が置かれている。

○ 台　湾

公務員の選考，任免，俸給，昇進異動などに関する人事行政機関として**考試院**が設けられている。院長，副院長，考試委員は，総統が指名し，立法院の同意を経て任命される（憲法増修条文6条）。任期は6年である（考試院組織法5条）。

○ 韓　国

大統領の諮問機関として**国家安全保障会議**（必須機関），民主平和統一諮問会議および国民経済諮問会議（任意機関）がある。憲法上，国家元老諮問会議が任意機関であるが，1989年に国家元老諮問会議法の合憲性が疑われ，廃止された。**監査院**は国家元首としての大統領所属下の憲法上の必須的合議制独立機

関とされている。憲法機関ではない諮問機関として国家科学技術諮問会議がある。同じく憲法機関ではないが大統領所属下にあり，大統領の指示監督を受ける機関として，安全保障上の情報・保安・犯罪捜査に関連する事務を行う国家情報院がある。

7 総　括

　権力分立とは，究極的には，放置すると強大化する執行・行政機関をいかに統制するかを課題とする。議会立法でその任務を縛ることを基本とし，大統領制ではその権限を制限すること，議院内閣制では議会（主に下院）の不信任決議で統制する（他方，議会解散権が執行・行政機関にあることも通常）ことが鍵である。伝統的に外交，防衛は執行・行政機関の任務であるが，行政の肥大化への批判もあり，エージェンシーや独立行政機関，オンブズマンなどにより，政府機能を分散しつつ民主的統制を加える傾向もある。他面，フランスやドイツでは，議会の小党分裂を引き金とする国家的危機（日本の明治憲法下でも類似の現象があった）の教訓から，半大統領制や建設的不信任も生まれており，執行・行政機関に対議会・国民という意味での責任を適切に集中させる重要性も認識されねばなるまい。

　補足すれば，立憲君主制は少数派であり，残っても「君臨すれど統治せず」の貫徹が当然である。君主を男子のみとする国はイギリスや北欧にはなく，長子承継がもはや一般化している。

第5章　司法府

　権力分立原理の要は，**司法権**（**裁判官**）の独立にあるといって過言ではない。また，現代国家は行政国家とともに，司法国家であるともいわれる。裁判所が，政治部門からの統制を受けずに，**法の支配**（実質的**法治主義**）を全うしながら，かつ，独善にもならないようにする工夫は，各国でどうなされているのか。

1　裁判所の性格・地位

❍ イギリス
　裁判所は，法の支配の担い手として高い権威を認められてきた。歴史的な経緯から，イングランドおよびウエールズ，スコットランド並びに北アイルランドの地域別に，3系統の裁判所から構成されている。

❍ アメリカ
　アメリカの裁判所は，イギリスのコモン・ローの伝統を引き継ぎ，当事者間の紛争を通じて法を発展させる役割を果たしている。建国当初の頃は，裁判所の地位はあまり高くなく，その権限も弱かった。**憲法起草者**の一人である**ハミルトン**は，『**ザ・フェデラリスト**』の中で裁判所のことを剣も財布もない**最も危険でない機関**と位置付けている。また，当時の裁判所は事件の量も少なく，一般の刑事事件や財産をめぐる民事事件を扱う程度であった。
　しかし，国家が発展し，社会が複雑化していくと法律問題をめぐる争いごとも多くなっていった。事件の増加に比例して，裁判所の果たす役割も重要になる。裁判所の役割が強まると，裁判所の下す判決が社会に大きな影響力を与えるようになり，政治部門もそれに注意を払わざるをえなくなり，裁判所が積み

重ねていく判例法理が事件を通して法を発展させていくことになった。

〇 ドイツ

基本法によれば，裁判権は裁判官に委ねられ，**連邦憲法裁判所**，**連邦裁判所**および各州の裁判所によって行使される。連邦憲法裁判所は，憲法問題を専門に扱う（⇨第6章）。連邦裁判所は，**連邦通常裁判所**，**連邦行政裁判所**，**連邦財政裁判所**，**連邦労働裁判所**，**連邦社会裁判所**であり，通常裁判権（民事・刑事裁判権），行政裁判権，財政裁判権，労働裁判権，社会裁判権の各分野の最高裁判所である。また，連邦裁判所間での法令解釈の統一のため，各連邦裁判所の代表からなる連邦裁判所**合同部**が置かれる（合同部は，日本の最高裁大法廷と異なり，判決言渡し機関ではない。以下の各裁判権に置かれる合同部も同様）。

〇 フランス

司法権を行使する**司法裁判所**と，行政訴訟を管轄する**行政裁判所**（最高行政裁判所は**コンセイユ・デタ（国務院）**）の併存という**二元的裁判制度**が特徴的であり，その母国ともいわれる。前者は，憲法第8章「司法権」に根拠を有する。これに対し，行政裁判所はあくまでも執行権の一部である。これは，一元的裁判制度を採用する英米法系諸国との顕著な違いである。

〇 北 欧

政治部門に対して独立した地位を持つ一方，民主的に選出された議会の尊重が顕著であり，各国最高裁の判断においても立法準備資料が大きく考慮されるという特徴を持つ。憲法裁判所を置く国はなく，**行政裁判所**はスウェーデンとフィンランドのみに存在する（デンマークは憲法に規定されるが未創設）。

〇 E U

司法府に相当する機関は，**EU 裁判所**（Court of Justice of the European Union /Cour de justice de l'Union européenne）であり，その任務は，EU の基本条約が法に従って解釈され，適用されるのを確保することにある。EU 裁判所は，EU

の諸機関の行為の適法性を審査し，基本条約に由来する義務が加盟国によって遵守されるように図り，加盟国の国内裁判所の求めに応じて，EU 法を解釈する。EU 裁判所は，国内裁判所と連携しながら，EU 法の適用と統一的解釈を確保する。裁判所はルクセンブルクに置かれており，その作業言語は伝統的にフランス語であるが，23 の EU 公用語が使用されている。

○ 台　湾

　司法院は最高司法機関であり，民事・刑事・行政訴訟および公務員の懲戒を掌理する。司法院には，憲法裁判所としての機能を果たす大法官会議のほか，民事庁，刑事庁，行政訴訟および懲戒庁，司法行政庁などの事務局が設けられている。実際の民事・刑事・行政訴訟は司法院の下にある**法院**が管轄する。

○ 韓　国

　韓国憲法 101 条 1 項は，「司法権は法官で構成される法院に属する」と規定しており，日本の通常裁判所に当たるものは**法院**と呼ばれる。法院は立法府，行政府，憲法裁判所とは別個独立の国家機関と捉えられている。

2　裁判所の構成

○ イギリス

　最高裁判所（Supreme Court）は，2005 年憲法改革法に基づき設置された機関で，スコットランドの刑事事件を除くイギリス国内の事件について上訴管轄権を有する。2009 年 10 月 1 日より任務を開始した。裁判官は 12 名で，うち 1 名が長官，1 名が副長官となる。設置時は，上院の法服貴族がこれに就いたが，以降は，2 年以上高等法院以上の裁判官の職にあるか 15 年以上実務経験のある者の中から選任される。裁判官は首相の推薦に基づき女王によって任命されるが，首相の推薦は，最高裁長官，副長官および裁判官任命委員会委員からなる最高裁判所裁判官選任委員会による推薦に大法官（Lord Chancellor）が同意してこれを首相に通知した場合にのみ行うことができる。

第5章　司法府

　イングランドおよびウエールズでは、この下に、控訴院 (Court of Appeal) があり、民事部、刑事部に分かれて大部分の事件につき第二審としての管轄を有する。民事部は記録長官 (Master of the Roll)、刑事部は女王座部首席裁判官 (Lord Chief Justice) が主宰する。さらにこの下に、主に第一審としての管轄権を有する裁判所として、刑事事件を扱う刑事法院 (Crown Court)、民事事件を扱う高等法院 (High Court) がある（なお、高等法院の中に行政事件——司法審査 (judicial reveiw) と呼ばれる——を審理する専門部があり、一般に行政裁判所と呼ばれている）。また、軽微な刑事事件は治安判事裁判所 (magistrates' court)、民事事件のうち訴額が少額の事件および離婚などの家事事件は県裁判所 (county court) が管轄権を有する。これらの裁判所からの控訴はそれぞれ刑事法院、高等法院が管轄権を有する。高等法院以上の裁判官の任命については、2005年憲法改革法によって、委員長と14名の委員からなる裁判官任命委員会の推薦に基づき、大法官が国王に助言し、または自らこれを行うこととされた。

○ アメリカ

　植民地時代に各州が独自の邦を形成していたことや、独立した後も中央政府に権力が集中することを警戒した経緯があり、合衆国政府が誕生した後も州の自治が保障された。そのため、裁判所もその例外ではなく、連邦裁判所と州裁判所の二元的システムをとっている。法律問題のほとんどは州で処理される。なぜなら、アメリカでは基本的に州が刑法や民法を制定しているからである。州ごとに弁護士資格が異なるのもそうした理由がある。州法が問題となる場合、当然、州裁判所の管轄事項となる。裁判所のシステムは州ごとに違うため一くくりにはできないが、多くの州で**三審制**がとられている。

○ ドイツ

　連邦通常裁判所には29の部が置かれ、各部は原則として5名の裁判官で構成される。また、民事部の各代表からなる**民事合同部**、刑事部の各代表からなる**刑事合同部**、そして両合同部の代表からなる**大合同部**が、法令解釈の統一のために置かれている。連邦行政裁判所は13部からなり、上告事件は5ないし

7名の裁判官，懲戒裁判は4名，国防役務事件は3名の裁判官で部を構成する。連邦財政裁判所は11部からなり，各部は5ないし6名の裁判官で構成される。連邦労働裁判所は10部からなり，各部は3名の職業裁判官と，労働者および使用者から1名ずつ選ばれた2名の名誉裁判官とで構成される。連邦社会裁判所は14部からなり，各部は3ないし4名の裁判官で構成される。

これらの連邦裁判所の裁判官は，各裁判権の分野について管轄を有する連邦大臣と裁判官選出委員会（連邦大臣の管轄に相当する分野を管轄する各州の大臣16名および同数の連邦議会議員で構成）とにより選任される。

下級裁判所は，原則として州の裁判所である。審級は，財政裁判権を除いて三審制である。州の裁判所については，州が立法権を有する。

通常裁判権の審級は，区裁判所，地方裁判所，上級地方裁判所である。第一審は原則として地方裁判所である。区裁判所は，少額の民事事件，地方裁判所の管轄とならない軽微な刑事事件，家事事件などの第一審を管轄する。また，一部の重大犯罪などは，上級地方裁判所が第一審となる。原則として区裁判所の判決は地方裁判所，地方裁判所の判決は上級地方裁判所に控訴する。

下級審は，行政裁判権では，行政裁判所と上級行政裁判所である。財政裁判権では州の財政裁判所のみである。労働裁判権では，労働裁判所と州労働裁判所である。社会裁判権では，社会裁判所と州社会裁判所である。

○ フランス

フランスでは，事実審と法律審との峻別が重要である。事件を裁く権限は，第一審を担当する下級裁判所(tribunal)と，控訴審を担当する**上級法院**(cour)に委ねられる，事実上の二審制である。司法裁判所の最上級審である**破毀院**(Cour de cassation)は，法律審として法解釈の統一性を確保するための機関である。

民事裁判の第一審は，原則として，大審裁判所 (Tribunal de grande instance) の管轄であり，3名以上の職業裁判官が配置されている。基本的には公開法廷で3名の裁判官による審理が行われ，判決が言い渡される。債権・動産事件において，訴額が1万ユーロ以下の場合には，小審裁判所 (Tribunal d'instance) が第一審裁判所となる。刑法典では犯罪が違警罪，軽罪，重罪の3類

型に分かれているため，刑事裁判の第一審は，違警罪については単独裁判官制の違警罪裁判所（Tribunal de police）が，軽罪については3名の裁判官からなる軽罪裁判所（Tribunal correctionnel）がそれぞれ第一審裁判所となる。重罪を管轄するのは重罪院（Cour d'assises）である。重罪院は，3名の裁判官および9名の陪審員から構成される。なお，第一審でも，重罪院は上級法院のレベルに位置付けられる。

民事裁判，刑事裁判ともに，控訴審は，重罪院からの控訴も含め，**控訴院**（Cour d'appel）において審理される。控訴院の審理は3名の裁判官による通常法廷において行われるが，控訴院は法律に定める一定の場合，とりわけ破毀院から移送された事件の審理の際には厳粛法廷が開かれる。厳粛法廷は5名の裁判官によって構成される（通常法廷では裁判官は黒の法服を着るのに対し，厳粛法廷では赤の法服を身にまとう）。

司法裁判所の最上級審かつ法律審である破毀院は，6つの部（chambre）からなる。そのうち5つは民事部，1つは刑事部である。破毀院は，それぞれの部において5名の裁判官で開催する通常合議体（formation ordinaire），重要な問題を審理する場合や各部の見解を統一する必要がある場合などに，破毀院院長が主宰し，最低3つの部の代表者によって開かれる混合部（chambre mixte），そして2回目の破毀申立が行われた場合などに，破毀院院長，各部の部長など，総勢19名によって開かれる総部会（assemblée plénière）として活動する。

◯ 北　欧

何れも**通常裁判所**として最高裁判所，上訴裁判所（アイスランド以外），地方裁判所を持つ（デンマークの2自治領では裁判所も独立しているが，本土最高裁への上訴は可能）。フィンランドは**行政裁判所**として最高行政裁判所と地方の行政裁判所を持ち，**特別裁判所**として市場裁判所，労働裁判所，保険裁判所がある。スウェーデンではこれに行政上訴裁判所と特別裁判所である特許上訴裁判所などが加わる。ノルウェーには土地裁判所，デンマークにはコペンハーゲン海商事裁判所，土地登記裁判所，アイスランドには労働裁判所などの特別裁判所がある。

裁判官は，任命委員会の助言，提案ないし推薦により行政府が任命する（⇨第 4 章）。

◯ EU

EU 裁判所には，**司法裁判所**（Court of Justice/Cour de justice），**一般裁判所**（General Court/Tribunal）のほか，専門裁判所として EU 職員に関する訴訟事件を取り扱う **EU 職員審判所**（Civil Service Tribunal/Tribunal de la fonction publique）がある。司法裁判所は 27 名の判事で構成され，全体で 8 名の法務官（avocats généraux）の補佐を受ける。何れも加盟国政府の合意によって任命され，任期は 6 年である。判事は 3 年ごとに半数（13 名または 14 名）改選で，再任可能である。司法裁判所と一般裁判所の判事や法務官の任命に際しては，リスボン条約により設置されるパネル（元判事，国内最上級裁判所の判事，高い能力を持つ法曹の中から選ばれた 7 名で構成）によって，各加盟国が選定した候補者の適性が審査されることとなった。司法裁判所の法務官は，フランスのコンセイユ・デタの論告担当官に倣った制度である。法務官は，訴訟事件の争点について検討し，判事に「意見」を述べる。判事は，これに拘束されないが，事実上の影響力を受け，それに従った判決が下されることが多い。

一般裁判所は，加盟国数の増加や EU 法の発展に伴い，司法裁判所の負担が著しく増えたために設置された第一審裁判所に由来する。EU に対する損害賠償請求訴訟や私人が提起する取消訴訟などは，まず一般裁判所に係属する。

◯ 台 湾

最高法院，高等法院（台湾高等法院，台中，台南，高雄，花蓮の分院，福建金門高等法院），地方法院（台湾本島 19 カ所，高雄少年法院，福建金門地方法院）の三審制の普通法院が，民事・刑事訴訟を所管する。高等法院，地方法院には民事，刑事のほか，少年，家事，財務，労働，知的財産，国家賠償，公正取引などの事件を扱う**専門庭**がある。地方法院には簡易庭が設置され，民事，刑事の簡易庭裁定事件を担当する。行政訴訟は，**最高行政法院**と高等行政法院（台北，台中，高雄）の二審制の行政法院が所管する。**公務員懲戒委員会**が公務員の懲戒を行う。

❍ 韓　国

憲法101条2項，102条3項および法院組織法に基づき，最高裁判所に当たる**大法院**のほか，各級法院として，高等法院，特許法院，地方法院，家庭法院，行政法院がある。行政法院はソウルのみにある第一審裁判所である。特許法院は特許審判院の審決等の不服事件を扱う。これ以外に憲法110条に基づく軍事法院があるが，何れも最終審は大法院（大法院長と大法官13名の計14名で構成）であって，原則として三審制がとられている。

3　司　法

❍ イギリス

裁判所は司法作用を行う。司法作用とは，事実または法をめぐる争いを既存のルールまたは基準に照らして裁定することとされる。民事事件（行政事件を含む）および刑事事件の解決がこれに当たる。

❍ アメリカ

憲法3条は，**司法権**を最高裁判所と法律で設置する下級裁判所に与えている。司法権とは，事件や争訟を法に従って解決することである。したがって，他の機関は，最高裁や下級審がそのような裁判を行う権限を侵害してはならない。具体的には，他の機関が司法権に属する事件を裁定したり，下級審の裁判管轄権を不当に制限したりしてしまうような場合である。それとは逆に，裁判所は司法権の範囲を逸脱して裁判を行うことができない。つまり，事件および争訟の要件を満たさない問題について，裁判所は裁判を行うことができないのである。裁判所が裁判をすることができるか否かの問題のことを**司法判断適合性**という。このうち，当事者が裁判による救済を受ける資格があるかどうかを判断する原告適格の要件が中心的な問題となる。

❍ ドイツ

基本法は，司法ではなく，「裁判」の語を用いている。司法・裁判の概念は，

伝統的には形式的意味で捉えられてきた。しかし，今日の有力な学説は，裁判の典型的な内容として，独立した，法律と法のみに拘束される国家機関によって，特別の保障をもって形成された手続において，法的紛争が拘束力をもって決定されることと定義する。連邦憲法裁判所の判例も同旨である。

◯ フランス

司法裁判所は，民事事件および刑事事件を一元的に扱う。呼び名こそ民事裁判所（Juridictions civiles），刑事裁判所（Juridictions pénales）と区別されるものの，何れの裁判も同一の裁判所において行われ，名称が変わるに過ぎない。

◯ 北 欧

司法権は裁判所や裁判官が独占的に行使する旨の憲法規定が見られる（規定のないノルウェーでも憲法慣習法として確立）。司法権（特別裁判所を含む）の行使とは，例えばフィンランドの学説では，「法的保護を与えるという目的で，現実に生じた個別事案に，国内で効力を有する法規定を適用すること」を指す。

◯ E U

基本条約の定める訴訟手続の中でも特に重要なのは，EU 法の適切な適用と統一的な解釈を確保するための**先決裁定**手続である。EU 法は各加盟国で適用されるので，国内の訴訟でも EU 法の解釈や効力が争点となる。その際，加盟国の裁判所は，司法裁判所に解釈問題を付託し，一元的な判断を得た上で，事件の終局判決を下す。また，当該加盟国の国内では終審となる裁判所には，EU 法の解釈問題を司法裁判所に付託することが原則として義務付けられている。

このほか，司法裁判所は，取消訴訟，不作為違法確認訴訟，損害賠償請求訴訟などの直接訴訟の管轄権を有している。加盟国が基本条約に伴う義務を履行しない場合，司法裁判所は，欧州委員会の付託に基づき，義務の不履行を宣言し，加盟国に対して制裁金を科すこともある（義務不履行訴訟）。

他方で，司法裁判所は，共通外交・安全保障政策の分野では管轄権を持たず，加盟国の警察や法執行機関の活動の適法性・比例性を審査したり，法秩序や治

安の維持に関する権限行使について審査したりすることはできない。

○ 台　湾

　司法院が掌理する事件から考えると，司法権とは民事・刑事・行政訴訟に関する裁判作用と捉えることができる。このことは，法院が民事，刑事及びその他法律の規定する訴訟案件を審判し（法院組織法2条），行政法院が行政訴訟の審判事務を掌理する（行政法院組織法1条）ことに表れている。

○ 韓　国

　法院は，具体的な事件において適用される法を認識・解釈・適用して，国家と国民の間もしくは国民の間で発生した法的な権利・義務に関する紛争を解決し，または刑罰権を行使する有権的な裁判機関と考えられている。違憲審査については，憲法裁判所が法律の違憲審査権を有するのに対し，命令・規則・処分の違憲性が裁判の前提になった場合には法院にこの違憲審査権があり（憲法107条2項），このことが憲法裁判所と大法院の間にしばしば衝突を生んでいる。

4　それ以外の司法府の機能

○ イギリス

　裁判所は，司法作用以外に，裁判所の手続に関する規則の制定などの立法作用，遺産管理などの行政作用も行う。

○ アメリカ

　裁判所は，基本的に**紛争解決機能**を担っている。それは，司法が事件を扱うものであることから容易に推測することができる。但し，司法はときに事件を足がかりにして，一般的な**法形成機能**を果たすことがある。例えば，大企業に対して**懲罰的損害賠償**を課したり，社会における平等の実現を進めるように政治部門に要求したりすることなどである。また，まれにではあるが，最高裁の裁判官が国家的問題を調査する委員会のメンバーに選ばれることがある。この

ように，司法が裁判を通して社会に影響を与えたり，裁判以外の任務を行ったりすることは政治性を帯びる可能性があり，司法の独立の点からすると問題があるのではないかという懸念もある。

○ ドイツ

いわゆる司法行政は，裁判所ではなく，裁判権の各分野を管轄する連邦の省が担う。連邦裁判所は，独立した規則制定権，予算権，人事権などを有しない。

○ フランス

裁判官，検察官と弁護士とでは地位が異なる。前二者は「司法官（magistrat）」と呼ばれ，憲法上の機関である**司法官職高等評議会**（Conseil supérieur de la magistrature）がその人事に重要な役割を果たしている（憲法65条）。同評議会には，裁判官について権限を有する部会と，検察官について権限を有する部会がある。前者は破毀院院長が，後者は破毀院付検事長が主宰する。裁判官部会は，破毀院裁判官，控訴院院長，大審裁判所所長の任命についての提案を行い，検察官部会は検察官の任命について意見を述べるなど，大きな権限がある。

○ 北　欧

例えば，フィンランドの最高裁判所と最高行政裁判所は，国会で可決された親署前の法律について大統領からの，また立法に関する問題について内閣からの求めに応じて意見を述べるほか，政府に対する法律制定の発議が認められている。スウェーデンでも憲法上の機関である**立法顧問院**において，その構成員となった両最高裁の判事が，法案について意見を提示できる。司法行政は，法務省から独立した裁判所局ないし司法評議会が中心的担い手である（例外的に裁判所が法務省の下にあるフィンランドでは，憲法で保障された独立が強調される）。

○ Ｅ　Ｕ

特にない。

第5章　司法府

○　台　湾

　大法官は，憲法法廷を組織し，違憲政党の解散に関して合議で審理する。「政党の目的またはその行為が中華民国の存在または自由民主の憲政秩序に危害を与える場合」（憲法増修条文5条），政党の申請，監督を所管する内政部は，憲法法廷に解散を申請することができる（司法院大法官審理案件法19条）。実際のところ，憲法法廷は，これまで違憲政党の解散に関して審理したことがなく，大法官による憲法解釈，法令の統一的解釈を審理するための口頭弁論の場として利用されている。

○　韓　国

　法院は，人事や予算などについての司法行政権を有し，大法院は憲法108条に基づき規則制定権を有する。

5　裁判官の独立

○　イギリス

　裁判官は，罪過なき限り解任されず，解任には両院の議決が必要とされる。定年は70歳であるが，75歳まで延長可能である。裁判官の俸給は法律に基づき決定され，減額は許されない。また裁判官は，司法の性質を有する職務の遂行について，民事・刑事を問わず法的責任に問われない。さらに，司法府は政治部門による批判からも保護される。大臣は，司法府への特別なアクセスを通じて特定の司法的決定に影響を与えることが禁止される。議会においても，裁判所に継続中の事件を触れてはならないという準則（sub judice rule）がある。

　なお，司法府の独立に関して，従来，閣僚でもあり貴族院議長でもある大法官は，司法府の長を兼ね，裁判官として上院の審理にも関与してきたが，2005年憲法改革法によって，裁判官としての地位を失い，司法府の長も（イングランドおよびウエールズに関しては）女王座部首席裁判官に移された。

◯ アメリカ

　裁判官が公正な判断を下すためには，司法権の独立と個々の裁判官の独立が不可欠である。但し，アメリカでは，連邦の裁判所と州の裁判所とで，それぞれの裁判官の選任方法が異なるため，別々に見ておく必要がある。

　まず，連邦の**司法権**については，3条の司法権条項が重要である。司法権付与条項に加えて，裁判官の終身任期と報酬の保障が規定されることによって，司法権が政治部門から干渉されることを防いでいるのである。連邦裁判所の裁判官は，憲法2条2節2項により，上院の助言と承認に基づいて大統領が任命する。上院の助言と承認を介在させることで，一定の政治的中立性を担保する規定となっている。なお，個々の裁判官の独立については，非行のない限り在職が保障されることによって，裁判官個人の独立が保障されている。

　州の司法権については，各州の州憲法の規定による。そして，州の裁判官の選任も州によって異なっているが，①公選，②任命，③公選および任命，④選任といった4つのパターンに分類できる。このように，州の司法権は良くも悪くも民主的要素を含んでおり，裁判官個人の独立の程度にも差があるといえる。

◯ ドイツ

　裁判官は，権限と身分について独立が保障されている。権限の独立の保障は，裁判官は法律のみによって拘束され，他の国家機関からの指示その他の影響を受けないことを意味し，それは参審員にも及ぶ。ここにいう法律には，形式的意味の法律以外に，基本法や法律の授権に基づいて行政の定める規則も含む。

　裁判官の身分についての独立の保障とは，基本的には職業裁判官について，意に反して転属させられたり退職させられたりしないことである。意に反した罷免，停職，転退職ができるのは，法定の理由があり，法律の定める方式に従った裁判官の裁判によってのみである。職務の内外で基本法の諸原則または州の憲法秩序に違反した連邦裁判官について，連邦議会の申立に基づいて，連邦憲法裁判所は，3分の2の多数により転職または退職を命じることができ，さらに，この違反が故意によるときは，罷免を宣言できる。

第5章　司法府

○ フランス
　第五共和制憲法 64 条 4 項は,「裁判官は罷免されない」として, その身分を厚く保障している。また, 裁判官の懲戒については, 司法官職高等評議会が懲戒評議会として裁定を行うとされている。

○ 北　欧
　裁判官に定年はあるが任期はない。スウェーデンでは, 憲法に明記された事由があれば行政の決定（司法審査の対象となる）で罷免が可能であるが, 他の 4 カ国では裁判によらなければ罷免されない。ノルウェー以外の憲法には, 司法部門の再編を除き, 意に反して他職へ配転されない旨の規定が置かれている。

○ Ｅ　Ｕ
　司法裁判所の判事・法務官は, その独立性が保障されており, 判事・法務官の全員一致（利害関係者を除く）の決定によらなければ罷免されない。

○ 台　湾
　憲法には, 裁判官の職務の独立（80 条）と身分保障（81 条）が規定されているが, 司法は行政の一部であると見なす慣習により実現されてこなかった。司法は, 裁判業務に責任を負わない司法行政部が監督してきたのである。司法と司法行政を明確に分けるために, 1980 年 7 月に司法行政部は行政院の法務部に改組されて検察機関を所管し, 司法院が裁判所を所管することになった。そして司法改革によって, 判決書の事前送付・審査制度の廃止, 裁判官の政治運動の禁止, 裁判官の成績制の廃止, 裁判官評定委員会からの行政職員の排除などを通じて, 司法や裁判官の独立を確立しようとしている。

○ 韓　国
　憲法は法官の独立（103 条）および身分保障（106 条。「弾劾または禁固以上の刑の宣告によらない限り罷免されない。懲戒処分によらない限り抵触・減俸その他の不利な処分を受けない」）を定めている。法官は立法府, 行政府, 憲法裁判所から独

立であると同時に，上級法院や法院内部の他の法官からも独立であると捉えられている。法院組織法は中立性の維持のために，法官の営利行為の禁止（49条5号），政治運動の禁止（49条3号）を定めている。その範囲は文言上明確ではないが，後者について法官の政党加入は認められないと考えられている。

6 陪審・参審

◯ イギリス

陪審による審理は，刑事法院での重大な刑事事件につき行われる。陪審は，有罪か無罪かの決定を行い，重要な役割を担う。陪審員は，通常10日間職務を行い，その間に複数の事件を担当することもある。なお，陪審審理は，民事事件でも名誉毀損など一部の事件で当事者が申し立てた場合にも行われる。

◯ アメリカ

事実審（第一審）において，**陪審**制がとられている。憲法3条2節3項と修正6条は刑事事件について陪審による裁判を開くことを要求し，一定額以上の民事事件についても憲法修正7条が陪審裁判を受ける権利を保障している。陪審員の人数は12名であるが，評決の際に常に全員一致が求められるわけではない。但し，刑事裁判では全員一致の評決が要求されるところが多い。陪審員は，刑事事件では有罪・無罪の判断を行い，民事事件では勝敗および損害賠償額について判断する。

◯ ドイツ

刑事事件について**参審**制が採用されている。参審員となりうるのは，ドイツ国民で，欠格事由（公務員となる資格がないなど），就職禁止事由（25歳未満，70歳以上，破産，連邦大臣・法曹などの一定の職業など）のない者である。また一定の事由（連邦議会などの議員，一定期間以上の参審員の経験，65歳以上など）があれば辞退できる。参審員と補充参審員は，住民も関与して選出される。参審員の担当する年間審理日程は予め決められ，各審理日を担当する参審員はくじで選

ばれる。この方法で，区裁判所の担当と地方裁判所の担当とが選出される。基本的に，参審員は年間延べ12日の審理を担当する。参審員も法律上の裁判官であり，職業裁判官と対等に，同等の評決権をもって本案手続に参加する。

区裁判所の刑事事件は，原則として参審裁判である。構成は，職業裁判官1名，参審員2名であるが，例外的に1名の職業裁判官を加えることができる。地方裁判所では，殺人など一定の重大事案が参審裁判で審理される。構成は，3名の職業裁判官と2名の参審員である。なお，区裁判所の判決に対する控訴は，1名の職業裁判官と2名の参審員で審理する。

❍ フランス

フランスでは，一般市民が裁判に関わる場面が多い。重罪院における**陪審**制度はその典型であるが，通常の裁判系統とは別に組織される特別裁判所における市民の訴訟参加が顕著である。アンシャンレジーム期からの伝統を有する商事裁判所（Tribunal de commerce）では，商人から選出された素人裁判官が，労働事件を扱う労働裁判所（Conseil de prud'hommes）では，使用者と労働者のそれぞれから選出される素人裁判官が裁判を行う。小作関係同数裁判所（Tribunal paritaire des baux ruraux）では，農地の賃貸人と賃借人のそれぞれから選出される素人裁判官が**参審員**として，社会保障事件裁判所（Tribunal des affaires de Sécurité sociale）では，労働者から選ばれた1名と労働者以外から選ばれた1名が参審員として訴訟に参加する。

❍ 北 欧

参審制は，裁判所の職権で例外的に用いられるアイスランドを除き，軽微でない刑事事件や一部民事事件で広く活用されている。**陪審**はデンマーク（重大な刑事事件の控訴審），ノルウェー（上訴裁判所における一部民・刑事事件），スウェーデン（表現の自由に関する事件など）で採用されている。

❍ E U

各加盟国内での制度となる。

○ 台 湾

陪審制や参審制は採用されていない。

○ 韓 国

2008年から国民の**刑事裁判参与制度**が導入された。一定の重罪事件で被告人が陪審制を選択した場合，一般国民が陪審員となり，事件について評議・評決をし，事実認定，法令の適用，量刑に関して法官に意見を提示する。但し，陪審の意見は裁判官に対する拘束力はない（国民の刑事裁判参与に関する法律）。

7　それ以外の機関

○ イギリス

裁判所以外に司法作用を行う機関として**審判所**（Tribunals）がある。審判所は，行政機関の決定に対する不服申立てを判断する機関であり，福祉国家の進展に伴い，専門性，迅速性，安価といった理由から裁判所の代替機関として，社会保障，教育，入国管理などの領域で多数設置された。2007年審判所・裁判所・強制執行法により，各省から独立し，統一的に，第一層審判所と上級審判所の二層の審判所制度が創設された。上級審判所は，上訴の管轄権を有し，司法審査（⇨本章第2節）を受理する権限が認められ，高等法院と同格である。事件を審理する各部は裁判官と委員とで組織される。既存の審判所は順次，新しい審判所に組み込まれる模様である。

○ アメリカ

裁判所以外に司法作用を行う機関はない。いわゆる独立行政機関の判断も，憲法上，司法とは観念されない。

○ ドイツ

裁判権は，排他的に裁判官に委ねられ，裁判所のみによって行使される。他の機関が裁判権を行使することはない（裁判官あるいは裁判所の裁判権独占）。法

律が他の機関に裁判権の一部を授権することは，違憲だと解されている。

○ フランス

二元的裁判制度の下で発生しうる権限争議を取り扱う権限裁判所（Tribunal des conflits），議会が共和国大統領の罷免を決定するために構成する**高等法院**（Haute cour），閣僚の刑事責任を追及するための共和国法院（Cour de Justice de la République）などが，変則的ながら裁判作用を行う。

○ 北　欧

公務員の職務上の非違行為を審理する**弾劾裁判所**が4カ国で設置され（対象はアイスランドとデンマークでは閣僚，ノルウェーでは閣僚，最高裁判事，国会議員，フィンランドでは閣僚，法務総裁，議会オンブズマン，両最高裁判事など），スウェーデンでは最高裁判所が同様の役割を担っている（閣僚，両最高裁判事など）。

○ Ｅ　Ｕ

EUの機関ではないが，**欧州人権条約**に基づく**欧州人権裁判所**がフランスのストラスブールに置かれている。EUの全加盟国は欧州人権条約の締約国であり，EU条約も，欧州人権条約から生じる基本権が法の一般原則に含まれることを確認するとともに，EUが欧州人権条約への加入を目指すことを明示している。なお，欧州人権裁判所は，加盟国法の審査を通じて，間接的にEU法を審査しうる。

○ 台　湾

立法，行政，司法から独立した機関として**監察院**が設置されている。監察院は29名の監察委員により構成される。監察委員(任期6年)は総統から指名され，立法院の同意を得て任命される。監察院は，公務員の弾劾，会計検査などの権限を有する。弾劾案は，監察委員2名以上の提議により，9名以上の審査および決定をもって，懲戒権を有する機関である公務員懲戒委員会に提出される。

◯ 韓　国

大統領所属下に任期4年の5〜11名の委員からなる監査院があり，国家の歳入・歳出の決算，会計監査並びに行政機関および公務員の職務の監察を行う。

8　総　括

日本では，憲法76条の「司法」の定義に収まるものが，裁判所の排他的で固有の任務であり，これに類するもの（非訟事件や，行政事件の客観訴訟）を法律で裁判所に付与することができるとする見解が通説となっている。これに対して，裁判所が扱うことのできる「裁判」は歴史的概念としてしか認識できないとする反論がある。通説のモデルが，司法裁判所で一貫するアメリカにあることは明らかであるが，特別裁判所を多く抱えるドイツも実はこれに近いことがわかる。この点で，反対説が念頭にしているのは専ら，相対的に行政の強いフランスであろう。

各国の共通点も多い。既に裁判官の独立は当然の価値となり，これを守るため，各国で様々な知恵が示されている。審級も，主要事件のかなりにおいては三審構造が一般的に見える（但し，具体的には，何れの国や地域も意外に複雑である）。市民の裁判への参加も，台湾以外では一般化しており，違憲論すらある日本は遅れをとっている。

第6章　違憲審査制

違憲審査（司法審査）**制**は長くアメリカの専売特許であり、司法裁判所が事件の解決の中で行う**付随的違憲審査制**であった。第二次世界大戦後、特別裁判所の伝統を持つ(西)ドイツが、憲法判断を専門とする**憲法裁判所**を作り、**抽象的違憲審査制**を採用した。これ以降、2種類の違憲審査制が世界中に広まった。

1　憲法保障・違憲審査を行う機関

○ イギリス

イギリスには違憲審査制はないが、1998年人権法によって、2000年10月2日以降、法律を除く政府の行為が欧州人権条約が保障する人権に適合するかを裁判所や審判所が審査する制度が設けられ、法律についても人権との適合性を確保するために独特な仕組みが盛り込まれたのが注目される。

○ アメリカ

合衆国憲法は、憲法を保護・維持するために、三権に**憲法忠誠の義務**を課している。公務員全般に憲法尊重擁護義務を課すやり方ではなく、三権を名宛人としているところが特徴的である。これは、三権が各々憲法を破壊する行為をしてはならないという消極的理由にとどまらず、他の機関が憲法に反する行為を行っていないかどうかを相互にチェックするという積極的理由も含む。こうしてアメリカでは三権がそれぞれ憲法解釈権を有し、相互の抑制と均衡の関係によって憲法保障を図るというシステムになっている。このうち、特に重要な憲法保障制度とされるのが裁判所の**違憲審査**（司法審査）である。

司法による違憲審査は、合衆国憲法に直接規定されておらず、**Marbury v.**

Madison（5 U.S. 137（1803））を中心とする判例法理によって確立されたものである。この判決によれば，最高法規たる憲法を立法で侵害することは許されず，法の意味を明らかにする責務のある司法がそれをチェックするとしている。

○ ドイツ

　基本法は，憲法に反する国家行為を事後的に匡正し憲法を保障する手段として違憲審査制を採用している。基本法は，この違憲審査を**裁判権**に委ね，憲法裁判所が行使すると定める。しかし，**連邦憲法裁判所**が独占するのは，無効宣言の権限だけである。**具体的規範統制**手続の存在が示すように，裁判官は何れも法規範の審査権限（裁判官の審査権）を持つのであり，連邦憲法裁判所以外の一般の裁判所も適用法令について審査する権限（と義務）を有することは，広く承認されている（**合憲限定解釈**という形での審査も行われている）。

　連邦憲法裁判所は，連邦議会，連邦参議院，連邦政府と並び，独立した予算権，規則制定権を有する憲法機関である。他の憲法機関が政治判断を行うのとは異なり，連邦憲法裁判所は，裁判所として法問題である憲法問題を扱う。

○ フランス

　フランスで違憲審査制を担うのは，第五共和制憲法において創設された**憲法院**（Conseil Constitutionnel）である。しかし，「法律は一般意志の表明である」といった特殊フランス的な観念や，裁判官政治への嫌悪から，違憲審査制が好意的に受容される土壌は整ってはいなかった。創設当初の憲法院は，そもそも人権保障機関として機能することが期待されていなかった。法律事項は憲法で制限されるという「合理化された議会制」，「執行権優位の統治体制」が第五共和制憲法で確立され，憲法院には，議会がその本来の権限を逸脱して命令事項まで立法権を及ぼさないよう監視する役割が求められたのであった。

　憲法院は，1971年7月16日のいわゆる**結社の自由判決**で，現憲法が人権カタログを持たない中，結社の自由の根拠を，「共和国の諸法律によって承認され，憲法前文によって厳粛に再確認された基本的諸原理」に見出した。以来，憲法院は人権保障機関として重要な役割を果たすようになったのである。

第6章　違憲審査制

　憲法院は，法律の合憲性審査以外にも，共和国大統領選挙，国民議会議員選挙および元老院議員選挙，そして国民投票につき，適法性を監視する役割を担う。また，憲法院は，共和国大統領が発する非常事態措置についての諮問を受け，憲法の条約適合性を審査し，あるいは法律が海外公共団体の権限に介入していないかを確認するといった役割を担っている。

〇　北　欧

　5 カ国全てで裁判所による事後的統制が行われる。スウェーデンでは統治章典上，裁判所のみならず他の公的機関にも違憲の「条項」を適用しないことが義務付けられている。**立法顧問院**によって行われる法案段階での事前的な合憲統制も，諮問的ながら重視され，司法による統制の不活発の要因とされる。フィンランドでは，裁判所による統制は 2000 年に導入されたばかりであり，議会内の**基本法委員会**によって行われ，歴史を有する事前統制が今なお主要な手段とされる。とはいえ両国とも，司法部による合憲統制が積極化していく可能性が指摘されている。なお，憲法上に違憲審査の明文根拠があるのはこの 2 カ国のみであり，ほかでは実務を通じて審査が確立した。裁判所による審査が最も活発なのはノルウェーであり，アメリカの判例理論の影響が指摘される。一方，デンマークは消極的といわれ，違憲判断は 1 例しかない。

〇　E　U

　欧州憲法条約は，2005 年にフランスとオランダで行われた国民投票で否決され，未発効に終わった。2009 年 12 月に発効した**リスボン条約**の内容は，欧州憲法条約が企図した改革を大部分継承したが，今なお EU には憲法という名の基本法が存在しない状態にある。もっとも，EU には，EU 法秩序の頂点に立つ基本条約（第一次法）があり，また，欧州司法裁判所（**司法裁判所**）の判例を通じて，EU 法が加盟国の国内法に優位するという原則が確立されている。

　司法裁判所は，EU の基本条約が法に従って解釈され，適用されるように図るという役割を担っており，EU の諸機関の行動について審査権を有しているほか，EU 法を実施する国内機関の行為や EU 法の範囲内でなされる国内機関

の行為を審査する。したがって，司法裁判所が，場合によっては加盟国憲法の共通の伝統や欧州人権条約をも参照しながら，基本権保護の観点から EU や加盟国の機関の行為を審査することもある。例えば，2003年のシュミットベルガー事件の先決裁定では，オーストリア政府が集会活動を許可したことに伴い物流の著しい阻害が生じた事案について，司法裁判所は，基本権保護は商品移動の自由を制約する正当な理由に当たると判断している。

司法裁判所が第一次法に照らして EU や国内機関の行為を審査することがあるとはいえ，各加盟国には憲法が存在し，大多数の加盟国に憲法裁判所などの違憲審査機関が置かれている。そこで，EU 法と加盟国憲法との関係が問題となる。司法裁判所は，1964年のコスタ対 ENEL 事件の先決裁定で，EC 法の加盟国法に対する優位性原則を明確に示し，1978年のシンメンタール事件の先決裁定で，その原則により，EC 法と抵触する「あらゆる現行の国内法」は自動的に不適用とされ，加盟国の憲法に対しても EC 法が優先されるとした。

加盟国の裁判所は，当初は EC 法の優位性原則に対して消極的で，とりわけドイツでは，1974年の連邦憲法裁判所判決が，EC がドイツ基本法に匹敵する成文の基本権カタログを有しない限り，同裁判所がドイツ基本法上の基本権に照らして EC 法を審査することができると判示（ドイツ基本法の定める基本権が EC 法に優越すると）した。しかし同裁判所は，1986年，EC がドイツ基本法と同等の基本権保護を保障している限り，EC 派生法に対する審査権は司法裁判所にあると判断し，ドイツにおける EC 法の優位性を容認するに至った。英仏の裁判所も今では，原則として国内法に対する EU 法の優位性を認めている。

○ 台　湾

司法院は憲法解釈，法令の統一解釈を行う権限を有する（78，173条）。しかし実際には司法院に設置される**大法官会議**において，大法官が憲法解釈，法令の統一解釈，違憲政党の解散に関する審理を行う（司法院大法官審理案件法2条）。

○ 韓　国

現行の第六共和国憲法では，**憲法裁判所**が設置され（憲法111条1項），**違憲**

法律審判など，民主化後の韓国における重要な憲法保障機能を営んでいる。ドイツモデルに近いといわれるが，**具体的規範統制**のみで抽象的規範統制はない。

2　その機関の構成

◯ イギリス
人権法が定める人権適合性の判断は，通常の裁判所および審判所が行う。

◯ アメリカ
違憲審査は通常の司法裁判所が行う。つまり，裁判所が具体的な事件を通して憲法判断を行う**付随的違憲審査制**がとられている。言い換えれば，裁判所は，事件が起きていないのに抽象的に法令の合憲・違憲を判断することはできない。

また，違憲審査を行うのは最高裁だけではなく，司法裁判所であれば違憲審査権を持つ。連邦・州の何れの裁判所でも違憲審査権を行使することができるが，合衆国憲法に反するか否かの審査を行うことが多いのは連邦の裁判所である。

◯ ドイツ
連邦憲法裁判所は，各8名の裁判官からなる2つの部（法廷）で構成される。2つの部は独立・同格であり（**双子の裁判所**），判決言渡し機関としての「連邦憲法裁判所」である。管轄は基本的に，第1部が基本権に関する事件，第2部が機関争訟，連邦国家的争訟，基本権喪失，政党の違憲確認などである。

また，全ての裁判官で構成される合同部が置かれている。この合同部は，規則の制定や後任裁判官候補の推薦などのほかに，憲法解釈の統一性を維持する権限が与えられている。一方の部が憲法解釈について他の部の判例と異なる見解に至ったときは，手続を中止し合同部の決定を待たねばならず，合同部の決定は各部を拘束する。しかし，合同部が自ら裁判を行うことはない。

連邦憲法裁判所裁判官は，連邦裁判所の裁判官として3年以上その職にあった者3名を含む必要がある。その他の裁判官の資格要件は，①年齢40歳以上で，②連邦議会の被選挙権を有し，③連邦憲法裁判所裁判官となる用意のある

ことの意思表示を書面でしており，④ドイツ裁判官法の定める裁判官資格を有するかドイツの大学の法律学の正教授となっていることである（実際には，ほぼ半数の裁判官が大学教授出身）。裁判官は，連邦議会および連邦参議院によって，各部とも半数ずつ選出される。連邦議会では，議員の中から比例選挙で選ばれた12名の委員で構成された裁判官選出委員会が，3分の2の多数によって選出する。連邦参議院では，直接に法定議員数の3分の2の多数によって選出する。

　各部の定足数は6名であり，法律に別段の定めのない限り（法律の違憲判断も）出席者の過半数（最低4名）で決する。これに対して，例えば基本権喪失や政党の違憲確認には，法定裁判官数の3分の2の特別多数が必要である。

〇 フランス

　憲法院は，共和国大統領，国民議会議長そして元老院議長のそれぞれが3名ずつ任命する9名の構成員からなる。任期は9年であり，再選はされない。加えて，元共和国大統領は，本人が拒否しなければ，当然に終身の構成員となる。

　憲法院に，法律（組織法律および国民投票に付託される前の議員提出法案を含む）の憲法適合性についての付託がなされた場合には，1カ月以内に裁定を行うことが求められる。緊急の場合には，政府の請求によってこの期間が8日に短縮される。憲法院への付託が行われた場合には，審署の期間の進行は停止する。

〇 北　欧

　何れにも憲法裁判所は存在せず，違憲審査は広く裁判所が行う。ノルウェーとデンマークの中心的な審査機関は最高裁判所である。スウェーデンの立法顧問院は最高裁から分離独立した政府の機関であり，統治章典に根拠規定を持つ。最高裁判所および最高行政裁判所の現職裁判官または裁判官経験者から構成される（執筆時は6名）。フィンランドの基本法委員会は国会議員から構成される（同じく正委員17名，補欠委員9名）。立法顧問院の意見は諮問的だが，基本法委員会の意見は議会に対し事実上の拘束力を有する。

○ E U

EU自身は，多くの加盟各国の憲法裁判所に当たる機関を有していない。加盟各国の裁判所が，各国憲法の下で，その判断を行う。

○ 台　湾

大法官会議は，総統による指名と立法院の同意を経て任命される15名の大法官により構成される。大法官の任期は8年で，再任されない(憲法増修条文5条)。大法官は，5つの要件の1つに該当する者から任命される。但し，特定の要件の大法官の人数が総数の3分の1を超えてはならない(司法院組織法4条)。

○ 韓　国

憲法裁判所は9名の法官の資格を有する(この要件には憲法学者の間で批判がある)裁判官で構成され，大統領が任命する(憲法111条2項)が，うち3名は国会が選出した者，3名は大法院長が指名した者を任命する(同条3項)。憲法裁判所長は9名中，国会の同意を得て大統領が任命する(同条4項)。審判は特別な規定のある場合を除き，全員裁判部で行われる(憲法裁判所法22条1項)。

審理は7名以上の裁判官の出席によって行われなければならず，①法律の違憲決定，弾劾の決定，政党解散の決定または憲法訴願に関する認容決定をする場合，②従前に憲法裁判所が判示した憲法又は法律の解釈適用に関する意見を変更する場合には，6名以上の賛成が必要とされている(同法23条)。憲法訴願審判の事前審査は通常，3名の裁判官からなる指定裁判部で行われ，却下決定は3名全員一致で行われなければならない(同法72条1，3項)。

3　「違憲審査」とは何か

○ イギリス

成文憲法はないが，法律については，**欧州人権条約**上の人権に適合するよう解釈することが求められる(1998年人権法3条)。この要請は**人権法**の後に制定された法律にも適用される(同法3条2項a号)。また，公的機関(議会を除く)

が人権条約上の権利に不適合な形で行為することは違法とされる（同法6条）。

◯ アメリカ

Marbury 判決が最高法規たる憲法を守るために違憲審査が必要であると判示したように，違憲審査はまず**憲法保障**の手段である。だが，19世紀末になると，アメリカは産業革命を迎え，それに対する経済規制立法が増え始めていた。行き過ぎた規制に司法が積極的に違憲審査を行使して財産権の保障に乗り出し，違憲審査は人権保障の役割を担うようになった。もっとも，司法が人権保障機関として位置付けることになったのは，リベラルな判決を次々と下したことで有名な**ウォーレン・コート**の頃である。同コートは，平等の分野では従来の人種分離政策を違憲とし，人種統合政策を政治部門に要求し，刑事手続の分野では**ミランダ警告**と呼ばれる手続保障を設定した。こうして，裁判所の行う違憲審査は人権保障に寄与する手段として位置付けられるようになったのである。

違憲審査の役割には権力分立制に関する司法のチェック機能がある。権力分立は**水平的権力分立**と**垂直的権力分立**に分けられるが，前者は，連邦の三権の問題を指し，後者は連邦と州の問題を指す。もっとも，権力分立制の維持は，司法判断することで司法自身が当事者として関与することにもなりかねないため，慎重な判断が求められる。また，連邦制はアメリカの統治機構の根幹を成している。そのため，連邦と州の権限配分の問題は常に違憲審査の対象であり，これについてはMarbury 判決後すぐに，積極的な審査が行われている。

◯ ドイツ

形式的意味での憲法裁判は，基本法および連邦憲法裁判所法によって連邦憲法裁判所に付与された様々な権限である。また，連邦憲法裁判所の権限は，そこに列挙されたものだけである。このため，抽象的な「憲法裁判」概念ではなく，むしろ列挙されている権限を統一的に把握する**実質的な概念構成**が論じられている。比較的支持されている定義は，「全ての国家権力が憲法に実質的に拘束されていることを，裁判手続における独立の裁判官によって，憲法を基準として審査すること，そしてその審査によって得た法認識的な決定に対して，

国内上絶対的・最終的な拘束力を与えること」である。

○ フランス
憲法院が行使する違憲審査権は，基本的には**抽象的審査**と考えてよい。

○ 北　欧
フィンランドの基本法委員会とスウェーデンの立法顧問院での審査は**抽象的審査**だが，それ以外の裁判所による審査は具体的事件に付随して行われる。

○ Ｅ　Ｕ
加盟国によって異なる。

○ 台　湾
大法官が憲法解釈，法令の統一解釈，違憲政党の解散に関する審理を行う現在の制度は，憲法裁判所による抽象的違憲審査制に近いが，司法改革の議論も進んでおり，付随的違憲審査制に向かう可能性も示唆されている。

○ 韓　国
「違憲審査」には憲法裁判所の権限のほか，法院の命令・規則・処分についての審査権も含まれる。「憲法裁判」は憲法規範の解釈を本質とする点で，紛争解決のための法規範と適用を原則とする一般の裁判と異なるという見方がある。

4　原告適格・対象など

○ イギリス
議会を除く公的機関の行為に対する不適合の主張は，通常の民事訴訟（行政訴訟を含む），刑事訴訟において，被害者（victim）が行う（1998年人権法7条）。

◯ アメリカ

　訴訟を提起するためには，**原告適格**（standing）を有していなければならない。原告適格とは，原告が訴訟を遂行し判決の名宛人となり，判決によって救済される個人的利益を有していなければならないことをいう。裁判が当事者間の権利義務や法律関係に関する事件を前提とする以上，訴訟を提起する者がその救済を受けるのにふさわしい資格を有していなければならないからである。

　原告適格は司法権自体に内在する要請である。司法府は，裁判を行うことを主な任務とする機関なのであるから，裁判に適しない問題を扱うわけにはいかない。また，濫訴の防止という訴訟実務上の要請や権力分立上の要請（裁判所が事件に関係なく違憲審査を行ったり，原告適格もないのに裁判を行ったりすると，司法が政治部門の決定を覆す機会が多くなってしまうという懸念が生じる）もある。

◯ ドイツ

　連邦憲法裁判所の権限は多様で，手続も異なる。代表的な権限を説明する。

　具体的規範統制では，通常の裁判手続（原手続）の開始を前提とする。原手続の裁判所は，事件に適用すべき法律を違憲と確信するときは，当該手続を中断して事件を連邦憲法裁に移送し，その判断を待って裁判を行う。移送の対象は，基本法以降に制定・公布された形式的意味の法律である。また，本案判決のみならず，一部判決や中間判決，裁判中の決定・処分にとって問題となる法律も含まれる。移送できるのは，当該法律の，判決などにとって必要な部分に限られる。この移送判断は裁判所が行い，訴訟関係人の主張に拘束されない。連邦憲法裁は法問題のみを審査するが，移送裁判所の提起した問題に限定されずに相当自由に判断している。連邦憲法裁での手続は，当該法律の憲法適合性についての客観的な，いわば職権審査であり，移送の原手続の当事者による対審構造ではない（政府，関係機関，訴訟関係人などの意見を求めることはできる）。

　抽象的規範統制は，申立権者の権利・利益や権限と関係なく，具体的な事件とも関係なく抽象的に行われる。申立権者は，連邦政府，州政府または連邦議会議員の4分の1に限定されている。審査の対象は，連邦法・州法である。形式的意味の法律には限定されず，憲法改正法律，予算法律，条約の同意法律，

行政命令なども対象となる。審査の基準は，基本的に，連邦法については基本法，州法については基本法および連邦法である。この手続も，対審構造ではない（関係機関などの意見が求められることはある）。

憲法異議（憲法訴願）は，公権力によって，自己の基本権または基本法 20 条 4 項，33 条，38 条，101 条，103 条の定める権利を侵害されたと主張すれば，何人も連邦憲法裁判所に異議申立てができるというものである。その対象は，ドイツの公権力による全ての行為，すなわち法律，命令，行政行為その他の行政の措置，そして裁判所の判決・決定（審級の段階を問わない）である。もっとも，あらかじめ救済の途を尽くすことが求められるので，実際には，一般に最上級審の判決と法律が対象になる。また，これを申し立てるには，異議申立人が公権力の侵害行為と，自分自身，現在，直接に関わっていなければならない。このため，執行を要する法律を直接の対象とする憲法異議は，例外的にしか認められない。判決が違憲と判断された場合，その判決は破棄され原手続の裁判所へ差し戻される。手続法的には申立人のみが存在し，被告はなく，対審構造ではない（原手続の当事者や，関係省庁などの意見が求められることはある）。

このほかに，連邦憲法裁判所は，連邦機関などの間の権限に関する争い（**連邦機関争訟**），連邦と州との権利・義務に関する争い（**連邦国家的争訟**），連邦法としての国際法の確認，州憲法裁判所の基本法解釈の疑義に対する裁判などの権限を有している。また，**たたかう民主制**の表れである基本権喪失（基本法 18 条），政党の違憲確認（同 21 条 2 項）についても判断する。

◯ フランス

組織法律はその審署前に，憲法が別に定める議員提出法案は国民投票への付託前に，憲法適合性について義務的に憲法院の審査に付される。法律も，同様の目的で審署前に，大統領，首相，国民議会議長，元老院議長，または 60 名の国民議会議員か 60 名の元老院議員によって，憲法院の審査に付される。また，裁判所に係争中の審理に際し，憲法が保障する権利と自由が法律により侵害されているとの主張が行われた場合には，コンセイユ・デタまたは破棄院からの移送を受け，**合憲性の優先問題**として違憲審査権を行使することができる。

○ 北　欧

　デンマークは，裁判所が法律より下位の規範を審査できると解される憲法規定を持つにとどまり，法律に対する審査は実務を通じて確立した。同国とノルウェーでは，違憲審査は財産権の保護や収用に関する事件が中心である。また，ノルウェーにおける統制は，個人の憲法上の権利義務にも財産権にも関わらない，高次の国家機関の関係や権力分立に関する問題には及ばない。

○　E　U

　加盟国によって異なる。

○　台　湾

　憲法解釈は，中央または地方機関，立法委員の職権行使，裁判で適用された法律等が憲法に抵触する疑いがある場合などに申立てられる（司法院大法官審理案件法5条）。裁判官は，法律等が憲法に抵触する疑いがあるとき，訴訟手続を停止し，憲法解釈を申立てることができる（司法院釈字371号）。法令の統一解釈の原告適格は同法7条，違憲政党の解散のそれは同法19条に規定されている。

○　韓　国

　法律の違憲性が法院の裁判の前提となった場合，当該法院は職権又は当事者の申請による決定により，憲法裁判所に違憲であるか否かの審判を求める（**違憲法律審判**。憲法裁判所法41条）。法律的効力を持つ緊急命令や条約なども対象である。ただ，命令・規則・処分の違憲審査権は法院にある（⇨第5章）。

　大統領，国務総理，国務委員及び行政各部の長，憲法裁判所裁判官，法官及び中央選挙管理委員会委員，監査院長及び監査委員，その他法律が定めた公務員について，国会が弾劾訴追の議決をした場合に，憲法裁判所が審判を行い，請求に理由があれば罷免の決定を行う（**弾劾審判**。同法48条，53条1項）。

　政党の目的または活動が民主的基本秩序に違背するときは，政府は，国務会議の審議を経て憲法裁判所に政党解散審判を請求することができる（**政党解散審判**。同法55条）が，憲法裁判所はこの判断においても政治的考慮に基づいて

決定する権限はないとされ，**たたかう民主制**的な考えに基づくこの審判が行われたことはこれまでない。

国家機関相互間，国家機関と地方自治団体間及び地方自治団体相互間に権限の存否又は範囲に関して争いがある場合，当該国家機関又は地方自治団体は，憲法裁判所に権限争議審判を請求できる（**権限争議審判**。同法61条1項）。

公権力の行使又は不行使により憲法上保障された基本権を侵害された者は，法院の裁判を除いては，憲法裁判所に憲法訴願審判を請求することができる（**憲法訴願審判**）。但し，他の法律に救済手続がある場合には，その手続を全て経た後でなければ請求することができない。「法院の裁判」については訴願対象外とされているが，違憲法律審判の申請が棄却されたときは，その申請をした当事者は，憲法裁判所に憲法訴願審判を請求できる（同法68条2項）。

5　判断の方法

○ **イギリス**

人権法が保障する人権適合性の判断には，欧州人権裁判所の比例原則の枠組みが参照される傾向にある。

○ **アメリカ**

裁判所は，法令の文面上の違憲性について判断を行う場合と，適用上の違憲性について判断を行う場合とがある。後者はその事件を解決する限りにおいて判断されるものであるが，具体的事件の解決にとどまらない要素を含む。

また，憲法判断を行う際に**違憲審査基準**を設定することで有名である。その大枠となるルールが，**二重の基準**である（United States v. Carolene Products Co., 304 U.S. 144 (1938))。これは，**精神的自由権**と**経済的自由権**に大別し，前者には**厳格な基準**を設定し，後者には**緩やかな基準**で対応するものである。ここでいう厳格な基準とは，文脈によって異なるので一概にはいえないが，例えば人種差別問題などの領域では，立法目的がやむにやまれぬものであるかどうか，そして手段が目的達成のために必要不可欠であるかどうかを審査する。一方，

緩やかな基準は、立法が合理的であるかどうかを審査するものである。

但し、判例実務上は、個別の人権に応じて様々な違憲審査基準を設定している。そのため、裁判所が行う憲法判断の構造を踏まえて、審査基準については個別の事案ごとに考えていく必要がある。一般的には、裁判所は、まず政府がいかなる憲法上の権利をどのように侵害しているかを判断し、それに対して適切な違憲審査基準を設定して、違憲か合憲かの判断を下す方法をとっている。それゆえ、この方法を基に、個別の事案における審査基準を見ていく必要がある。

〇 ドイツ

法律を審査の対象とする場合に限っても、以下のものがある。

まず、連邦憲法裁が法律を違憲・無効と判断し、これを判決の主文で述べる、**違憲無効判決**がある。法律全体を違憲無効とすることも、その一部（一つまたはいくつかの規定、あるいは規定の一部）を違憲無効とすること（**部分無効**）もある。

次に、法律の基本法との不一致（違憲）を、無効宣言をすることなしに、確認し、主文で宣言する（一致の宣言も主文で行う）する、**違憲確認判決**がある。

そして、当該法律がなお違憲とはいえないと確認した上で、憲法に完全に適合した状態を作り、あるいは違憲となるのを避けるよう何らかの行為をするべき旨を判決理由の中で立法者に警告する、**違憲警告判決**（アピール判決）がある。

〇 フランス

憲法院に付託された法律につき、違憲の部分と合憲の部分が可分である場合には、合憲の部分のみの審署および施行が可能である。こうした分離ができない場合や、法律の全部が違憲と判断された場合には、議会に差し戻された後、必要な修正を加えて改めて議決を行うことができる。

〇 北 欧

デンマーク最高裁は、「裁判所が法の規定を退けるのに必要な確実性をもって」違憲性が証明されなければ法律は合憲になるという審査方法を用いている。2011年改正以前のスウェーデン統治章典第11章14条は、議会ないし政府に

よって承認された規定が適用されないのは，基本法との抵触にかかる「瑕疵が明白である場合」に限られる旨を定めており，ここにおける「**明白性**」の曖昧さが批判されていたが，改正で明白性の要件は削除された。一方，2000年施行のフィンランド基本法106条は，裁判所で審理されている事件において「法律条項の適用が明白に基本法と抵触する場合」の基本法の優越を定め，「明白性」を適用排除の要件としている。但し，立法準備資料および学説では，当該法律条項の**合憲限定解釈**によって適用排除の回避をまず試みるべきとされている。違憲審査が活発なノルウェーでも，合憲限定解釈がまず試みられる。

○ Ｅ Ｕ
加盟国によって異なる。

○ 台 湾
法律または命令が憲法に抵触したときには，無効となる（171, 172条）。大法官による解釈は，その執行の種類や方法を確定しなければならない（司法院大法官審理案件法17条）。

○ 韓 国
法律の違憲判断については，立法権の尊重や法的空白期間の生ずることを避けるといった観点から，憲法不合致決定，限定合憲・限定違憲決定などの「変形決定」と呼ばれる手法がしばしば用いられている。

6 判断の効力

○ イギリス
法律に関し，適合解釈ができず，人権に不適合とされた条項は，裁判所によって**不適合宣言**（declaration of incompatibility）が出される（1998年人権法4条2項）。不適合宣言を出されても，**議会主権**が妥当するため，その条項は無効とならず（同法3条2項6号），それゆえ訴訟当事者も救済されることはないが，

不適合宣言を出された条項については，大臣が命令によって不適合の是正に必要な改正を行うことを可能とした（同法10条）。

議会を除く公的機関の行為に関し，裁判所によって違法の認定がなされた場合には，訴訟に応じた救済（民事訴訟であれば損害賠償，行政訴訟であれば命令や決定の無効確認，刑事訴訟であれば無罪判決など）がなされる。

❍ アメリカ

付随的違憲審査制をとるアメリカでは，違憲判断の効力は個別の事件に限定されるのが原則である。一方，学説上は個別の事件にとどまらず，その後も広く一般的に政治部門を拘束すべきであるという議論もある。この見解は，司法の機能的能力や法的安定性を理由に，裁判所が憲法解釈の最終的権威であるとする。たしかに，実務上の展開を見ると，多くの事例では司法判断によって憲法問題の決着がつけられているが，場合によっては政治部門が一般レベルでは従わないケースもあり，現在でも物議をかもしている。

この問題との関連で，アメリカでは民主的正当性の弱い司法が政治部門の決定を積極的に覆すべきではないという議論がしばしば行われる。これは司法の役割にも関連する問題であり，司法自身も自覚しているところがある。例えば，憲法問題に踏み込まずに判断できる場合にはあえて憲法問題を扱うべきではないという，**憲法判断回避のルール**（Ashwander rule）などがある。

❍ ドイツ

連邦憲法裁判所の判決は，連邦・州の憲法機関，全ての裁判所と行政庁を拘束するとされる（**一般的効力**）。また，抽象的規範統制，具体的規範統制，法律の合憲・違憲・無効を宣言する憲法異議などの判決主文は，法律としての効力を有する。このため，違憲無効とされた法律はその時点で改廃される。そして，論理的には当初より無効とされ，その間に当該法律に基づいてなされた行為は全て除去される。だが，これは実際的でないため，連邦憲法裁は，違憲確認判決の法的効果を2つの場合に分けて判示している。

平等違反を理由に違憲確認をした法律について，連邦憲法裁は，その法律の

適用を禁じている。したがって、全ての裁判所は、当該法律が問題となっている手続を、立法者が憲法適合的な新たな法状態を形成するまで中止しなければならない。そのほかの場合、連邦憲法裁は、法的安定性の観点から、改正がなされるまでの経過措置として、違憲とされた規定を適用することを認めている。そして、違憲状態を除去することを立法者に──しばしば期限を明示し、また場合によってはその期限後は法律が失効するとして──義務付けている。

なお、連邦憲法裁判所法は、確定刑事判決が違憲とされた規範または違憲の法解釈に基づいていたときには再審を認めるとしており、刑事訴訟における違憲無効および違憲確認判決の法的効果を定めている。

○ フランス

審署前に憲法院に付託された法律が違憲であると宣言された場合には、審署も施行もできない。**合憲性の優先問題**が問題となった規定は、判決の公表か判決の定める期日以降、廃止される。憲法院判決に対してはいかなる不服申立ても行うことはできず、判決は公権力および全ての行政、司法機関を拘束する。

○ 北　欧

裁判所による違憲判断は、何れの国でも当該事件に関する限りでの規範の非適用を帰結する。なお、フィンランドにおける基本法委員会は、違憲ないしその疑いがあると判断した法案につき、文言の変更または基本法改正手続による議決を議会に勧告する。この勧告が遵守されなかった例はない。

○ Ｅ　Ｕ

加盟国によって異なる。

○ 台　湾

大法官による解釈は、関係機関に通知し、執行されなければならない（司法院大法官審理案件法17条）。違憲政党の解散に関する判決に対して、不服申立てはできない（同法29条）。解散を宣告された政党は速やかに活動を停止し、関

係機関は判決を実現するために必要な措置をとらなければならない(同法30条)。

○ 韓　国

　法律の違憲決定は，法院その他国家機関及び地方自治団体を羈束（きそく）する。違憲とされた法律又は法律の条項は，その決定がある日から効力を喪失する。また，刑罰に関する法律又は法律の条項は，遡及してその効力を喪失する（憲法裁判所法47条1項，2項）。憲法訴願の場合でも同様である。

　弾劾審判の訴追後，審判までの間，訴追を受けた者の権限行使は停止される。弾劾決定により罷免された者は，決定宣告後5年を経過しないと公務員になることができない（同法50条，54条2項）。過去に，盧武鉉（ノムヒョン）大統領が国会によって弾劾訴追されたが，憲法裁判所によって棄却された例がある。

　政党は解散審判によって解散される（憲法8条4項，憲法裁判所法55条）。

　権限争議審判での決定は，あらゆる国家機関及び地方自治団体を羈束するが，国家機関又は地方自治団体の処分を取り消す決定は，その処分の相手方に対して既に生じた効力に影響を及ぼさないものとされる（憲法裁判所法67条）。

7　総　括

　違憲審査制度についてのアメリカ型・ドイツ型という区分は，人権保障と憲法保障という本来の目的の差異である。日本は前者とするのが通説・判例である（憲法裁判所設立可能説は少数説）。憲法保障に重きを置けば，憲法裁判所（などの特別裁判所）が必要という道を歩もう。だが，憲法裁判所や憲法院が設置されれば，事件の解決を超えて，そこに何らかの役割（弾劾など）が付与されることも普通であろう。その目指すものは，「司法」の定義を展開して違憲審査権を引き出し，日本国憲法81条はその確認に過ぎないとする発想とは一線を画する。そうであれば，当事者適格や判決効に着目した，両型の接近傾向というよく耳にするフレーズがどこまで確かなものか，疑問でもある。

第7章　地方自治

　ごく小国でない限り，地方制度は必要である。民主的な政体では「**民主主義の学校**」という性格を持ち，**自由主義**的な，縦の**権力分立**を意味する。他面，過剰な自治は，国民国家の分裂やファシズム的な自治体の暴走なども招く。

1　分権か集権か

○ イギリス

　集権的であって，近時も基本的にその傾向を強めている。地方自治体は欧米諸国の中で規模（一自治体当たりの人口）が大きい点に特徴がある。

○ アメリカ

　イギリスから独立後，13の州が結束して合衆国を創り上げたという経緯から，州が広範な自治権を持っている。それは，合衆国憲法にも表れており，連邦政府は州ごとでは対応できない事項につき，一定の権限を行使できるに過ぎない（憲法1条8節など）。

○ ドイツ

　伝統的に分権の意識が強いといえる。連邦制を採用して分権するのみならず，各州の内部においても，それぞれに地方分権を形成している。

○ フランス

　ナポレオン1世が確立した中央集権体制も，1870年代以降は徐々に地方分権化の方途が模索され，1981年に誕生したミッテラン政権下では大胆な地方

分権改革が行われた。1982年に成立した「市町村，県及び州の権利と自由に関する法律」により，①地方議会または地方議会議長が行う事務についての知事（préfet，官選）による「事前の後見監督」の廃止，②それ以前には知事に留保されていた執行権の県議会議長（議員の互選により選出）への委譲，そして③県を超えて広域行政を担ってきた**州**（région）の地方自治体への昇格が実現した。

　分権化の流れは継続し，2002年には第2次シラク政権の下，ラファラン首相の主導により新たな地方分権改革がスタートした。同年閣議決定され，2003年に実現した地方分権化に関する憲法改正により，①共和国の不可分性および法の下の平等といった共和国の基本理念と並ぶ，フランスは「地方分権化される」との文言の明記（憲法1条），②**補完性原理**の憲法上の原則としての承認（72条2項），③州の憲法上の地方自治体としての確認（同条1項）のほか，請願権の保障と**住民投票**の制度化，財政自主権の確立などが実現した。

○ 北　欧

　北欧の地方自治は中世の**ティング**に遡る長い歴史を持つ。何れも単一国家でありながら，自治体の権限および財源における独立性・自律性が高い。特にスウェーデンでは自治の保護が手厚く，同国の民主主義が代表制・議会制の統治体制だけでなく地方自治をも通じて実現されることが国家体制の原則として統治章典に明記され，さらに地方・地域に関する事項の自治体自治の原則に基づく処理および自治体の課税権も規定されている。フィンランドも基本法で**基礎自治体**の**住民自治**による運営の原則と課税権を明記する。一方，デンマーク憲法では，自己に関する事務を国の監督の下に独立して処理する基礎自治体の権利の法定が規定されるのみであり，アイスランドでも，基礎自治体はその事務を法律の規定に従って独立して処理するとされるにとどまる。ノルウェー憲法には地方自治についての言及がない。なお，デンマークの**フェロー諸島**および**グリーンランド**，フィンランドの**オーランド諸島**は，各々の**自治領**であり，立法および行財政に加え対外政策にも及ぶ広範な自治権を有している。また，フィンランド基本法は，先住地における**サーミ人**の言語的・文化的自治への権利を明記する（⇨第8章第2節）。

◯ 台　湾

憲法は，第10章「中央と地方の権限」，第11章「地方制度」を設けている。これらの規定を具体化するものとして，地方制度法が制定されている。

◯ 韓　国

韓国は建国当初から地方自治規定があったが，ほとんど実施されてこなかった。1995年に地方議会選挙と地方自治団体の長の選挙が実施されて本格的な地方自治が始まった。地方自治の形態は**団体自治**型を主とし，住民自治型を補完的に加えた混合型と位置付けられている。

2　地方自治体の種類

◯ イギリス

かつては中世以来の自治都市（borough）や教区（parish）などの行政機構が混在していた。1888年と1894年の**地方行政法**（Local Government Act）により近代化が図られ，県参事会（County councils）および地区参事会（district councils）または都市参事会（non-county borough councils）という**二層制**の地方自治制度が整えられた。町村部の一部では教区が残され，都市部では県の地位を併有する特別市（county borough）が設置された。

特に，ロンドンは，大ロンドン市（Greater London Authority）と特別区（London Borough Council）の二層制をとっている。大ロンドン市は1986年にいったん廃止されたが，1999年に復活している。また，スコットランドとウエールズでは，1994年の法律で従来の二層制から一層制に移行している。

◯ アメリカ

地方政府の行政区分は州ごとに異なるため，統一的な区分をすることはできない。あえて，大まかにいえば，州を最大単位として，郡，市，村などの小さな単位に分けられる。なお，グアムなどの準州がいくつか存在する。

○ ドイツ

州内の地方分権は，連邦レベルの基本法ではなく，各州憲法の問題である。しかし，基本法は，**基礎的自治体**として市町村を制度的に保障している。また，**広域的自治体**としての郡や市町村連合にも言及している。

○ フランス

地方自治体は，市町村（コミューン：commune），県（département：海外県を含む），そして州（海外県は海外州としての地位を併せ持つ）の三層構造を有する。そのほか，特別の地位を有する自治体および海外領土がある（憲法72条1項）。

○ 北　欧

統治章典で「地方及び地域レベルの自治体」の設置を規定し，**二層制**が憲法上要請されるスウェーデンを除き，憲法上想定されている自治体は市町村に当たる基礎自治体のみである（ノルウェー憲法でも国政選挙の投票を基礎自治体ごととするなどの規定がある）。現在，基礎自治体のみを置くアイスランドを除き，基礎自治体と広域の行政圏すなわち県からなる二層構造がとられている。但し，フィンランドの県は国の地方行政単位であって議会を持たず，主として基礎自治体の提供するサービスの監督に当たる。したがって同国はアイスランドとともに自治制度としては**単層制**ということになる。残り3カ国の自治体としての県は，基礎自治体とは異なった任務と責任を負い，両者は対等の関係にある。

○ 台　湾

憲法には，第10章「中央と地方の権限」が設けられ，国の専属事項（107条），国が立法し，国又は省・県が執行する事項（108条），県が立法し執行する事項（110条）が具体的に規定されている。地方組織は①省と直轄市に，②省は県，市に，③県はさらに郷，鎮，県轄市に分けられる（地方制度法3条）。直轄市，県と市，そして郷，鎮，県轄市が地方自治団体として位置付けられ，自治事項を処理し，上級機関の委任事項を執行する（同法14条）。1997年に大幅に簡素化された省は，地方自治団体ではなく，行政院の出先機関として（地

方制度法 2 条), 県の自治事項を監督する (憲法増修条文 9 条 1 項)。

◯ **韓　国**
　地方自治団体には**一般自治団体**と特別自治団体があり, 前者は広域自治団体 (特別市, 広域市, 道) と基礎自治団体 (自治区, 市, 郡) に区分され, 後者は特定の目的を遂行するために必要な場合に別途設置される団体である。但し, 地方団体の多層構造の非効率性, 行政区画と生活圏の不一致, 地方自治団体相互間の不均衡などの問題を解消するため, 再編のための改革が進められつつある。

3　地方自治体の構成・活動

◯ **イギリス**
　地方自治体は, 従来, 公選の**参事会** (Council) が議決機関と執行機関を兼ねていたが, 説明責任の観点から問題とされ, 2000 年**地方行政法**で独立した執行部が導入された。①公選の市長と議員から市長が任命する**執行部**, ②議員から選出される長と執行部, ③公選の市長と任命制の**参事会支配人** (Council Manager) の執行部の 3 形態から各自治体が選択する。市長公選制の導入には住民投票による同意が必要とされるが, いくつかの自治体で採用されている。
　地方自治体の存立は法律に依拠する。権限も全て法律で付与され, 法律でこれを奪うことも可能だと考えられている。条例制定権も法律の定める範囲内に限られ, 越権は許されない。地方自治体の独自財源 (固定資産税 (Council Tax) など) は 4 分の 1 程度に過ぎず, 中央からの補助金などに多くを依存している。

◯ **アメリカ**
　州は, 警察活動や福祉事業を行い, 法律面においても契約や不法行為などの私法および刑法の大部分が州の管轄事項となっている。市などの地方公共団体は, 独自の条例を制定することが多く, **ゾーニング**はその典型例である。

◯ ドイツ

　基本法は，地方自治に関する若干の規定を置いており (28条)，郡および市町村では，国民の普通・直接・自由・秘密の選挙による議会を置かなければならない。また，ドイツに居住する欧州連合 (EU) 加盟国の国籍保有者も**選挙権・被選挙権**が与えられるとする。市町村は，議会に代えて市町村集会を置くこともできる。これに対して，長などの公選制の規定は基本法にはない。活動については，市町村には，法律の範囲内で，地域的共同体の全ての事項を，自己の責任において規律する権利が保障されていなければならないと定める。さらに，自治の保障には一定の財源など財政上の自己責任の基盤も含むとする。

◯ フランス

　市町村，県および州には住民の直接選挙によって選出される議会が設置される。また，議会議員の互選により決する議長が首長となる，議院内閣制に類似の制度が採用されている。なお，官選の知事による地方自治体に対する予算監督および自治体の行為に対する合法性の監督が行われる (憲法72条6項)。
　2003年の憲法改正により，条例制定権が議会の権限として憲法上確認された。その他，自治体の権限は予算，財産，公益事業などに及ぶ。
　なお，**公職兼任制度** (シラクは首相兼パリ市長だった) により地方の利害を国政の場で表出できる点も，フランスの地方自治を考える上で重要である。

◯ 北　欧

　各基礎自治体には公選の議員からなる議会が設置され，その選挙には外国人も参加する (⇨第8章)。また，デンマークを除き，基礎自治体には執行機関として議会が選任する**執行委員会**ないし自治体政府が置かれる (フィンランドは非議員も選出可，同国以外は議員から選出)。アイスランドとフィンランドでは議会が首長を選任し，デンマークとノルウェーでは議会の議長が自治体を代表する。スウェーデンでは執行委員会の委員長が首長に近い役割を果たす。デンマーク，スウェーデン，ノルウェーでは県も基礎自治体と同様の構造を持つ。北欧福祉国家において自治体は，インフラ整備や教育のほか，社会サービスの提供に責

任を負う。自主財源と使途の自由な一般補助金を基盤とする財政の自治が，地域の実情に即した主体的なサービス提供を可能にしているといえる。

◯ 台　湾

地方自治団体には，立法機関（議会または代表会），行政機関が設置される。議員または代表，首長は住民により選挙される。地方自治団体は，自治事項などについて自治法規(自治条例,自治規則)を制定することができる(地方制度法25条)。

◯ 韓　国

地方自治法に基づき，地方自治団体の機関としては議決機関としての地方議会と執行機関としての自治団体の長が置かれ，それぞれ住民の選挙により選出される。議会は**自治事務**と**団体委任事務**について法令の範囲内で**条例**を，長は法令または条例の委任する範囲内で規則を制定することができる。広域自治団体には教育・科学・体育その他の学芸に関する事務を行う教育委員会が設置され，執行機関としては**教育監**が置かれていたが，2010年7月からは教育・学芸に関する議案と請願などを審査する機関として市・道議会の常任委員会となり，委員は市・道議会の中から任命された者と住民の選挙により構成されることとなった。教育監も現在は住民の**直接選挙**により選出されており，また選挙にあたって政党が候補者を推薦してはならないことになっている。

4　総　括

民主的で分権的な地方制度があることは共通するが，その態様は各国それぞれである。また，自治体の大小や地域事情により，同じ国の中でも多様な形態が存在する。海外領土があれば，なおさらである。この点，日本は二重構造が地方自治法で決められ，機関も画一的で，自治体の権限も少ないといえよう。

第8章　人権総論

　近代立憲主義憲法は，天賦人権を宣言したものとされる。日本国憲法の第3章の表題は「国民の権利及び義務」だが，**人権享有主体**は国民に限られないとされる。また，国との関係でも，公務員や公立学校の学生・生徒，在監者は一般とは異なる法理（**特別な公法関係の理論**）によるという考え方が有力である。さらに，産業革命の進展に伴う巨大企業の登場などを転機として，私人による人権侵害を憲法は拘束するのかという論点（**憲法の私人間効力論**）が発生した。

　これらの点は，一見，原則論を掘り崩すように見える。本章では，個別の人権条項の解釈に分解される前の，人権（基本的人権，憲法上の権利，基本権）とは何か，そして，不可侵といいながら，皆が互いにその人権を有するがために生じる対立を調整する原理的説明を考えたい。多数者による民主的立法（**民主主義**）と，少数者の憲法上の権利（**自由主義**）の対抗関係に潜む難問である。

1　人権の概念・体系

○ イギリス

　伝統的に「法の禁止しないことは何でも自由になしうる」との**コモン・ロー**が妥当し，**単一の自由**（liberty）が観念されてきた。人権を分類し体系化する意識は弱い（例えば，19世紀を代表する**ダイシー**の憲法書も，人身の自由，討論の自由，集会の自由のみを列挙する）。この背後には，**議会主権**が確立し違憲審査による人権保障制度がなかったという事情がある。しかし，20世紀に入り，議会に対する不信から，特定の諸自由（liberties），諸人権に対する意識が高まった。さらに，第二次世界大戦後，国際人権保障の進展を受けて，社会権などの新しい権利も認識されるようになった。**1998年人権法**は，欧州人権条約の多くの

条項を編入したが，そこには，財産権や教育を受ける権利，選挙権（第1議定書1～3条）なども含まれる。もっとも，なお議論の中心は自由権であり，憲法書も人権としていくつかの自由権を掲げるパターンが多い。

○ アメリカ

独立宣言が「我々は，全ての者が平等に創られ，造物主により譲渡しえない一定の権利を与えられている……という真実を自明のものとみなす」とするように，憲法制定期において自然権としての権利は当然に認識されていた。だが，当初の合衆国憲法は権利章典を持たなかった。権利の確保は政府権限の限定により達成でき，権利の列挙は列挙されない権利の否定につながるとの懸念からである。しかしこの立場は批判を受け，権利章典を最初の連邦議会で追加することとなり，修正条項（修正1～10条）として権利章典が採択された（⇨第1章）。

合衆国憲法の権利章典は，条文が非常に簡潔で，明示的に列挙された権利も少なく，専ら自由権に限られている。しかし，明示されていない権利も，既存の権利条項の解釈により保護されている。その際，**デュー・プロセス条項**と**平等保護**条項がよく用いられる。前者は，かつて経済的自由の根拠条文とされ（**経済的実体的デュー・プロセス理論**），現在では**プライヴァシー権**（日本では自己決定権）の根拠条文となっている。社会権的権利は条文もなく解釈においても否定的だが，平等保護条項や特権・免除条項を通じた保護がないわけではない。

また，当初の修正条項が定める権利が，**信教の自由**（と国教樹立禁止），**表現の自由**（修正1条），人民の武装する権利（修正2条），兵士の宿営に対する制限（修正3条），収用に対する正当な補償（修正5条）を除いて，**手続的権利**である（不合理な捜索押収・包括令状の禁止（修正4条），大陪審の起訴を受ける権利，二重の危険の禁止，自己負罪拒否特権，デュー・プロセス（修正5条），刑事陪審裁判権，証人審問・喚問権，弁護人依頼権（修正6条），民事陪審裁判権（修正7条），過大な保釈金・過重な罰金・残虐で異常な刑罰の禁止（修正8条））のも特徴的である。

当初の修正条項が定めた権利は連邦に対する保障であり，州に対する保障ではなかった。最高裁は，州の行為を規制するには条文にその旨の明示が必要としていた（Barron v. Baltimore, 7 Pet.(132. U.S.) 243 (1833))。再建期修正（修正

13～15条)は州に対する権利保障を明示したが,明示がない部分は連邦に対してのみの保障だとの理解は残り,Slaughter House Cases (16 Wall.(83 U.S.) 36 (1873)) は,修正14条の特権・免除条項の保護は合衆国市民に特有の権利に限られ,州市民であることにのみ関わる権利は対象外とした。

一方で最高裁は,修正14条のデュー・プロセス条項が,連邦の権利章典を州に適用する根拠になることを認めた (Chicago B. & Q. R. Co. v. Chicago, 166 U.S. 226 (1897))。同条項が保障する「生命,自由,もしくは財産」には,連邦の権利章典が保障する権利が含まれ,州がこれらをデュー・プロセスによらずに奪うことは許されないというのである(**編入理論**)。現在ではほぼ全ての権利条項が,州に対しても適用されている。また修正14条は州に対してのみ平等保護を定めているが,連邦に対しても,修正5条のデュー・プロセス条項が平等保護を含むとされる (Bolling v. Sharpe, 347 U.S. 497 (1954))。

ちなみに,日本でいう「人権」は,アメリカでは**市民的権利** (civil right) とされるのが一般的で,human right は国際法上の権利を指すことが多い。また「基本的人権」は,日本語では「人権」とほぼ同義だが,fundamental right は,アメリカでは市民的権利の中でもより高度の保護が認められるものを指す。

〇 ドイツ

基本権は,主としてドイツ連邦共和国基本法・第1章により保障される (このほか,基本法20条4項,33,38,101,103,104条)。「人間の尊厳は不可侵である。その尊重および保護は,全ての国家権力の義務である」と明記する,**人間の尊厳**条項(1条1項)は,不可侵・不可譲の人権への信念表明(2項)と並び,ナチス不法国家との訣別宣言とされ,特に同章の冒頭に置かれた。同条項は,連邦憲法裁判所の針路を定めた**リュート判決**により,基本法に内在する**価値秩序**の中心的要素と解されている (BVerfGE 7, 198, 205)。法システム総体に対する照射効果 (Ausstrahlungswirkung) を付与されたこの価値秩序は,民法・刑法などの解釈・適用に際しても重要なガイドラインとして機能する(現在の学説・判例理論では「客観法的秩序」等が優位し,「価値秩序」・「価値体系」という語は後退したが,ドイツ基本権を理解するためには,秩序の中心を構成する,人間の尊厳条

第8章　人権総論

項についての知識が必要不可欠である）。同条項についての近年の関心は，①保護領域の画定，②保障の「絶対性」，③主観的性格の有無を中心に推移している。

保護領域を確定する上で重要となる，人間の尊厳の積極的定義については，コンセンサスが見られない。かつてG・デューリックは，カントが説く徳の義務（「人間性それ自体が尊厳なのである。なぜなら，人間は，誰からも……単に手段として使用されることはできず，常に同時に目的として使用されねばならないからである」I・カント（樽井＝池尾訳）『カント全集Ⅱ人倫の形而上学』350頁（岩波書店，2002））に依拠しつつ，同条項を，人間を単に客体・手段として扱わない法的義務を定めたものと解したが（客体定式。デューリック「人間の尊厳についての基本権命題」(1956)），同定式をしばしば引用する**連邦憲法裁判所**が自ら容認するように，これによって個別事例における義務違反の有無が直ちに明らかとなるわけではない（BVerfGE 115, 118, 153。初引用は9, 89, 95）。このほか，尊厳性を造物主により生来的に付与された属性と解する見解や，逆に，個人として人格を自ら発展させる可能性に求める見解などもあるが，終局的定義からはほど遠く，論争は，概念（concept）についての合意・概念解釈（conception）をめぐる争いに陥っている。現在，積極的定義を断念し，事例グループの列挙を通じ，保護領域を浮かび上がらせるというアプローチが支配的である。学説の多数・判例により，人間の尊厳への介入が肯定される事例としては，人身売買，奴隷，農奴，誹謗的批判（意見自由＝5条1項の保護領域より除外），（再び自由となる機会が付与されない）終身的自由刑などが，介入が否定される事例としては一般的兵役義務などがある。但し，事例評価について異論が生じるや，概念解釈は再燃する（死刑は廃止された（102条）が，廃止は人間の尊厳の必然的要請ではなく，同条項の創設であると解する見解に与すれば，基本法改正による復活の道が開ける。もし死刑こそ究極の客体化と解するならば，それも不可能である（79条3項）。但し，欧州人権条約が廃止を明記したこと（プロトコル13号1条）に留意し検討すべき問題）。

現在では，最低限度の生存保障義務も，**社会国家条項**（20条1項）と結びついた同条項の要請と考えられているが（BVerfGE 82, 60 (85)；125, 175），かつては争点であった。学説の多数は，人質救出などを目的とする容疑者の拷問（Rettungsfolter）を，人間の尊厳への介入として違憲と考えている。これに対し，

人質救出の唯一の手段として行われる容疑者射殺（gezielte Tätung）については――人間の尊厳ではなく――生命の自由（2条2項）を根拠に正当化可能と見る見解，不可能と見る見解に分かれる。連邦憲法裁判所は，テロリストに占拠された，無辜の乗客を乗せる航空機撃墜を授権する連邦法律（航空安全法）を，人間の尊厳と結び付いた生命の自由（2条2項1文）を実体的根拠に違憲と判断した（BVerfGE 115, 118, 154。重要な論拠は客体定式）。近年，胚細胞の母体移植前診断（PID）など，生命倫理に関する事例の重要性が増している。見解対立が先鋭化する領域であり，概念解釈も表面化する。

　学説の多数は少なくともこれまでのところ，同条項を，**利益衡量**を許さない**絶対的保障**と解しつつ，保護領域を狭く解するよう努めている。国内法との相互親和的解釈が要請される欧州法にあっても，**比例性原則**（同52条1項）は，人間の尊厳を明記する欧州基本権憲章1条には適用されない（なお欧州人権条約は，人間の尊厳条項を欠くものの，拷問禁止＝同3条等の規定を有する）。したがって，人間の尊厳への介入→正当化不可能→違憲となり，審査は二段階，保護領域を，介入事例を手がかりに把握する前述のアプローチをとれば，実質的一段階である。人間の尊厳が，明確な定義を欠くにもかかわらず絶対的タブーとして扱われ，政治的・倫理的課題解決に際し切り札として濫用される一因はここにある（「絶対性」とは，違憲審査においてほぼ常に優位しうる原理たることの含意に過ぎないとする学説，同条項を，"i.V.m"（結び付いて）という形で，他の基本権と安易に競合適用する判例の傾向（他の基本権とともに利益衡量の対象となる）について，これを強く戒める学説もある）。近年では，同条項が，「以下に続く基本権」と明記する1条3項に体系上先行する点，最高の価値としての地位を擁護するという理由から，その**主観的権利性**を否認する学説も見られる。

　人間の尊厳の概念解釈を提示することは，依然，基本権ドグマーティクの重要な課題である。連邦憲法裁判所は，尊厳性の核心として自由論を説き（「自由に自己決定を行い，自らを発展させる性質を備えた，精神的・倫理的存在として人間を観念すること」），自由の保障に関連して，多義的な共同体被拘束性論を打ち出している（「共同社会に関係付けられ，拘束された個人の自由」。BVerfGE 45, 187, 227）。

第8章 人権総論

◯ フランス

　フランスは人権の母国と称される。そのフランスにおける基本的人権の概念は，まず**1789年の人権宣言（人及び市民の権利宣言）**によって具体化を見た。前文および17カ条からなる1789年人権宣言では，まず1条において「人の自由及び権利の平等」が示された後，2条があらゆる政治的結合すなわち国家が，自由，所有，安全そして圧政への抵抗たる人の「自然的諸権利」の保全を目的とすることを宣言している。自由とは「他人を害さない全てのことをなしうることにある」という留保の下（4条），精神的自由権として，宗教上のものを含む意見の自由（10条）および表現の自由（11条）が保障された。経済的自由権ないし所有については，17条が，所有は神聖かつ不可侵であって，公の必要と事前の補償なしには奪われないことを定めた。さらに，人身の自由ないし安全については，7条が逮捕および拘禁についての法定手続の要請を，8条が罪刑法定主義を，そして9条が無罪推定の原則を，それぞれ保障した。

　また，同宣言は「自然的権利」とは別に，「市民としての権利」にも言及し，全ての市民の立法に参加する権利および公職就任権を6条で，租税に関与する権利を14条で，さらには行政の報告を求める権利を15条で保障した。

　これに続く**1791年憲法**は，1789年人権宣言をその冒頭に掲げ，第1編「憲法が保障する根本規定」で公務就任，租税の負担，刑罰の平等，身体・居住・移転の自由，言論・出版・宗教の自由，集会の自由，請願の自由を保障した。

　ただ，フランスにおいて，このように憲法化された人権は，その時々の政治体制とも強く連関しながら変化する面もあった。例えば，ナポレオン1世失脚後の復古王政（1814年）では，革命の色彩を伴う「憲法」における「人権」に代わって，「憲章（Charte）」において国王が「フランス人の公権（droit public des Français）」を臣民に承認するものとなったのである。

　ところで，フランスには，「法律による人権保障」という特色がある。とりわけ第三共和制（1875〜1940年）の確立期以降，主権者国民の代表者である議会のみが**一般意志**（volonté générale）**の表明**としての法律を制定しうる，それゆえ議会優位型の統治構造こそが人権保障にふさわしい，という考え方が伝統的に支持されてきた。より具体的には，法律によって公権力とりわけ執行権か

ら人権を防御することが，執行権の内部にありながら人権保障の担い手として機能する行政裁判所，とりわけ**コンセイユ・デタ**によって行われてきている。

　現行の第五共和制憲法には人権のカタログとしての人権宣言は盛り込まれてはいない。だが，人権保障は，**憲法ブロック**（bloc de constitutionnalité）を根拠として実現されるのである。憲法ブロックとは，憲法院がその判例において繰り返し積み上げてきた，いわば基本的人権の根拠である。具体的には，1971年の判決において憲法院が示した「共和国の諸法律によって承認された基本的諸原理（principes fondamentaux reconnus par les lois de la République）」をはじめ（Déc. n° 71-44 du 16 juillet 1971），第五共和制憲法前文において言及されている1789年人権宣言，1946年憲法（第四共和制憲法）前文，さらには「憲法的価値をもつ一般原理」や「あらゆる形態の隷従と侵害に対する人格の尊厳の救済」といった原理も，憲法ブロックを形成するものと考えられている。憲法院は，人権侵害が疑われる法律をこれら憲法ブロックに照らして審査することにより，人権保障機関としての機能を果たしているのである。

◯ 北　欧

　北欧諸国における基本権カタログは長く古典的自由権中心にとどまり，社会権的要素の導入は漸次的であった。すなわち，福祉国家の形成は，憲法上の社会権に依存せず，国民の民主的意思決定によって進んだといえる。また，共通して**欧州人権条約**の影響が強い（スウェーデンでは統治章典が同条約を法律に優位させるほか，法律で国際人権条約に同様の優越的地位を与えるノルウェーでも，最高裁が考慮すべき法源として欧州人権裁判所の判例に言及している。デンマークでは同裁判所と国内裁判所の解釈が異なる場合の扱いについて議論がある。アイスランドとフィンランドでは欧州人権条約と憲法の整合を図る基本権改革が1995年に行われた）。

◯ Ｅ　Ｕ

　1957年調印の**ローマ条約**（欧州経済共同体（EEC）設立条約）では，基本権の保護は共同体の任務とは考えられておらず，共同体域内の労働者の国籍・性別による差別が禁じられていたに過ぎなかった。それゆえ，当初は，欧州共同体

(EC) における基本権の保障を不十分と解する国内裁判所もあった。ドイツ連邦憲法裁は，1974 年に，EC がドイツ基本法に匹敵する成文の基本権カタログを有しない限り，同裁判所が基本法上の基本権に照らして EC 法を審査することができると判示し，基本法の定める基本権が EC 法に優越するとした（ゾーランゲ第 1 判決）。

司法裁判所は，**法の一般原則**という不文法において基本権の尊重が保障されると判示していたが，原加盟国であるドイツの憲法裁判所が，基本権分野では EC 法の優位を否定したことは，EC 側に大きな衝撃を与えた。その後，EC の主要機関は，1977 年に，人権に関する共同宣言を行い，また，司法裁判所も基本権を保護する立場を強めた。その結果，ドイツ連邦憲法裁も，1986 年，EC がドイツ基本法と同等の基本権保護を保障している限り，EC 派生法に対する審査権は司法裁判所にあるという立場に転じた（ゾーランゲ第 2 判決）。同年署名された単一欧州議定書には，加盟国憲法，欧州人権条約および欧州社会憲章で承認された基本権の尊重への言及が見られる。

リスボン条約の発効（2009 年）に伴い改正された EU 条約 2 条は，①**人間の尊厳**の尊重，②自由，③民主主義，④平等，⑤法の支配，⑥少数者に属する人々の権利を含む人権の尊重を EU の基本原則に掲げた。さらに，同条約 6 条 1 項は，EU は，基本条約と同じ法的価値を持つ **EU 基本権憲章**に定める権利・自由を承認すると規定し，同条 3 項は，欧州人権条約や加盟国憲法に共通の伝統から導かれる基本権は，法の一般原則として EU 法の一部になると定めている。

EU の基本条約が明文で保障する基本権には，EU 市民の政治的権利ないし市民権（EU 内を自由に移動し，居住する権利，定住地における地方選挙権，欧州議会選挙の選挙権など），商品，人，サービスおよび資本の移動の自由（EU 法上の基本的自由），そして，差別禁止の原則がある。また，EU 裁判所判例により，財産権，職業活動の自由，人格権，表現の自由などが基本権として認められた。

EU 基本権憲章は，伝統的な基本権だけではなく，科学技術の進展に対応した権利も規定している。EU 条約の改正により，憲章に定められる権利や自由が基本条約と同じ法的効力を持つことが確認され，憲章で保障されている基本権侵害を理由に市民が提訴できるようになったが，EU 法の実施とは関連しな

い純粋な国内案件についてまで加盟国が憲章違反の責任を問われることはない。また，イギリス，ポーランドおよびチェコでは，原則として憲章は適用されず，EU 裁判所は憲章違反について審査することができない。

◯ 台 湾

憲法は，第 2 章「人民の権利と義務」において権利を規定している。台湾の憲法学界では，「人民の権利」よりも，基本権ないし基本権利という文言が一般的に使われている。基本権とは，「人間が人間である限り有している権利である」と定義され，「国家権力を拘束する力を有している」と解されている。

一般に，基本権は 4 つに大別される。すなわち，①平等権（7 条），②自由権（人身の自由（8 条），居住・移転の自由（10 条），言論・講学・著作・出版の自由（11 条），秘密通信の自由（12 条），宗教信仰の自由（13 条），集会及び結社の自由（14 条）），③人民が自らの生活と利益のために国家に一定の作為を請求する受益権（経済上の受益権として生存権，工作権及び財産権（15 条），行政・司法上の受益権として請願・行政訴願・訴訟の権利（16 条），国家賠償請求権（24 条），教育上の受益権として教育を受ける権利（21 条）），④参政権（選挙・罷免・創制・複決の権利（17 条），公職就任権（18 条））である。この分類は絶対的ではなく，現在では生存権，工作権，教育を受ける権利を社会権とする学説もある。また，中華民国憲法には，**社会国家**的な規定が置かれているのも特徴である。第 13 章「基本国策」の「国民経済」「社会安全」「教育文化」には，国家の社会政策の目標が具体的に規定されている。

◯ 韓 国

韓国の学説・判例では通常，憲法条文上にはないドイツ的な「基本権」という言葉で人権についての叙述が行われている。基本権に自然権的な性格を認めるのが多数説であり，憲法裁判所はこれを「天賦・生来のものである」としている（1996 年 11 月 28 日憲法裁判所決定，95 憲バ 1）。

憲法は第 2 章「国民の権利及び義務」で，**人間の尊厳**・幸福追求権，平等，自由権的基本権，生存権的基本権，請求権的基本権，参政権を保障している。

10条が「国家は,個人の有する不可侵の基本的人権を確認し,これを保障すべき義務を負う」とするほか,国家の**保護義務**を定めた個別条文がある。これら保護義務の条文が直接的効力を持つのか,立法指針を定めたに過ぎないものかについて,学説に争いがある。憲法裁判所は過少保護禁止の原則をとっている。

2 人権の主体

◯ イギリス

人権の主体について立ち入った議論はなされていない。1998年人権法は,欧州人権条約を編入し,「全ての者」が諸権利を有するとしている。

◯ アメリカ

未成年者も人権享有主体性を持つが,特別の制約も認められる。Ginsberg v. New York (390 U.S. 629 (1968)) では,未成年者の保護を理由とした性的表現物の販売規制を認め,Bethel School District v. Fraser (478 U.S. 675 (1986)) は,高校生が生徒会選挙演説で行った性的発言を理由とした懲戒処分につき学校の裁量権を認めた。Planned Parenthood of Central Missouri v. Danforth (428 U.S. 52 (1976)) は,未婚の未成年者が中絶する際,親の同意を絶対的要件とすることは許されないとしたが,Planned Parenthood Association of Kansas City v. Ashcroft (462 U.S. 476 (1983)) は,親を通さず裁判所に同意を求める手続が認められている場合には合憲とし,H. L. v. Matheson (450 U.S. 398 (1981)) は,医師に対する親への通知義務を認めている。

国籍を理由とした区別は,一般に**平等保護**条項の下で**厳格審査**の対象となる (Graham v. Richardson, 403 U.S. 365 (1971))。ただし,統治作用に関与する公職就任の禁止については,手段との間に合理的関連性が認められれば合憲とされる (Foley v. Connelie, 435 U.S. 291 (1978) (警察官), Ambach v. Norwick, 441 U.S. 68 (1979) (教員) など)。以上は州による差別の事案だが,連邦による外国人差別の審査基準は明らかではない。連邦の医療保険プログラムへの外国人の参加に,永住権と5年間の居住要件を課すことを合憲とした Mathews v. Diaz (426

U.S. 67（1976））は，外国人政策全般につき連邦議会の広い裁量を認めるが，外国人と市民との関係ではなく，外国人間の差別の問題とされている。

これらの保護は国内に所在する外国人に限られ，外国人が入国する際の条件付けは，全面的に議会の裁量に属する。このことと関係して，移民法の執行については広範な裁量が認められており，例えば，Reno v. American-Arab Anti-Discrimination Committee（525 U.S. 471（1999））は，不法入国者が国外退去手続の対象者選別の公正性を連邦裁判所で争う権利を否定している。

外国所在の外国人との関係では，Johnson v. Eisentrager（339 U.S. 763（1950））が，第二次世界大戦時に中国で拘束されドイツで抑留された敵国外国人に修正5条の権利を認めず，United States v. Verdugo-Urquidez（494 U.S. 259（1990））は，アメリカの麻薬捜査官が海外で現地の法執行機関と共同で行った外国人への捜索押収には修正4条が適用されないとした。もっとも，憲法上の保護が全くないわけではない。外国で米軍に身柄を拘束され，グアンタナモ基地（キューバの主権下にあるが，アメリカが永久租借権を持つ）に移送された外国人の「敵性戦闘員」につき，Rasul v. Bush（542 U.S. 466（2004））は，連邦裁判所で拘束の適法性を争えるとし，Boumediene v. Bush（553 U.S. 723（2008））は，外国人も人身保護令状（憲法1条9節2項）の請求権を有するとした。

法人については，ほぼ，結社の自由の問題として扱われている。

◯ ドイツ

基本権の享有主体性（Grundrechtsträgerschaft）問題（なお近年では，「基本権権利能力（Grundrechtsfähigkeit）」という概念も唱えられ，自然人の場合，原則，出生～死をその期間とする）は，**自然人**と**法人**の区別を基軸として論じられる。自然人の場合，**ドイツ人概念**（難民としてポーランドなどを追われたドイツ民族（Status Deutsche）へと拡大され，ドイツ国籍保有者に限定されない。116条参照），**外国人概念，欧州人権条約およびEU法**の3つを基準に検討される（「人格的保護領域」問題）。基本法は権利主体を明記するにあたり，一方において，「全てのドイツ人」の権利（8条，9条，11条，12条）という表現を用い，「全ての人間」・「何人（Jeder/Niemand）」の表現を用いた権利（2条2項，3条3項，4条3項，5条）や，権利

主体を特に明示せず，抽象的に定式化された権利（4条1/2項，5条3項1文）との相違を明確にしている。外国人が前者のカテゴリーに属する法益を主張したい場合，人格の自由な発展を求める権利（2条1項）に依拠せねばならない（同項は，法律の通常留保を許しており，保障程度はドイツ人に比して低下しうる。BVerfGE 78, 179, 196f.)。後者のカテゴリーの場合（例えば政治活動の自由）であっても，ドイツ人に対するそれと同等である保障はない（但し，この問題は今日，かなり複雑化している。解釈にあたり，欧州人権条約による保障水準が考慮されうるし，基本法による保障水準の低下は，同条約の保障により補償される可能性がある（例えば，集会・結社の自由の保障をする同条約11条2項）。また，EU運営条約が定める差別禁止条項（18条）に鑑み，前者のカテゴリーの基本権保障を——直接あるいは2条1項の保障水準引き上げにより——EU市民に及ぼすことが要請されている。EU運営条約に基づいて，EU市民の平等取扱いが要請されるケース（例えば，同条約は，労働者の移動の自由（同45条）や職務遂行の自由（同56条）などについて平等原則を規定。地方参政権＝同22条1項はかつて問題化），EUにおける商品流通の自由・資本および支払関係の保障に限り，非EU市民に対しても同様の要請が認められる場合（同28条以下，63条以下）もある）。

　法人の場合には，基本権は「本質上可能な限り，内国の法人に適用される」との規定（19条3項）に基づいて，①法人概念，②内国・外国の区別，③本質性の留保が基準となる。①法人は基本権権利能力を有し，通常法律により付与される権利能力とは独立に，憲法上の概念（一定の密度を備えた組織）として論じられる。②学説の多数によれば，実際上の本拠地を基準に内外が決定され，外国法人には享有主体性が認められない。但し，共同体法上の平等取扱要請が考慮され，EU加盟国については内国法人と同列に扱うよう求められる。③本質性の判断については，背後に位置する人間に対し，基本権保護を付与することにつながるか否か基準とする説（BVerfGE 21, 362, 369），法人に対し，自然人同様，その自己決定に対する危険な状況が存するか否かを基準とする説（BVerfGE 61, 82, 105）が対立する。人間の尊厳（1条1項）や一般的人格権（2条1項）条項の適用は，本質性論を理由に否定される。結社の自由（9条1項）の集団的保障に関し，19条3項による審査を要するかについては争いがある。

学説の多数は，国家権力を基本権の相手方・主体に同時に据えることになるとして，公法人の基本権享有主体につき原則否定説をとる(BVerfGE 21, 362, 369。この点，相違する EU 運営条約 54 条 2 項参照)。但し，特定の基本権の遂行を目的とする，国家から一定程度独立した制度については，例外的に容認される場合がある (BVerfGE 61, 82, 103)。教会と宗教の自由（140 条，およびヴァイマール憲法 137 条 4/5 項と結びついた 4 条 1 項），放送局と放送の自由（5 条 1 項 2 文），大学と学問の自由（5 条 3 項）がその例である。また，手続的基本権（101 条 1 項，103 条）は，内外を問わず公法人も主張できる（その客観法的性格を指摘する，BVerfGE 12, 6, 8)。このほか，近年，基本権行為能力（Grundrechtsmündigkeit）という概念も提唱されている。権利保護（19 条 4 項）を目的とする訴訟の遂行能力もこの一例とされ，主としてその制限の文脈で用いられる。

○ フランス

　人権の享有主体については，まず自然人と法人との区別，次いでフランス国籍を有するもの（フランス人）と外国人との区別が問題となる。前者については，まず**胎児**が自然人として人権享有主体性を有するかが検討されるところ，憲法院はこれを消極に解している (Déc. nº 94-343/344 du 27 juillet 1994)。**法人**の人権享有主体性については，ドイツ基本法 19 条 3 項のような規定を持たないフランスにおいては，やはり憲法院の判断に委ねざるをえない。この点，憲法院は，組合，企業，基金，私立の教育機関などにつき，私法関係における人権享有主体性を認めてきている。憲法院はまた，公施設法人，地方公共団体，政党などについて，公法上の人権享有主体性を認めている。

　基本的な発想においてフランスは，フランス人と**外国人**との人権享有主体性を同一に見ているといえる。例えば，憲法院はフランス共和国の領土内に居住する外国人について，人権が保障される旨，判示している (Déc. nº 89-269 du 22 janvier 1990)。もっとも，あらゆる人権がフランスに居住する外国人に保障されるわけではない。外国人には保障が及ばない権利として，フランスの領土に入国し，滞在する権利，国外へ退去させられない権利，そして国政の意思決定に参加する権利が挙げられる。これに対し，安全，往来の自由，住居の不可

侵, プライヴァシーの権利, 婚姻の自由などの自由権については外国人にも保障が及ぶ。また, 通常の家庭生活を送る権利, 社会的な保護を受ける権利といった社会権, さらには, 平等取扱いの権利も外国人に保障されると考えられる。なお, 庇護権 (droit d'asile) は外国人にのみ認められる権利である。

○ 北　欧

少数者への配慮として, **サーミ人**が言語・文化・生活様式を維持発展できる前提を作る国家機関の責任 (ノルウェー。スウェーデンでもサーミ人と民族的・言語的・宗教的少数者について同様に規定), トナカイを飼育するサーミ人の権利 (スウェーデン), サーミ人および**ロマ**, その他集団の自言語・文化を維持・発展する権利と, **手話**使用者, 障害により通訳・翻訳援助を要する者の権利 (フィンランド) について規定がある。

外国人について, スウェーデン統治章典で制限可能な権利・自由が列挙されるほか, アイスランドとデンマークでは財産取得の制約を含意する規定も見られる。デンマーク憲法上の社会扶助を受ける権利から外国人は排除されていない。5カ国における外国人の地方選挙・被選挙権は, 一定期間の居住を要件 (EU市民は免除) に法律で認められている。フィンランドでは選挙権, 入国の権利, 国内移動の権利と言語に関する権利の一部を除き, 全ての人が基本権享有主体とされ, 定住外国人の地方選挙と住民投票での投票権は憲法上の権利である。

○ E U

当初, 共同体による保護の対象は, 市場統合の要請から, 共同体域内の労働者が想定されていたが, 司法裁判所の判例を通じて, その対象が広げられてきた。商品, サービス, 資本の移動の自由の保障などは企業にも及ぶが, 欧州議会選挙における参政権などは加盟国の国籍保有者にのみ認められている。

○ 台　湾

基本権の享有主体は, 条文上, 人民となっている。しかし, その概念については国民との異同などの問題がある。台湾の憲法学界においても, グローバル

化に伴い，外国人や中国人の権利保障について議論されている。

○ 韓 国

人権の主体については，**外国人**について人間の尊厳，幸福追求権，自然権的な自由権は認められるが，居住移転の自由，出入国の自由，政治活動の自由，亡命権，社会権，参政権は当然には認められないとされる。なお，公職選挙法上，永住の滞留資格を取得後3年を経過し当該地方自治団体の外国人登録台帳に登載された**定住外国人**には地方選挙権が認められている。韓国の特殊事情を反映するのは，**北朝鮮居住民**と**在外同胞**の問題である。憲法上の領土は朝鮮半島全体とされている（3条）ので，北朝鮮居住民も当然に基本権の対象となる。北朝鮮離脱住民については特別法に基づき，人道主義に立脚した特別な保護と定着支援が行われている。「在外同胞」とは在外国民（韓国民であるが外国の永住権を取得した者又は永住目的で外国に居住している者）と外国国籍同胞（韓国籍を保有していた者又はその直系卑属であって外国国籍を取得した者のうち，大統領令が定める者）をいう。「在外同胞の出入国及び法的地位に関する法律」に基づき，外国国籍同胞にも一定の滞留期間の保障（2年間出入国自由），韓国内での特別な権利保障など，通常の外国人とは異なる保護が与えられている。また法人の基本権については性質上自然人にしか認められないもの以外は保障されるものと捉えられている。

3　人権の制約

○ イギリス

イギリスでも，人権は他者の人権や公共の利益による制約を受けると考えられている。伝統的に議会主権の下，これらの調整は議会の広い裁量に委ねられてきた。特に1998年人権法の施行後は，裁判所が法律の欧州人権条約上の人権との適合性を判断することとなったため（⇨第6章第3節），人権制約の可否の判断に欧州人権裁判所の三段階審査・比例原則の枠組みが参照される傾向にある。

第 8 章　人権総論

○ アメリカ

　憲法上の諸権利も一定の政府利益によって制約されることが認められており，裁判所が審査を行う（⇨第 6 章）。その際，立法目的の正当性と，目的達成手段との関連性が審査されるが，その審査の度合いは権利の内容により異なる。

　違憲審査において裁判所は，当該立法の合憲性を推定した審査を行い，目的の合理性や目的と手段との関連性も緩やかなもので足りるのが通常である（**緩やかな審査**）。しかし，一定の事案では合憲性の推定が排除された審査が行われ，許容される目的の幅は狭くなり，目的と手段との関連性もより厳密に問われる（**厳格審査**）。これが，日本で**二重の基準論**と呼ばれるものに該当する。19 世紀末から 1930 年代，最高裁は社会経済立法に対して厳格な審査により多くの違憲判決を下したが，非民主的だとの批判を受け，経済領域から撤退した（⇨第 11 章）。しかし **United States v. Carolene Products Co.**（304 U.S. 144（1938））の脚注 4 において，厳格な審査が妥当しうる領域が示唆され，その後の最高裁は同脚注を下に厳格審査の領域を明らかにしている。

　厳格審査は，①基本的権利が問題となっている場合，②特定の**疑わしい区分**が差別の指標に用いられる場合に行われる。①の類型には，表現の自由や信教の自由，選挙権や移動の自由，プライヴァシーの権利などが該当し，②の類型には人種および民族的出自，国籍による差別が該当する。また最高裁は，表現活動に対する内容中立規制や性差別などにつき，**中間的審査**の領域を認めている。

○ ドイツ

　基本権には，**リュート判決**以降，①国に対する**防禦権**(ぼうぎょ)のほか，②価値・原則としての側面，③国家権力の給付を求める権利が，判例および学説の多数により順次認められており（**基本権の多元的機能論**），さらに③は，国の**基本権保護義務**（保護請求権），組織法・手続法の制定を求める権利，国の現実的給付を求める権利（社会権）を含む（但し③は全ての基本権に同程度認められるわけではない）。ドイツ基本権論では，このうち防禦権としての基本権の制限を念頭に，各段階ごとに 2 つの問いかけを伴う，**三段階審査**と呼ばれる独自のドグマーティクが発展し，法学生の必修となった（法学部では，具体的事例について，①各

基本権の享有主体性（「**人格的保護領域**」）の確認，各基本権によりカバーされる行為・生活空間（「**実質的保護領域**」）への制限の有無，②基本権の拘束力の有無，（実質的）保護領域の制限が，拘束力に服する高権の主体に由来するか否か（**介入**（Eingriff）問題），③介入が憲法上の形式的・実質的正当化要件を満たすか否か（正当化不可能の場合は**侵害**（Verletzung）となる）中心に順次分析を加え，鑑定（Gutachten）なる書式にまとめる訓練が繰り返され，基本権制限をめぐる法的思考の中心を占める）。

　解釈を通じて画定される，個別基本権の（実質的）保護領域への制限（Beeinträchtigung/Beschränkung）が認められない場合，問題となった事例は，包括的基本権である**一般的行動の自由**（2条1項）の制限と見なされる。なお，保護領域を限定的に解し，正当化を回避する連邦憲法裁判所の理論傾向（H. リームにより主導）は，学説からの厳しい批判を受けている。

　基本権は「直接的に妥当する法として」（1条3項）――連邦・州・自治団体・その他公法上の団体など――国家権力の行使全てを拘束する（**基本権の優位**）。ワイマール憲法とは異なり，民主的議会における多数決といえども一通常の多数決では（79条2項参照）――越えることのできない矩（のり）が明確に定められるとともに，その優位性を確保すべく**連邦憲法裁判所**が創設された（93条1項4a号，100条1項）。国が公共の任務を私法形式により遂行する場合，あるいは私人により公共の任務が遂行される場合や高権的権限が行使される場合についても，同様である（有力説はさらに，事業民営化現象に鑑み，公共の任務実現のために必要な商品調達や財貨獲得のための経済活動についても，平等原則等の基本権適用を求める）。但し，教会等の公法上の団体に対する拘束力は必ずしも全面的ではなく，反面，基本権享有主体性が認められる場合（⇨本章第2節）がある。私人による法益侵害については**第三者効力論**が適用される。高権主体による介入（Eingriff）が認定されるためには，①命令や強制，②法形式の利用，③直接性，④目的性の要件充足が必要となる（古典的介入概念。BVerfGE 105, 279, 300）。もとより近年では，消費者保護のための警告など，国家活動の多様化に伴い要件緩和が求められ，概念拡大（ドイツ国家権力への帰責が可能な，全ての保護対象の制限）が生じている。なお，財産権や婚姻など，立法により付与される権限を前提とする基本権を中心に，内容形成（Ausgestaltung）とその法的統制につい

てのドグマーティクが発展している。

　形式的正当化要件としては——権利保護の観点から重要視される,「行政執行の留保（Verwaltungsvollzugsvorbehalt）」や「裁判官の留保（Richtervorbehalt）」についても，近年では看過できないが——「**法律の留保**（Gesetzesvorbehalt）」が依然，最も重要な原則である。この原則によれば，法律・処分等，憲法の下位規範には，憲法上の（直接的・間接的）授権に基づいてのみ基本権の介入が認められる。基本権の介入には現在，憲法上の留保条項の有無と直接関わりなく，法律による授権が全て要請されている（留保条項がない場合はなおさら授権が必要と解され，間接的授権は原則化）。したがってこの原則の現代的意義は，「基本権の優位」の帰結として，立法者による介入について，憲法による授権を要請する点にある（直接的授権の現代的重要性。「基本権留保」とも呼ばれる）。憲法上の留保条項は，その規定方式に鑑み，①「法律の特別留保」（例えば，移動の自由の制限につき加重要件を課す，11条2項参照），②「法律の通常留保」（こうした条件を伴わない，2条2項3文参照）に区別され，留保条項を欠く基本権（5条3項1文参照）にあっては，論争を経て，③「不文の制限条項（憲法内在的制約）」が是認された（例えば，BVerfGE 28, 243, 261）。この憲法内在的制約については，第三者の基本権・憲法ランクを備えた法益を理由とする制限のみが認められる。なお，「法律の根拠に基づいて」（例えば2条2項3文，10条2項1文）と規定されている場合には，法律による授権に基づく，法規命令による基本権への介入，又は，法規命令による授権に基づく基本権への介入等が容認されうる（従来より，学説の多数と連邦憲法裁判所判例は，授権に基づく介入が及ぶ範囲を理論的に限定すべく（"Delegationsverbot"），「**本質性理論**（基本権の現実化にとって本質的な事項については，法律事項として，議会自らが決定する）」を展開している（但し，現在この理論は，基本権留保の強化のみならず，議会による民主的統制の観点から把握される））。

　対する実質的正当化要件は，**比例性原則**によって代表される。同原則に基づく審査では，規制目的・規制手段関係の比例性が問われる。関連する全ての目的について，順次，①適切性審査（目的実現にとっての，手段の道具的有用性を審査），②必要性審査（基本権により負担をかけない手段によっても，同一目的を，同一水準にて実現できるか否かを審査），③狭義の比例性審査（適切性 "Angemessenheit" とも呼称される）が行われ，①〜③の審査全てをパスすることが求められる（法律の特別留保が明記される基本権の場合には，規制目的が予め明文上限定される。審査③は**利益衡量**を本質としており，基本権に対する介入の重大性・規制目的実現の重要性の衡量という観点から分析する見解が有力である（例えば，BVerfGE 100, 313, 375 f.）。比例性原則（過剰介入の禁止原則とも呼ばれる）は，基本権制約についての正当化基準として，欧州人権裁判所や欧州司法裁判所によっても適用されているが（但し，その内実は一様ではない），欧州基本権憲章52条1項により，ついに明文化されるに至った）。

○ フランス

およそ基本的人権といえども無制約ではなく，一定の場合に制約を受けることはフランスにおいても当然である。問題は，いかなる人権につき，いかなる制約が許容あるいは正当化されるかであろう。この点，憲法院判決においては，**一般利益**（intérêt général）を援用し，法律による人権の制約を許容する判断が示されている。一般利益の具体的内容あるいはその密度は事案により異なるが，一般利益との衡量において，橋の通行料金につき，利用者のカテゴリーに応じて異なった取扱いが正当化された事例（Déc. n° 79-107 du 12 juillet 1979），土地の利用に関し，狩猟の禁止が正当化された事例（Déc. n° 2000-434 du 20 juillet 2000），たばこ・アルコール中毒対策のため，企業活動への制約が正当化された事例（Déc. n° 90-283 du 8 janvier 1991），選挙区間の人口の不均衡が正当化された事例（Déc. n° 86-208 des 1 er et 2 juillet 1986）など，多岐にわたる。

また，**比例原則**（principe de proportionnalité）に依拠しながら法律の合憲性審査を行うという手法は，憲法院の判決において多く見受けられるところである。

なお，憲法院による違憲審査の**審査密度**については，**厳格な審査**（contrôle strict）と，**限定的な審査**（contrôle restreint）の二重の基準が指摘される。前者が妥当する領域は，刑事手続を含む刑事法あるいは選挙に関連する訴訟であり，後者が妥当するのは財政法や租税法，あるいは経済社会法の領域である。

◯ 北　欧

　デンマークでは人身の自由や財産権の制約に**適正手続**の要請があるとされるほか，民主的立憲秩序を揺るがす言論・集会・結社の自由の濫用は憲法上許容されないと解されている。ノルウェーにおける制約は国内法化された人権条約の規定によって行われ，他者の基本権の保護ないし公共の道徳，秩序，健康の保護の必要性に基づく，民主社会の慣行に沿うものであり，**比例原則**が考慮されなければならない（他の 4 ヵ国でも制約の正当性判断において比例原則の使用が見られ，アイスランドでは同原則が最も重要な「制約の限界」の一つとされる）。スウェーデンでは制限の許されない絶対的権利（宗教の自由や死刑・拷問禁止など），制約に際して憲法に明記された民主的社会を保護するための実体的・手続的要件の充足が要求される相対的権利（意見の自由など），その他法律で制約可能な権利が分類される。緊急時には相対的権利の制約に課された手続要件が免除される。フィンランドでは憲法上の権利の核心を損なう（恐れのある）制約であっても，通常の立法手続ではなく基本法制定手続を用いれば法定可能である（**例外法**）。また，武力攻撃などの例外的状態においては基本権を法律で制限できる。

◯ Ｅ Ｕ

　個人の基本権は，EU レベルでの公序のために制約されることがある。EU 域内では，ワインの過剰生産を抑制するため生産調整が行われており，ワイン共通市場制度に関する EU 規則に基づき，ブドウ樹の新規植え付けは禁止されている。Hauer 事件では，ドイツの生産者が，自己所有の畑でブドウ樹の植え付けを行おうとしたところ，EC 規則により認可を受けることができなかったため，かかる規制は，ドイツ基本法における財産権の保障に反すると主張した。しかし，司法裁判所は，1979 年の判決で，基本権の保護は無条件のものではなく，共同体の構造および目的の枠内で確保されるべきものであるとし，財産権の行使に対して公序に基づく制限を容認した。

　人，商品，サービスおよび資本の移動の自由についても，一定の制約が認められる場合がある。例えば，商品の移動の自由は，公序良俗，安全や治安の維持，人，動物および植物の健康および生命の保護，国の芸術・考古文化財の保

護，工業的・商業的所有権の保護の理由により制限されうることが EU 運営条約 36 条で定められている。

EU 基本権憲章上の権利・自由については，法律のみによって制限されうること，ただし，基本権の本質的内容は保持されるべきであること，制限は**比例原則**に服することが規定されている（憲章 52 条）。基本権の制限は，それが必要であって，かつ EU の認める公益の目標に真に合致するとき，または他人の権利・自由の保護の必要性に真に合致するときでなければ，許されない。

◯ 台　湾

基本権制限の根拠規定として憲法 23 条は，第 2 章の「各条に列挙した自由及び権利は，他人の自由を妨害することを防止し，緊急危難を回避し，社会秩序を維持し，又は公共利益を増進するために必要がある場合を除いて，法律を以って制限することができない」と規定する。学説や実務では，基本権制限の合憲性について，**比例原則**などの観点から判断している。

◯ 韓　国

基本権の制約については，憲法 37 条 2 項が「国民の全ての自由及び権利は，国家安全保障，秩序維持又は公共の福利のために，必要な場合に限り，法律でこれを制限することができる。制限する場合においても，自由及び権利の本質的な内容を侵すことはできない」としており，この**本質的内容の侵害禁止**が制約の限界と捉えられている。判例は「基本権制限立法は立法目的の正当性とその目的達成のための方法の適正性，立法による被害の最少性，そして立法により保護しようとする公益と侵害される私益の均衡性」を要求されるとしている（1997 年 3 月 27 日憲法裁判所決定，94 憲マ 196）。またここにいう「法律」は形式的意味の法律であり，またその内容は一般性・明確性・具体性を有したものでなくてはならない。なお，「公共の福利」については現代福祉国家の理念を具現化したものと捉え，その下での人権相互の衝突を想定して各人の人権の最大限の保障を図る社会正義の原理と考えられている。

人権の制約原理については，学説上，比較衡量論，二重の基準論，事前抑制

の禁止，明白かつ現在の危険なども紹介されているが，判例では「**過剰禁止の原則**」と述べられ，学説もドイツの**比例原則**に基づいて，適合性の原則・必要性の原則・狭義の比例性の原則の観点から説明している。

4 人権の適用範囲

◯ イギリス

イギリスでは，特別権力関係の理論は存在しない。私人間効力も，従来は観念されなかったが，1998年人権法の制定を契機として，人権法が保障する権利の「水平的効力（horizontal effect）」の問題として論じられるようになった。無効力説，直接効力説に相当する学説（垂直的効力説（vertical effect），直接的水平的効力説（direct horizontal effect））も存在するが，現在のところ間接効力説に相当する**間接的水平的効力**（indirect horizontal effect）が有力である。人権は，民事訴訟において新たな訴訟原因（cause of action）を生み出すものではないが，裁判所がコモン・ローを発展させる際に参照すべき重要な考慮要素である，とする考えである。

◯ アメリカ

憲法上の権利は，連邦または州に対するもので，私人の行為を直接制約していない（わずかに修正13条が，奴隷制と意に反する苦役を主体の限定なく禁じる）。私人の行為に対して連邦憲法上の救済を求めるには，当該行為が「州の行為」（state action）といえる必要がある（**ステイト・アクション法理**）。

ステイト・アクションが認められる状況として，①州が私人に公的役割を果たす権限を付与した場合，②州と私人とが密接な関わり合いを有していた場合がある。①は**公的機能理論**と呼ばれ，Marsh v. Alabama (326 U.S. 501 (1946))（企業が地区全体の所有権を有する会社町）や，Richardson v. McKnight (521 U.S. 399 (1997))（刑務所の運営受託企業）などでステイト・アクションが認められている。一方，政府の規制下にあるだけでは，公的機能を果たしているとはされない (Jackson v. Metropolitan Edison Co., 419 U.S. 345 (1974)（電力会社），Rendell-

Baker v. Kohn, 457 U.S. 830(1982)（私学教育）など）。②の事例として，Edmonson v. Leesville Concrete Co., Inc.(500 U.S. 614（1991））は，民事裁判における人種に基づく**専断的忌避**（特定の陪審員候補者に対して，理由を示さず行われる排除）がステイト・アクションに当たるとする。

また，私人間の合意を裁判所が執行する点にステイト・アクションを認める理論がある（**司法的執行理論**）。土地を購入した黒人に対して，特定人種以外への売却を禁じた土地所有者間の合意に基づき起こされた当該取引の差止めを州裁判所が認めた事例につき，Shelly v. Kraemer（334 U.S. 1（1948））は，当該合意を裁判所が執行することがステイト・アクションに当たるとした。しかし，司法的執行理論を突き詰めると，裁判所に紛争が持ち込まれれば常にステイト・アクションが存在することとなり，憲法が政府を対象としたものであるとの考え方は維持できなくなる。そのため，その後の判決では Shelly 判決の射程は限定されている（Evans v. Abney, 396 U.S. 435（1970）など）。

政府が市民の権利を保護する憲法上の義務は認められていない。DeSharney v. Winnebago County（489 U.S. 189（1989））は，児童虐待による児童の死亡は，州が介入しなかったことによるデュー・プロセスの侵害であるとの訴えを退けた。デュー・プロセスは州の権限に対する制約であり，安全確保に対する州の最低限の責務を保障しないというのであった。

公務員の人権につき，United Public Workers v. Mitchell（330 U.S. 75（1947））は，ハッチ法による積極的政治活動の禁止を合憲としたが，Pickering v. Board of Education（391 U.S. 563（1968））は，教師による職場外の政府批判を理由とした免職は許されないとした。一方，Connick v. Myers（461 U.S. 138（1983））は，公務員の発言が共同体の公的関心事と関わらず個人的利害にのみ関わる場合には，政府に雇用者としての広範な管理権限を認めており，City of San Diego v. Roe（543 U.S. 77（2004））は，公務員に対しては，一般公衆に対するものとしては合憲とされない規制を課すことが許されうるとして，警察官が私人として行った，性的に露骨な表現を理由とした免職を合憲とした。

○ ドイツ

　基本法は，子供の保護・教育を親の義務と定める6条2項を除くと，いわゆる基本義務（Grundpflichten）を定めてはいない。また，結社の自由を制限する合意を無効とする9条3項2文を例外として，基本権は日本と同様に，私人を直接拘束しないことを原則とする（対国家性原則，**直接効力説の否認**）。学説の多数および連邦憲法裁判所の判例（BVerfGE 7, 198, 207）は，立法・法律解釈に対する照射効果を基本権に認めている。基本権は私人間にあっては，基本権を原理ないし価値として考慮する私法解釈を通じ，私人間における法的地位決定に対する影響力を持つにとどまる（**間接効力説**）。影響力の入り口となる条項は，とりわけ良俗違反を定めるドイツ民法138条，826条のような**一般条項**である。但し，堕胎問題における胎児の生命の自由（2条2項1文）など，特定の基本権を中心に国の**基本権保護義務**が認められている（例えば，BVerfGE 88, 203, 251）。この場合，私人間における法益衝突について――民事法のみならず，広く刑事法，行政法など――法律の制定者およびその解釈を行う裁判官は，一方において基本権を保護する義務を負い，他方において**防禦権**としての基本権（この場合は女性の自己決定権）を侵害してはならないという義務を課せられる（法的三極関係）。保護義務違反の統制基準については，連邦憲法裁判所が「過小的保護の禁止」原則に言及したこともあるが（BVerfGE 88, 203, 254），防禦権の場合同様，**比例性原則**によるとする見解（無論，適用のあり方は同一ではない）も有力である。なお，いわゆる特別権力関係理論は，基本法の下ではおよそ採用されていない。

○ フランス

　人権規定の私人間への適用については，アメリカや他のヨーロッパ諸国など，人権規定の私人間への直接適用を憲法上明らかにした国とは状況を異にする。憲法の「人権規定」は私人間に効力を及ぼすものではない（無適用説）との理解が基本に据えられていると考えてよいであろう。こうした解釈は，1789年人権宣言4条が人権の限界は法律で定めることとし，同5条が法律によって禁止されていない全ての行為は妨げられない旨を規定していることから，私人間

の権利の「調整」(権利の「否定」ではない)を担うのは「法律」の役割であり，そこには「憲法の規定」が適用される余地はない，との理解に基づくものである。

もっとも，第五共和制の憲法実態にも鑑み，私人を「憲法によって保護された基本権の保護を義務付けられたもの」と捉え，**憲法ブロック**を，公権力のみならず「個人」もまた尊重すべきことを命じられた憲法的価値を有する原理および規範の総体と理解する立場も，現在では有力である。

○ 北　欧

人権は基本的に対国家的権利として観念されるが，国家が個人の憲法上の権利への侵害を防止し，制裁のための根拠を法定して作り出す義務を負うという意味での**水平的効力**は，5 カ国全てに認められるといわれる。特に 1995 年の基本権改革で，基本的権利・自由および条約上の人権遵守を確保する公権力の義務が明文化されたフィンランドでは，水平的効力は憲法上の足場を持つことになった。スウェーデンでは労働裁判所が労働に関する権利の私人間適用に道を開いている。なお，**特別権力関係**については，例えばフィンランドでは 1960 年代に学説と実務の双方で否定されている。

○ Ｅ　Ｕ

私人間においても適用な可能な基本権は存在する。例えば，EU 運営条約 157 条 1 項は，男女間の賃金差別の禁止を規定しており，司法裁判所は，個人がこの条項を直接援用して提訴することができるとし，国や公的機関に対してだけではなく，民間企業に対しても均等待遇を求められるとしている。

○ 台　湾

基本権は，原則として，国家との関係において適用されるものである。しかし，判決の中には，「法院は，私法の領域において，公共秩序の意味内容の解釈を通じて，憲法の精神を間接的に実現することができる」（台北地方法院 96 年（2007 年）労訴字第 150 号判決など）と述べているものもある。台湾の憲法学界では，基本権の私人間効力をめぐり，日本やドイツの学説を踏まえて，無効力説，

直接効力説，間接効力説だけでなく，新無効力説，国家保護義務論などを紹介し，地方法院の判決などを検討している。

かつて公務員，軍人，学生などについて展開された**特別権力関係論**は，現在では大法官の憲法解釈を通じて否定されている（司法院釈字187, 382, 430号など）。

○ 韓　国

いわゆる**特別権力関係論**については，韓国でも今日，一般には否定的だが，「特殊な身分関係」にある者について基本権が一般国民より制限されることは認められている。公務員の政治活動・国家賠償請求権・労働三権についての一定の制限，受刑者の通信の自由・居住の自由・集会結社の自由の制限などがこれに当たる。主要防衛産業体に従事する勤労者の団体行動権は法律により制限が認められており，軍人・軍務員は軍事法院の裁判を受けなければならない。

基本権の**私人間効力**については日本とほぼ同様な議論があり，アメリカやドイツの理論が紹介されている。判例の立場は明確ではない。

5　人権保護立法の展開

○ イギリス

人権保護立法としては，1960年代以降に発展してきた各種の**差別禁止法**が知られる（⇨第9章）。これらの法律は，監視のために各種の委員会を設置したが，**2006年平等法**（Equality Act 2006）がこれらを統合して**平等及び人権委員会**（Commission for Equality and Human Rights）を設置した。委員会は，調査権を持ち，違法行為が行われている場合には法に従うことを求める違法行為通告（unlawful act notice）を発することができる（同法20, 21条）。また，委員会は訴追権を有する（24条）ほか，当事者が民事訴訟を提起する際には各種の訴訟援助を行うことができ（28条），さらに当該訴訟が委員会の作用に関して重要である場合には訴訟参加することも認められている（30条）。

関連して，人権に不適合な法律の制定を防ぐため，法律案を担当する大臣は，議会両院で第二読会前に，人権法が編入した欧州人権条約上の権利に条項が適

合するとの声明(適合声明)を発するか,適合声明は発せられないが法案の可決を希望する旨の声明を発することが求められている(1998年人権法19条)。

○ アメリカ

連邦議会は,憲法に列挙された事項についてのみ立法権限を有しており,人権保護立法についても同様である。人権保護立法の根拠とされる条文としては,**州際通商条項**(憲法1条8節3項)と,その他の個別的条項による授権がある。

個別的授権は,主に再建期修正による。修正13条2節は**奴隷制・意に反する苦役の禁止**につき,修正14条5節は合衆国市民の**特権・免除,デュー・プロセス,法の平等保護**の剥奪禁止などにつき,修正15条2節は人種・肌の色・過去の強制労役を理由とした合衆国市民の投票権否定の禁止につき,その執行に適切な法律の制定を認めている。これらは,特に南部諸州で一般的だった黒人差別法の禁止を目的としており,**公民権法**(市民的権利法,権利保護法)の制定根拠となった。1866年公民権法は,合衆国で生まれた全ての人に合衆国市民としての権利を認め,州法に基づく権限行使との外観の下にこれら権利を侵害した者を処罰する。また修正15条を受けて制定された1871年公民権法は,憲法および連邦法上の権利侵害に対する民事責任を認めた。

当初の最高裁は,公民権法による権利保護には消極的であった。Civil Rights Cases (109 U.S. 3 (1883))は,公共施設に対する利用拒否を禁じる1875年公民権法につき,修正13条2項に基づく立法権行使は可能としたものの,同条1項が禁じる奴隷制の範囲を厳しく限定した上で人種差別行為はこれに当たらないとし,また修正14条5項に基づく立法権の行使は州の行為を対象とする必要があるとして,私人の行為を対象とする部分を違憲としている。しかし,Jones v. Alfred H. Mayer Co.(392 U.S. 409 (1968))は,奴隷制そのものでなくても私人による人種差別行為に対しては修正13条2項を根拠とした規制立法が可能とし,また**ステイト・アクション**が認められる範囲も拡大させた。その他の個別的授権としては,投票権の確保につき,修正19条2節(性別),修正24条2節(納税の有無),修正26条2節(18歳以上の合衆国市民)がある。

より一般的な授権根拠として,州際通商条項が援用される。最高裁は,州際

通商に関わる事項であれば，連邦議会は州際通商行為だけでなく，州内活動を規制することも許される（United States v. Darby, 312 U.S. 100 (1941)）として，広範な立法権限を認めている（⇨第3章）。人種，肌の色，宗教，性別，出身国による差別を禁止し，実施機関や手続などを定める**1964年公民権法**もこの条項を根拠とする。同条項を根拠とする連邦法としては，雇用年齢差別を禁じる1967年雇用年齢差別禁止法や1975年年齢差別禁止法，公共の交通機関や施設などに対して障害者への合理的配慮を義務付ける1990年障害をもつアメリカ人法などがある。ただ，United States v. Morrison（529 U.S. 598 (2000)）は，州際通商条項（および平等保護条項）は女性への家庭内暴力を連邦議会が規制する根拠とならないとしており，連邦制度に由来する限界は存在する。

○ ドイツ

「基本権の優位」（⇨本章第4節）の下，法律による基本権制限について憲法による（直接的）授権が要請され，介入を**基本権留保**として統制する基本権ドグマーティクが発展した。こうした基本権観から見れば，法律を通じて基本権の保障を図る思想は決して支配的ではない。それでも，人種，民族的出自，性別，宗教，世界観，障害，年齢，性的アイデンティティを理由とした差別の除去を目的として，一般的平等取扱法（2006年）が制定されている。

○ フランス

第五共和制憲法では，法律によって規律しうる事項は憲法34条に列挙された事柄のみであり，それ以外の事項は全て命令によって定められる（憲法37条1項）。基本的人権に関しては，憲法34条1項が「公民権，及び公的自由を行使するための市民に認められる基本的保障」が法律事項であると規定している。ここには，「法律による人権保障」という思想がいまだ息づいていよう。

もっとも，権利の性質によっては法律の制定を待つまでもなく，憲法が直接適用されてよいのではないかが議論されている。具体的には，いわゆる第2世代，第3世代の人権について，特に1946年憲法前文の直接適用可能性が問題となる。同前文は，フランス憲法史上，実質的に社会権に言及した最初の文書

である。憲法の前文であるがゆえに，その表現は多分に曖昧な点を含むことは否めないことから，実際にはその内容を実質化するための具体的な立法が必要であるが，その曖昧さゆえに1946年憲法前文が憲法的価値を損なうとは考えられておらず，ましてや単なるプログラムとも理解されてはいない。

◯ 北　欧

何れの国でも，北欧社会の特徴である**平等立法**の整備が進んでいる（デンマーク：人種に基づく別異の取扱い禁止法（1987年），職業上の社会保障における男女平等処遇法（2001年），民族上の平等処遇法（2003年），男女平等法（2004年），労働市場における別異の取扱いに関する法律（2005年），男女平等賃金法（2006年）など，ノルウェー：ジェンダー平等法（2005年），エスニシティや宗教等に基づく差別禁止法（2005年）など，フィンランド：男女平等法（2004年），差別禁止法（2004年）など，スウェーデン：差別禁止法（2008年。従来の平等および差別禁止にかかる7法を統合したもの），アイスランド：男女の平等の地位及び平等の権利法（2008年））。

◯ Ｅ　Ｕ

EU法の実施に際して採られた措置や手続が基本権保護に適合しているかどうかの情報収集や分析を行う機関として，2007年にEU基本権庁が発足した（欧州人権差別監視センターが前身）。基本権庁は，調査結果や意見をEUの機関や加盟国に伝えることができるが，個人の権利救済に関与したり，基本権に関する規範を制定したりする権限は持っていない。

◯ 台　湾

中国との交流が進む中で，憲法が改正され，「自由地区と大陸地区間の人民の権利義務関係及びその他の事務処理は，法律によって特別の規定を設けることができる」（憲法増修条文11条）との規定が加えられた。この憲法改正を踏まえ，1992年には「台湾地区及び大陸地区人民関係条例」が制定された。その目的は，「国家統一前に，台湾地区の安全と民衆の福祉を確保し，台湾地区と大陸地区の人民の往来についての規範を定め，法律問題を処理する」（1条）

ということである。同条例は，全96カ条からなり，「総則」「行政」「民事」「刑事」「罰則」「附則」という章の構成になっている。

◯ 韓　国

人権保護立法は，民主化後，格段に整備が進んでいる。2001年には**国家人権委員会法**が制定され，国家による基本権侵害の予防・救済が図られている。人権委員会は，国家機関，地方自治団体，拘禁・保護施設の業務遂行に関して陳情に基づき，または職権で調査することができる。

6　総　括

人権の主体については，どこでも外国人が難問である。国民と全く同じとする国は珍しいが，一切ないとすることもできず，各憲法の規定の仕方により，一部の権利を一部の外国人に保障する概況にある。入国についてはどこでも厳しく，主権国家の壁を感じる。法人の議論についてはドイツが特殊に思える。

人権の制約については，原理論の時代は終わった感が強い。そして，「公共の福祉」で一刀両断するような審査枠組みも，どこでも遠い昔である（ドイツ憲法裁も「比例原則によれば」と安易に判示しているわけでもない）。アメリカの憲法訴訟論（特に司法審査基準論）とドイツの三段階審査が近時，対立しているように見える。ただ，前者でも，厳格審査の際には，立証責任論と絡めつつ，目的・手段審査を丁寧に行い，これに多くの合憲性判断テストを被せており，後者でも審査密度の議論があり，両議論の対話が不可能なわけではない。日本でも，各国の共通項を析出しながら，理論の高度化を図る必要があろう。

人権の適用範囲では，特別権力関係論の終焉は（台湾，韓国まで含めて）明らかである。私人間効力論については，各国，捉え方が異なるようであるが，法令の違憲審査のないフランスの無適用説は突出している。そして，憲法が私人間の人権侵害を制限できなければ，人権保護立法が発達するのが普通である。日本は，どれも不十分で中途半端な印象があり，反省が必要であろう。

第9章　包括的基本権

　日本国憲法 13・14 条が**包括的基本権**と呼ばれて久しい。憲法 13 条は，公害問題の発生や，**プライヴァシー**に関する意識の高まりなどとともに，**人権カタログ**にない人権の憲法上の根拠として，その「幸福追求に対する国民の権利」(**幸福追求権**) が注目されたのである。同じ事情は各国憲法にもあると思われる。

　これに対し，**平等**は，近代市民革命が市民的自由とともに掲げた目標であるから，**近代立憲主義**の古典的概念である。ただ，当初の**形式的平等**は，現代化 (**福祉国家化**) とともに**実質的平等**に変容していると思われる。

1　明文根拠のない権利

○ イギリス

　プライヴァシー権は，従来，制定法上もコモン・ロー上も存在しなかった。**欧州人権条約** 8 条が私生活および家庭生活の尊重を保障し，**1998 年人権法**がこれに国内法上の効力を与えたことで，プライヴァシー権は実質的に承認された。

　私人間におけるプライヴァシー権と**表現の自由**との衝突に関しては，1998 年人権法 12 条が調整の定めを置いており，4 項は，ジャーナリスティック，文学的，または芸術的な表現物が問題となる場合に，裁判所は，一方で当該表現物を人々が入手する可能性と当該表現物も有する公共の利益を，他方でプライヴァシー・コードを考慮に入れて判断を行うべき旨を定める。なお，不法行為法上も，プライヴァシー権は，秘密保持義務違反という訴訟原因 (cause of action) の拡張を通じて実質的保護が図られつつある。

　プライヴァシー保護関連立法として，1998 年データ保護法 (Data Protection Act 1998) は，自己情報開示請求権などを定めるとともに，データ保護の 8 原

則を掲げデータ管理者の責任を明らかにする。また，2000年調査権限規制法（Regulation of Investigatory Powers Act 2000）が，警察や諜報機関による情報収集に法的根拠を与えるとともに，要件や手続を定める。

◯ アメリカ

修正5条（連邦）または修正14条1項（州）のデュー・プロセス条項を根拠に，憲法上の明文根拠のない権利が認められている。両条項は，20世紀初頭に経済的自由の根拠規定として援用された（**経済的実体的デュー・プロセス理論**）。ニュー・ディール期以降，同理論は放棄された（⇨第11章）が，現在はプライヴァシー権の根拠として用いられている。最高裁は，①避妊や**中絶**など（リプロダクション），②家族の維持形成，③生命や身体の処分につき，基本的権利としてのプライヴァシー権（日本の自己決定権に相当）を認めている。

Griswold v. Connecticut（381 U.S. 479（1965））は，婚姻者間の避妊具使用は，憲法の諸規定の半影部（penumbras）により形成される「プライヴァシーの領域」に含まれるとし，Eisenstadt v. Baird（405 U.S. 438（1972））は，子をもうけるかどうかの決定は既婚未婚を問わず保護されるとした。そして，**Roe v. Wade**（410 U.S. 113（1973））は，修正14条が保護する「自由」にはプライヴァシーの権利が含まれ，そこには女性の中絶決定権も包摂されるとして，母体の生命保護を例外として中絶を禁じた州法を厳格審査により違憲とした。

Roe判決への賛否は激しく分かれている。また，明文根拠のないプライヴァシーの権利をデュー・プロセス条項で保護し，**厳格審査**を行ったことは，正当な違憲審査権限の行使といえないとの批判もある。その後も最高裁は多くの中絶規制を違憲としているが，Gonzales v. Carhart（550 U.S. 124（2007））は，残酷とされる特定の中絶方法の禁止を合憲とする。一方，中絶に対して政府が援助を拒否することは合憲とされている（Maher v. Roe, 432 U.S. 464（1977），Harris v. McRae, 448 U.S. 297（1980），Rust v. Sullivan, 500 U.S. 173（1991））。

最高裁は，家族の同居権や結婚の権利を**平等保護**条項の下で基本的権利とする（Moore v. City of East Cleveland, 431 U.S. 494（1977），Zablocki v. Redhail, 434 U.S. 374（1978））。Bowers v. Hardwick（478 U.S. 186（1986））は，同性愛者の

ソドミー行為は修正 14 条の「自由」に含まれないとしたが，Lawrence v. Texas (539 U.S. 558 (2003)) は，家庭内の親密な性行為は「自由」に含まれ，ソドミー禁止法には正当な規制理由がないとして，Bowers 判決を覆した。

生命・身体の処分につき，Cruzan v. Missouri Dept. of Health (497 U.S. 261 (1990)) は，植物状態の患者から生命維持装置を取り外す際，本人の希望を高い水準で証明する義務を課す州法の規定を合憲としている。また，Washington v. Glucksberg (521 U.S. 702 (1997)) は，望まない治療行為の拒否は基本的権利であるとした (医師により自殺幇助を受ける権利を基本的権利と認めなかった)。

○ ドイツ

基本法は 2 条 1 項で，「人格の自由な発展を求める権利」を保障する。これまで同項により，いわゆる裁判官法として，**一般的行為の自由**および**一般的人格権**の 2 つの基本権が基礎付けられた。文言上，後者のみの保障にとどまるように思われるが，初期判例以来，人格の独立が重視され，一般的行為の自由もまた容認されている (BVerfGE 6, 32, 34 ff.)。各人には「望むことについて，その作為および不作為双方の自由」が付与される。結果，自由介入的な高権的行為の全てに対し，少なくとも 2 条 1 項により基礎付けられる基本権を理由に，**憲法異議** (93 条 1 項 4 a 号) による統制を求める途が開かれる。手続上，法律の (間接的・直接的) 授権および形式的・実質的正当化が要請され，「法治国家原理の主観的権利化」と形容されている。「殺人の自由」などのナンセンスな基本権を新たに生み出すとの非難については，①2 条 1 項により付与されるのは，「受け皿としての基本権 (Auffanggrundrecht)」であって，その種の個別的基本権自体ではないこと，②かような自由理解に対応し，2 条 1 項が定める留保条項もまた，広範な介入 (他者の権利・憲法に適合した法秩序・人倫法則) を授権していること，③法的制限は正当化されうるなどの反論がなされている。「受け皿」である以上，基本権による統制を審査する際には，まずは個別的基本権による保障の可否が検討されなければならない (補充的適用原則)。「動物への愛情表現として，街路等にて鳩に餌をやる行為」(BVerfGE 54, 143, 146)，「大麻の摂取」(BVerfGE 90, 145, 171)，12 条 (職業の自由) や 6 条 1 項 (婚姻等の条項)

による保障が及ばない限りにおいて「経済交渉における自由及び契約の自由」(BVerfGE 8, 274, 328) などが，2条1項を根拠に認められている（但し契約の自由はその実現に立法措置が必要とされるため，「規範によって内容形成される基本権」の一つと解されている）。

精神的インテグリティーを保障する一般的人格権は，「住居の不可侵」(13条) 等を特別法として，人格権に関する一般法たる地位を占める（一般的人格権により「精神的インテグリティー」が，2条2項1文による身体の不可侵により「身体的インテグリティー」がそれぞれ保障され，双方は「私的生活の保護」（欧州人権条約8条1項）に対応すると，近年説かれる）。一般的人格権は，私人間における直接的効力を有しない基本権である以上，民事判決により確立した一般的人格権（「その他の権利」＝ドイツ民法823条1項）とは連関を持ちうるが，区別されうる。一般的人格権の任務は，伝統的な自由権保障では把握されえない，「人格に関わる狭い生活領域及びその基本条件の維持を，人間の尊厳（1条1項）という最高の構成原理の趣旨をもって保障すること」であり (BVerfGE 54, 148, 153)，2条1項は，1条1項と「結び付く (in Verbindung mit)」形で，その法的根拠を提供する。個人的データの無限定な収集，蓄積，利用および伝幡に対する保護を提供する「情報自己決定権」(BVerfGE 65, 1, 43 f.) や「ITシステムのインテグリティーと秘密性の保障を求める権利」(BVerfGE 120, 274) などが基本権として確立されている。

○ フランス

フランス第五共和制憲法には，体系的な人権カタログが存在しない。それゆえ，いわゆる新しい人権であると否とを問わず，現行の憲法典そのものの解釈によって権利を引き出し，自由を承認することは基本的には困難であろう。そこで，ここでも，やはり憲法院の判決が重要な意義を有することとなる。

私生活の尊重 (respect de la vie privée) あるいは私生活の権利 (droit de la vie privée) という点では，早くも1868年の出版に関する法律が，私生活上の事実の公開を禁じていた。そして，公道上などへの監視カメラの設置が問題となった法律に関連して，憲法院は1995年1月18日の判決 (Déc. n° 94-352 du 18 janvier

1995）で，プライヴァシー尊重の原則が憲法的価値を有することを承認した。
　次に，根拠は多様であるが，身体的自由や私生活の自由として論じられる権利に，**リプロダクション**に関連する人工妊娠中絶の権利がある。医学的な見地からの治療のための中絶に加えて，妊娠10週以内であれば妊婦の困窮状態を理由とする中絶を認める1975年の人工妊娠中絶法が問題となった事案で，憲法院は，1789年人権宣言2条に定める自由の原則と，1946年憲法前文の「国による子ども及び母親の健康の保護」を根拠に，同法を合憲と判断した。これにより，人工妊娠中絶の権利が承認された（Déc. n° 74-43 du 15 janvier 1975）。さらに，2001年には上記中絶期間の10週から12週への延長などを内容とした「人工妊娠中絶と避妊に関する法律」が憲法院に付託され，憲法院は再び合憲判決を下した（Déc. n° 2001-446 du 27 juin 2001）。判決は，「人間の尊厳の保護」という価値と「女性の中絶の自由」（1789年人権宣言2条）とを対比させ，2001年法の内容は両者の均衡を崩すものではないと結論付けたのであった。
　さらに，生命倫理についても憲法院は重要な判決を下している。1994年，人体に関する法律，臓器移植・生殖介助などに関する法律そして記号データに関する法律のいわゆる生命倫理法3法のうち，前2者について憲法院への提訴がなされ，何れの法律についても合憲の判断が下された。

◯ 北　欧

　デンマークとノルウェーでは憲法に明確な**プライヴァシー**保護規定がなく，スウェーデン，アイスランド，フィンランドには存在する（デンマーク：近年では住居の不可侵と通信の秘密（72条）が刑事手続以外の領域にも適用されると解されている。ノルウェー：刑事事件以外での家宅捜索禁止（102条）と個人のプライヴァシー保護を理由とした公文書アクセス権の制約可能性（100条）が規定されるのみであり，明文化を検討中。スウェーデン：公的機関による個人の私生活および家庭生活の保護義務（統治章典1章2条），身体検査，家宅捜索等からの保護および信書と通信の秘密（同2章6条），私生活の不可侵を理由とした表現の自由と情報の自由の制約可能性（同23条）。アイスランド：プライヴァシー，住居，家庭生活への侵害からの自由（71条），身体検査，家宅および通信への捜索等プライヴァシーの権利への干渉に際しての司法決

定ないし法律規定遵守の要請（23条）。フィンランド：私生活，名誉，住居の平穏の保障，通信の秘密の不可侵，個人情報に関する立法の要請（10条））。

また，所有者に損害を与えない限りで全ての人に他人の土地への立入りや自然環境の享受を認める**万民（自然享受）権**は，北欧古来の慣習法であるが，スウェーデンは統治章典 15 条に明文化した。ノルウェーは**環境への権利**（110 b 条），フィンランドは全ての人の環境への責任に関する規定を持つ（20条）。

○ E U

EU では成文の基本権カタログは不十分であったが，司法裁判所は，1970年の先決裁定（⇨第5章第3節）で，「基本権の尊重は，司法裁判所が尊重を保障する**法の一般原則**に不可欠な一部を構成する。そのような権利の保障は，加盟国に共通の憲法的伝統に示唆され，EC の構造と目的の枠内で確保されなければならない」と述べた。1989 年の先決裁定は，**法の一般原則**による基本権保護にとって**欧州人権条約**は特に重要であると判示した。**リスボン条約**によって改正された EU 条約では，欧州人権条約および加盟国憲法の共通の伝統から生じる基本権が法の一般原則をなすことが確認され，EU が欧州人権条約への加入を目指すことも明記された。

EU の基本条約における明示的な基本権規定が限られているとはいえ，リスボン条約の発効に伴い，基本条約と同じ法的効力を付与されるに至った **EU 基本権憲章**には充実した基本権カタログが含まれる。「人間の尊厳は不可侵である。それは尊重され保護されなければならない」（1条）とし，**人間の尊厳**の保護を基本権カタログの冒頭に置く。続く2条では，「生命に対する権利」の保障と**死刑**禁止を宣言し，3条では，「全ての人は，自らの身体的および精神的一体性を尊重される権利を持つ」と規定し，具体的に，人間の再生的クローニングの禁止，人間の選別を目的とする行為の禁止，人体の営利的利用の禁止などを明記している。個人のプライヴァシーについては，「全ての人は，私生活および家族生活，住居ならびにコミュニケーションに対する権利を持つ」（7条），「全ての人は，自己の個人情報を保護される権利を持つ」（8条）と定めている。

○ 台　湾

　憲法第2章は，7条から18条において，個別の人民の権利（基本権）を規定する。そして22条は，「およそ人民のその他の自由及び権利は，社会秩序及び公共の利益を妨げない限り，均しく憲法の保障を受ける」と規定する。この規定は，包括的基本権に関する規定であると解されている。基本権として列挙されていない新しい権利については，22条によって保障されることになる。

　もっとも22条は，新しい権利を無限定に保障することを意味するものではない。台湾の学説上も実務上も，新しい権利の保障は限定的であると解されている。これまでに大法官は，22条の包括的基本権の解釈を通じて，プライヴァシー権，情報コントロール権，氏名権，婚姻の自由，契約の自由，性的自由などにも憲法の保障が及ぶとしてきた。これらの解釈に着目すると，新しい権利として認められるには，社会秩序及び公共の利益を妨げないということだけでなく，権利と個人の人格との関係性がより重要であることがうかがえる。

○ 韓　国

　憲法10条1文は，「全ての国民は，人間としての尊厳及び価値を有し，幸福を追求する権利を有する」としており，学説はこの規定に憲法の基本権尊重主義における**根本規範**的性格を見出している。前半の**人間の尊厳**・価値と，後半の**幸福追求権**をどのように区別するかは必ずしも明確ではないが，一方では，学説も判例も，10条を広義には全ての基本的人権を包括する包括的基本権として見る傾向がある（なお，「国民の自由及び権利は，憲法に列挙されていないという理由で軽視されない」とする憲法37条1項と10条の区別については議論がある）。他方，狭義に人格的生存に不可欠な**人格権**と把握する傾向もあり，ここでは人格の形成・維持・表現の前提となる，知る・読む・聞く権利，自己情報コントロール権，人間らしい生活をする権利などを包括するものと理解される。

　憲法裁判所の判例は，幸福追求権について他の基本権に対し**補充的基本権**としての性格を持つものであるとして，他に明文の憲法規定がないときに補充的に適用されるものと見ている。具体的には，自己決定権，人格形成権（知る・読む・聞く権利），情報公開請求権，一般的行動自由権，身体の不毀損権，平和

的生存権を 10 条に基づいて認めている。

2 平等権

○ イギリス

　法律で，各種の人種，性別，障がいなどを理由とする差別が禁止されている。**1976 年人種関係法**(Race Relations Act 1976)，**1975 年性差別禁止法**(Sex Discrimination Act 1975)，**1970 年同一賃金法**（Equal Pay Act 1970），**1995 年障がい者差別禁止法**（Disability Discrimination Act 1995）などがその代表である。雇用や財・サービス提供の場面などで，ある者を人種や性別を理由として劣位に取り扱う直接差別のみならず，直接には人種や性別を理由としていないが，ある条件や根拠に基づく取扱いによって事実上特定の人種や性別に属する者が劣位に取り扱われることとなる**間接差別**もまた禁止されている。

　さらに，**1998 年人権法**により**欧州人権条約** 14 条が編入され，条約上の権利に関連する差別が禁止された。差別に当たるか否かは，異なる取扱いの目的が正当か，手段が目的と比例性を有するかで判断される。問題となる範疇は限定されないが，性別，人種，宗教に基づく場合には，審査は厳格に行われる。

○ アメリカ

　修正 14 条 1 項の平等保護条項が，法の平等な保護を規定している。黒人奴隷の解放を意図した規定だが，条文の文言は人種差別に限定されていない。また，社会権的権利の根拠条文を持たないアメリカでは，一定の福祉権を確保する根拠として平等保護条項が重要な役割を果たしている（⇨第 12 章）。

　人種に基づく区分は，**疑わしい区分**として厳格審査の対象となる（Korematsu v. United States, 323 U.S. 214 (1944)）。明確な黒人差別については，当初から厳しく審査されており，例えば，Strauder v. West Virginia（100 U.S. 303（1880））は，黒人に陪審員資格を認めない州法の下で黒人を有罪とすることを違憲としていた。一方，Plessy v. Ferguson（163 U.S. 537（1896））では，鉄道座席の人種分離義務が平等保護条項に反しないとされた。分離の結果は両人種に及ぶ

ためで，「**分離すれども平等**（separate but equal）の理論」と呼ばれた。

だが，最高裁は，**Brown v. Board of Education**（347 U.S. 483（1954））で，人種別学が黒人の子供に劣等感を与え教育から阻害するとして，教育における「分離すれども平等」を否定し，人種別学制度を違憲とした。また，Loving v. Virginia（388 U.S. 1（1967））は，異人種間の婚姻禁止を違憲としている。

但し，人種を指標としない法を適用した結果につき人種差別を認めるには，差別的目的または意図が必要であり，人種間で法適用の結果に偏りがあるだけでは人種差別とは認められない（Washington v. Davis, 426 U.S. 229（1976））。

過去の差別是正を目的とした被差別人種への優遇措置は，**アファーマティヴ・アクション**（AA）と呼ばれる。University of California v. Bakke（438 U.S. 265（1978））は，医学部入試における黒人への定員割当てを違憲とした。Bakke判決では，用いられる審査基準や許容される目的は明確とならなかったが，AAも**厳格審査**の対象となることが，現在では確立している（City of Richmond v. J. A. Croson Co., 488 U.S. 469（1989）（州），Adarand Constructors, Inc. v. Pena, 515 U. S. 200（1995）（連邦））。また，最高裁は，大学における多様性確保をやむにやまれない目的とした上で，入学者選抜で100点満点中20点を少数者に与える制度は限定的とはいえない（Gratz v. Bollinger, 539 U.S. 244（2003））が，少数者であることを一考慮要素とすることは許されるとする（Grutter v. Bollinger, 539 U.S. 306（2003））。他方，学校区が生徒を各学校に割り振る際，人種をタイブレーカーとして用いることは許されないこととされている（Parents Involved In Community School v. Seattle School District, 551 U.S. 701（2007））。

外国人に対する差別も，一般に厳格審査の対象となる（⇨第8章）。

性差別については**中間審査**基準が適用され，重要な目的達成のため，手段と目的が実質的に関連している必要がある（Craig v. Boren, 429 U.S. 190（1976））。目的達成の上で性中立的な基準が利用可能ならば，性を区別指標とする必要性が厳格に求められ，男女間の統計的差異による個別的審査の省略は許されない。

また，**基本的権利**に該当する権利の差別は，厳格審査により審査される。最高裁は，選挙権（Harper v. Virginia State Board of Elections, 383 U.S. 663（1966）），裁判所へのアクセス権（Griffin v. Illinois, 351 U.S. 12（1956）），居住移転の自由

(Shapiro v. Thompson, 394 U.S. 618 (1969)), 結婚や生殖に関するプライヴァシーの権利 (Skinner v. Oklahoma, 316 U.S. 535 (1942)(強制断種), Eisenstadt 判決, Zablocki 判決) を, 基本的権利と認めている。一方, 教育を受ける権利や居住権等の社会権的権利は基本的権利と認められていない (⇨第 12 章)。

疑わしい区分でもなく基本的権利の問題でもない場合には, **合理性審査**によるが, 全くの無審査というわけではない。City of Cleburne v. Cleburne Living Center (473 U.S. 432 (1985)) は, 精神発達遅滞者であることは「疑わしい区分」ではないが, 居住施設建設に対する市の拒否は偏見の疑いがあるとして, 違憲とした。また, Romer v. Evans (517 U.S. 620 (1996)) は, 同性愛者を差別から保護する措置を講じることを州および地方の政府機関に禁じる州憲法の改正につき, 同性愛者への敵意のみが目的で正当性を有しないとしている。

○ ドイツ

基本法は 3 条 1 項をもって, 「全ての人間は法律の前に平等である」とし, 一般的**平等原則**を定める。これに対し, 同条 3 項 1 文により, 同所に明示的に列挙された基準, すなわち性別・出自・人種・言語・故郷及び門地・信仰・宗教的または政治的見解を理由とする, 有利なまたは不利益な取扱いが, 同条同項 2 文により, 障害を理由とする不利益な取扱いが個別的に禁止される。実務上重要な問題を提起してきた男女間の不平等取扱いについては, 同条 2 項 1 文により, 個別的な禁止が定められる (なお, 同条同項 2 文 = 第 42 回改正 (1994) により, 男女同権を実際上促進する義務が国家に課せられることとなった。アクチュアルなテーマは, 政府内でも見解の割れている「女性割当比率 (Frauenquote)」の導入である)。

平等原則の適用においては, 本質的に等しいものを不平等に取り扱うこと, または, 本質的に等しくないものを平等に取り扱うことが主題とされてきた (BVerfGE 1, 14, 52 ; 49, 148, 165)。3 条 1 項が法的平等の保障である以上,「本質的に等しい」については, (控除をめぐり, 等しく納税者であるなど) 法的な基準に照らし判断がなされる。これまでのところ, 法的に見て不平等が認められる場合について, 2 つの判断基準が提示されている。いわゆる「旧フォーミュラ」によれば, 憲法上禁止されるのは,「恣意性のある (willkürich)」不平等取

扱いに限られる (BVerfGE 49, 148, 165)。(学説・判例上定着した) この伝統的定式に基づけば，合理的に理解可能な理由・客観的な理由のないときのみ，その恣意性が肯定され，違憲となる。平等原則の適用範囲は拡大するが，その規範密度は一般的に低下する。これに対し，「新フォーミュラ」によれば，平等原則違反の判断に際しては，「恣意性」の有無ではなく，①原則違反が問題となる「2つのグループの間に，不平等な取扱いを正当化できるほどの性質及び重みを備えた，区別」が存するか否か (BVerfGE 55, 72, 88)，または，②（同様の）性質及び重みを備えた，「理由」が存するか否か (BVerfGE 88, 87, 97) がポイントとされる。新旧フォーミュラの関係，新フォーミュラ①と②の異同，②と（自由権介入の正当化基準である）比例性原則との類似性，新フォーミュラの適用条件（個人の属性＝区別基準の場合・自由権行使に消極的影響を及ぼす場合）などは，論争的である。なお近年，連邦憲法裁判所は，自動車通勤に対する税控除を距離 21 キロ以上と定める規定について，「首尾一貫性（Folgerichtigkeit）」の要請を理由に平等原則に反するとしている (BVerfGE 122, 210)。

○ フランス

フランス革命のスローガンが「自由，平等，博愛（Liberté, Egalité, Fraternité）」であることからもうかがえるように，フランスにおける平等の観念は人権の中核として位置付けられる。1789 年の**フランス人権宣言**は，1 条が「人は，自由，かつ権利において平等なものとして生まれ，生存する。社会的差別は，共同の利益にもとづくのでなければ設けられない」と，平等について一般的に規定するほか，6 条は法律の前の平等，保護，科罰の際の平等，公務就任に関する平等を，13 条は能力に応じた租税の平等な負担を定めている。

第四共和制憲法前文も，人種，宗教，信条に基づく差別の禁止，男女の平等な権利保障など，平等に関する定めを置いている。そして，第五共和制憲法は，1 条 1 項で，「出生，人種，宗教による差別の禁止」と「すべての市民に対する法の前の平等」を規定しているほか，同条 2 項は「選挙によって選出される議員の職と公職，ならびに職業的及び社会的要職に対する男女の平等なアクセスに対する促進」を定める。2 条 4 項では上述の「自由，平等，博愛」を共和

国のスローガンと規定し，3条3項は**平等選挙**の原則を謳っている。

　このような多くの憲法規定の中でも，1999年7月8日の憲法改正によって導入された1条2項（2008年7月23日の憲法改正により条文が移動）における「公職あるいは要職に対する男女の平等なアクセス」は**パリテ**（Parité：男女同数）の問題として重要な論議を提起した。政治的な領域における積極的差別解消措置としてのパリテと，それに先立つ**クォータ**制が「一にして不可分の共和国」，という憲法上の原則とが緊張関係に立つからである。

　また，平等原則の領域における**一般利益**の援用も，フランスにおける平等を考える上では重要である。1979年7月12日の憲法院判決（Déc. n° 79-107 du 12 juillet 1979）以来，憲法院が援用する「一般利益」の観念は，「一般利益」との間に合理的関連性が認められる限りにおいて，異なった取扱いも正当化されうる，としているからである。

○ 北　欧

　平等は北欧福祉国家の鍵概念であるが，デンマークとノルウェーは憲法に包括的規定を持っていない（デンマーク：市民的政治的権利の十全な享受が信条や出自によって奪われないとする規定（70条）が信仰と人種による差別禁止と解され，営業の自由と平等（74条）および貴族の特権の廃止（83条）が置かれる。ノルウェー：世襲特権付与，法律の適用免除，生計手段の自由への制約特権，破産者保護のための避難所をそれぞれ禁止し（23, 95, 101, 103条）国防従事の平等な義務（109条）を規定して，特権社会から平等原理に基づく社会への移行を意図。アイスランド：性別，宗教，意見，出身国，人種，肌の色，財産，出自によらない法の前の平等および両性の平等権（65条）。フィンランド：法の前の平等，性別，年齢，出自，言語，宗教，信条，意見，健康状態，障害等による別異の取扱いの禁止，子どもの平等取扱い，両性間の平等の促進（6条）。スウェーデン：民族的出自，肌の色，性的志向上のマイノリティ性や性別を理由とした法律等における不利益取扱い規定の禁止（統治章典2章12, 13条），公権力の行使における全ての人の平等な価値を尊重する義務，公的機関に課された全ての人の社会における参加と平等達成のための努力義務および性別，肌の色，出身国または民族的出自，言語的または宗教的帰属，障害，性的志向，年齢等による差別に対抗する義務（同1章2条））。

○ EU

差別禁止の原則は，EU の基本条約において明示的である。EU 運営条約 10 条は，「EU は，政策及び活動の策定並びに実施において，性別，人種又は民族的出自，宗教または信条，障害，年齢または性的志向を理由とする差別とたたかうことを目的とする」と宣言する。同条約 18 条は，加盟国の国籍に基づく差別の一般的禁止を規定し，個別分野でも，労働者の自由移動，開業の権利，サービスの自由移動における国籍に基づく差別の禁止を定める。さらに，男女平等について，同条約 8 条は，「EU は，その全ての活動において，男女間の不平等を除去し，平等を促進することを目標とする」とし，同 157 条は，同一労働または同価値の労働に対する男女平等報酬の原則を定めている。

EU 基本権憲章も，20 条において，「全ての人は，法の前に平等である」という一般原則を述べ，21 条では，性別，人種，皮膚の色，民族的または社会的出自，遺伝的形質，言語，宗教または信条，政治的またはその他の意見，国内的少数派への帰属，財産，出生，障害，年齢，性的志向を理由とする差別を特に禁止するとともに，基本条約の適用範囲内での国籍差別を禁止している。

○ 台 湾

憲法は，「中華民国の人民は，男女，宗教，種族，階級，党派の区別なく，法律上一律に平等である」（7 条）と規定する。平等に関して，大法官は，「憲法 7 条に定められた平等原則は，絶対的，機械的で形式的な平等ではなく，人民の法律上の実質的な平等を保障している。立法機関は，憲法の価値体系及び立法目的に基づき，規範事実との実質的な差異を考慮した上で，合理的な区別をすることはできる」（司法院釈字 485 号）と述べている。

特に性別については，「国家は女性の人格と尊厳を擁護し，その身体の安全を保障し，性差別をなくし，男女の地位の実質的平等を促進しなければならない」（憲法増修条文 10 条 6 項）と規定されている。こうした憲法規定を踏まえ，**性別工作平等法**は，「労働権に関する性別の平等を保障し，性差別を除去し，性別に関する実質的平等を促進するという憲法の精神を貫徹する」（1 条）ことを目的とし，「性差別禁止」「セクシュアル・ハラスメント防止」「労働にお

ける平等促進措置」「救済及び申立手続」「罰則」について規定している。

○ **韓　国**

　平等について，憲法11条1項は「全て国民は法の前に平等である。何人も性別，宗教又は社会的身分により，政治的，経済的，社会的，文化的生活のすべての領域において差別を受けない」としているが，通説・判例ともに立法者拘束説・例示列挙説をとっており，またこれをもって「平等権」の保障であると捉えている。平等に関する違憲審査基準としては恣意禁止（**合理性の審査**）と**比例原則**（**厳格審査**）が考えられ，1999年の憲法裁判所決定で，比例原則を用いるのは，①憲法明文の性別・宗教・社会的身分に当たる場合，②関連基本権に重大な制限を招来する場合とされ，それ以外は，恣意禁止の原則を用いるとされた。

　11条関連での憲法裁判所の決定としては，議員定数不均衡を違憲とした決定（2001年10月25日），政党候補者と無所属候補者の寄託金額に差異を設けた旧国会議員選挙法を違憲とした決定（1989年9月8日）などの政治領域や財産法関係での違憲決定が多い。また民法の定める**戸主制**を憲法36条1項の婚姻と家族生活における平等違反とした例（2005年2月3日）などもある。

3　総　括

　人権カタログにない権利であっても，憲法上の権利が認められることは，以上の国と地域の共通点であろう。この際，より一般的な条項が根拠とされることも共通である。しかし，広く何でも人権であるとする主張（一般的自由権説）は，ドイツ以外では通説にはなっていない。それらの中から何がそれにふさわしいかを決定する理論があるべきであろうことを，示唆している。

　平等に関しては，20世紀後半がまだまだ，差別されてきたグループ（特に，女性，人種・民族）が人権を勝ち取る時代であったことは，図らずも浮き彫りになった。この後，形式的平等の徹底か，実質的平等（一部には，クォータなど，結果の平等を含む）への飛躍を求めるか。議論の余地ある難問が控えている。

第10章　精神的自由

　近代市民革命の際に求められた人権とは，何よりも**自由**と**平等**であった。自由権の中でも，精神的自由は特に尊重されるべきものとされ，「人権の花形」とも称される**表現の自由**を念頭に**優越的地位**を有するともいわれる。しかしそれは，権力者によってしばしば抑圧されてきたことの裏返しである。まずは，精神的自由が実質的に十分保障されていることは，その国の自由さの証拠と考えてよい。また，**政教分離**や**大学の自治**といった**制度的保障**についても検討したい。

1　内心の自由

○ イギリス

　人権法が編入した**欧州人権条約**9条は思想良心の自由を保障するが，イギリスの教科書ではあまり論じられない。判例も，学校における制服の強制とイスラム教徒の特殊なジルバの着用の禁止が9条に違反しないとしたもの（R (Bebum) v Denbigh High School [2006] UKHL 15）が知られる程度である。

○ アメリカ

　内心の自由を明記した条文はなく，修正1条により保護されている。West Virginia State Board of Education v. Barnette（319 U.S. 624 (1943)）は，信仰に基づく国旗忠誠拒否に学校が制裁を加えることは信条の告白強制だとして，言論の自由条項に基づき違憲とした。また Torcaso v. Watkins（367 U.S. 488 (1961)）では，公職就任の際に神への信仰告白を義務付けることは，宗教的信条の告白強制であり，信仰の自由条項違反であるとしている。

第 10 章　精神的自由

○　ドイツ

　基本法は内心の自由については，5条1項により，意見表明の自由の前提として思想の自由を保障するほか，4条を通じた包括的保障を図る。4条は，統一的基本権として理解でき，**宗教・世界観・良心**の3つについて，その内面的・外面的両側面（「内的事項」・「外的事項」のフォーラムとも呼ばれる）の保障を行う。

　保護領域画定のためには，これらの3概念を各々明らかにする必要がある（宗教⇨本章第5節）。世界観については——宗教と区別できないとする見解も有力であるが——世界観の全てが宗教に属するわけではなく，宗教との相違が認められよう。良心に基づく決定とは，善悪のカテゴリーに方向付けられた，真摯な倫理的決定を意味し，当人にとって拘束的かつ義務的なものでなければならない（BVerfGE 12, 45, 55）。なお，ヴァイマール憲法136条以下の規定は，憲法の構成部分とされているが（140条），固有の保護領域や憲法異議は認められない（解釈論上の観点として援用されうるが，その影響力は限定的）。4条が保障する自由については，留保を欠く基本権として，憲法内在的制約のみが妥当する（例えば，生命や身体の不可侵，健康の保護，自由で民主的な基本秩序を理由とする制約）。自然人は一般に，その国籍に関わりなく，この自由を享有しうる（但し，宗教⇨本章第5節）。

○　フランス

　1789年**人権宣言**10条は，「何人も，その表明が法律によって定められた公の秩序を乱さない限り，たとえ宗教的なものであっても，その意見について不安を抱かされてはならない」として**意見の自由**（liberté d'opinion）を保障する。また，1946年憲法前文も，全ての人間の「人種，宗教，信条による差別なく，不可譲の神聖な権利」を保障し，さらに勤労あるいは雇用において「意見あるいは信条ゆえの不利益」を被ることはない。第五共和制憲法も，「フランスは，いかなる信条も尊重する」（1条1項）と定める。意見の自由および**信条の自由**（liberté de croyance）は，歴史的にも憲法が明文で保障してきており，憲法院も1977年11月23日判決で，**良心の自由**（liberté de conscience）が共和国の諸法律によって承認された基本原理として，憲法的価値を有すると判示している。

意見の自由の保障からは，意見そのものを犯罪とするいわゆる**言論犯**（délit d'opinion）の廃止が導かれる。また関連して，**良心的兵役拒否**も問題となる。現在，良心的兵役拒否者には，兵役に代わって国または地方公共団体の職務に従事する，国民の役務（service national）が課されることになっている。

　なお，公務員については一般市民としての意見の自由および良心の自由が保障されるが，公役務の適切性や中立性などの職務上の要請（特に職業軍人や裁判官，上級公務員）から，公務員の意見・良心の自由が制約される場合がある。

○ 北　欧

　意見および信条の自由（アイスランド），宗教および良心の自由（フィンランド），政治的・宗教的・文化的観点での意見表明の公的機関による強制禁止（スウェーデン）の規定がある。規定のない国では欧州人権裁判所で，子どもへの性教育や宗教教育による親の哲学的・宗教的信念への権利の侵害などが争われている。

○ E U

　EU基本権憲章10条は，信教の自由とともに，思想および良心の自由を保障する。また，良心を理由とする拒否の権利が，国内法の下で行使可能でなければならいと規定している。政治的意見やその他の意見による差別は，いかなる根拠に基づくものであっても禁止される（同憲章21条）。

○ 台　湾

　憲法には，内心の自由に関する明文の規定はない。

○ 韓　国

　憲法19条が，日本と同様，**良心の自由**の保障を規定する。「良心」の意味内容について，判例は，「世界観・人生観・主義・信条などはもちろん，そこまで至らなくとも，より広く個人の人格形成に関係する内心においての価値的・倫理的判断も包含する」と捉え，沈黙の自由もこれに包含されるとする。この点から憲法裁判所は，名誉毀損事例において謝罪広告を強制することは「良心

の自由の制約であり人格権にも大きく違背する」と判示している。

2 表現の自由

○ イギリス

　表現の自由と集会の自由は伝統的に重視されてきた。表現の自由は，**人権法**以前からコモン・ロー上「憲法上の権利」とされており，また**欧州人権条約 10 条**は**コモン・ロー**を反映したものであるといわれる（Attorney General v Guardian Newspapers Ltd（No. 2）［1990］1 AC 109 など。もっとも，本判決も含め，イギリスの裁判所の判決が人権条約違反と欧州人権裁判所により判断される場合も多い）。それは，情報の**発信**および**受領**の両側面における自由として観念され，また自己実現や社会生活，経済生活，芸術などにとり本質的なもので，何より，**民主主義**の保持に不可欠のものとして正当化される。

　とはいえ，イギリスでは広汎な言論規制が行われてきた。**事前抑制**に関しては，映画について自治体に上映の許可権限が与えられており，未成年の観賞に関し条件を付すことができる（1985 年映画法（Cinemas Act 1985））。実際には業界団体によって分類がなされるが自治体はこの判断に拘束されない。また，ビデオ販売についても事前の対象年齢分類と証明が必要とされる（1984 年ビデオ録画法（Video Recording Act 1984））。裁判所による**差止命令**も，秘密保持義務違反との関係では比較的寛容である。もっとも，命令を発するに当たり，表現する側の主張を聴く機会を設けることが要請される（1998 年人権法 12 条 2 項，3 項）。

　民事・刑事の責任を伴う制限も多い。1959 年**わいせつ物出版法**（Obscene Publications Act 1959）が，わいせつ記事の営利目的か否かを問わない出版や営利目的での所持を犯罪とする。「わいせつ」とは，「その効果が，それに含まれ又は表現された事柄を，読む，見る又は聞く人々を堕落し腐敗させる（deprave and corrupt）傾向を持つ」もの，「出版」とは，配布や回覧，販売のほか，上演や放映，電子データの送信を含むものである（同法 1 条）。**児童ポルノ**に関しては，1978 年子ども保護法（Protection of Children Act 1978）が，16 歳未満の子どもの品位を欠く写真の撮影，頒布や展示，頒布展示目的の所持を禁止する。

名誉毀損については，刑罰は 2009 年に廃止されたが，民事責任を追及されることがある。もっとも，判例上，公共の関心事（public interest）であれば真実の証明があれば正当化される。また公共の関心事の論評で誤った事実を含まず悪意の証明がない場合には責任を免れる（**公正な論評の法理**）。地方自治体（またその類推で政府）が名誉毀損を理由として損害賠償を求めることは認められないが，政治家個人による請求は認められる可能性があり，そこでは通常の名誉毀損の判断枠組みに従い判断がなされる。「現実の悪意」の法理の適用は現在のところ否定されている（Reynolds v Times Newspapers Ltd［2001］2 AC 127）。

　コモン・ロー上の罪であった**煽動**（seditious libel）は 2009 年に廃止された。だが，警察官や軍人に対する不服従の煽動（1986 年警察法（Police Act 1996），1934 年不服従煽動法（Incitement to Disaffection Act 1934）），テロ行為の準備などの煽動（2006 年テロリズム法（Terrorism Act 2006））は犯罪とされる。人種憎悪（racial hatred）や宗教憎悪を煽る言動も処罰される（1986 年公共秩序法（Public Order Act 1986），2006 年人種及び宗教憎悪法（Racial and Religious Hatred Act 2006））。

　プレスやその他の**マスメディア**の自由の重要性は承認されている。近年，報道による**プライヴァシー**侵害が秘密保持義務違反として認められることが増えており，その調整が論点となっている（⇨第 9 章）。また，国家機密の公表が秘密保持義務違反を理由に差し止められることもある（一連のスパイキャッチャー事件）。放送には内容の中立性の要請や，政党政治放送（Party Political Broadcasts）を除く政治広告の禁止といった規制が課されており，独立の規制機関として情報通信庁（Office of Communications：OFCOM）が設置されている（2003 年情報通信法（Communications Act 2003））。なお，法律上，条件付きで**取材源の秘匿**が保障される（1981 年裁判所侮辱法 10 条）。

〇 アメリカ

　修正 1 条は，合衆国憲法において理論的にも実践的にも特別の地位を有している。理論的には，アメリカが民主主義国家であることを象徴的に示す，合衆国憲法の中核的条文と考えられている。実践的には，個別具体的な人権規定を多く持たない合衆国憲法にあって，憲法上の権利主張の多くは修正 1 条に依拠

し，裁判所も手厚い保護を与えてきた。修正1条の文言は簡潔（それゆえ，多くの主張を受け入れることができた）だが，その法理は極めて複雑である。

　修正1条が禁じる行為につき，**検閲・事前規制の原則禁止**は意図されていたが，事後規制については必ずしも明らかではなかった。建国直後の1798年，政府批判を処罰する連邦煽動罪法が成立した。同法に対しては当時から修正1条違反だとの批判があったが，最高裁で審理される前に失効した。その後は連邦法による言論規制が問題とならず（当時は**編入理論**（⇨第8章）成立前であり，州の行為は修正1条の対象外），修正1条の内容は明らかとはならなかった。

　修正1条の意味が注目されるようになったのは，第一次世界大戦へのアメリカの関与に対する批判が煽動罪として罰された20世紀初頭だった。当初の最高裁は処罰を支持したが，判決の個別意見や学説の議論を経て，現在でも有効な法理の土台が形成された。また，編入理論によって州の行為にも修正条項の権利保護を認めた結果，修正1条の保護範囲は飛躍的に拡大した。さらに，**United States v. Carolene Products Co.**（304 U.S. 144（1938））の脚注4で，合憲性の推定が働かない分野として表現の自由が示唆され，後の判例が**厳格審査**を採用したため，修正1条は人権の根拠条文として多用されることとなった。

　言論の自由を保護する目的として**政治的言論**の保護が念頭にあったことは明らかで，多くの判決も政治的言論の重要性を指摘しているが，保護の対象は政治的言論に限定されていない。「保護されない言論」や低い程度の保護のみが認められる言論もあるが，あくまで個別領域ごとの判断であり，「政治的でない」ということで一律に保護の程度が低いとはされていない。

　「言論」は幅広く理解されており，自らの意思を他者に伝える意図があり，他者からもそのように受けとられる行為であればよい。通常は言論と理解されない行為が，特定の文脈で意思伝達の機能を持つ場合，最高裁は**象徴的言論**として一定の保護を認めている。United States v. O'Brien（391 U.S. 367（1968））は，ベトナム反戦を意図して行われた徴兵カードの焼却に対する処罰を合憲としたが，規制が合憲とされるためには，①政府の規制権限の範囲内である，②重要または実質的な政府利益を促進する，③自由の表現の抑圧とは無関係である，④修正1条が保護する自由に対する付随的制約が規制目的からして必須の

範囲を超えないことが必要とされた (**O'Brien テスト**)。一方, Texas v. Johnson (491 U.S. 397 (1989)) は, 国旗 (星条旗) の焼却に対する処罰が, 星条旗の象徴する価値の否定という特定の見解そのものの処罰だとして, 厳格審査により違憲としている。

但し, 一定の類型に該当する内容の表現に対する規制については, 修正1条の保護を受ける「言論」には該当しない。Chaplinsky v. New Hampshire (315 U.S. 568 (1942)) は,「保護されない言論」として, けんか言葉, わいせつ, 名誉毀損を挙げ, New York v. Ferber (458 U.S. 747 (1982)) は, 児童ポルノをこれに加えている。また営利的言論については通常の内容規制より緩やかな基準により審査され, 放送に対しても緩和された審査基準による審査が認められている。

修正1条に特有の法理として, まず, **検閲・事前抑制の原則禁止**がある。憲法制定当初からこの点には広範な合意があり, Near v. Minnesota (283 U.S. 697 (1931)) は, 修正1条が事前抑制を原則禁じていることを確認した。国の安全に関わるような場合には例外がありうるとされていたが, その範囲は極めて限定的である。New York Times Co. v. United States (403 U.S. 713 (1971)) は, 当時秘密指定されていたベトナム戦争に関する報告書 (ペンタゴン・ペーパー) を入手したニューヨーク・タイムズ (とワシントン・ポスト) の報道に対する政府の差止請求に対して, 事前抑制に対しては強い違憲性の推定が働くとして, 差止めを認めなかった。

事前抑制の基準を示した判決としては, Freedman v. Maryland (380 U.S. 51 (1965)) がある。同判決は, 映画の事前許可制が合憲とされる要件として, ①対象映画が修正1条による保護の対象外であることの立証責任が政府にあること, ②許可制が最終決定ではなく, 特定の短期間に許可するか裁判所に訴える道が示されていること, ③裁判所の決定が迅速に行われることを挙げている。

また, **過度の広汎性ゆえに無効の法理**と**不明確性のゆえに無効の法理**は, 規制目的の達成に必要な範囲を超える規制 (過度の広汎性) や, 文言が不明確でその対象が不明確な法令 (不明確性) を文面上無効とするものである。違憲審査においては, 自らに対する法令の適用を争うのが通常である (**適用審査**) ため, 例えば法令が過度に広汎だったとしても, 自身の行為が法令による規制の中核

部分に当たる場合には適用上合憲となり，違憲主張適格が認められない。しかし，言論に対する規制立法が違憲である場合には，当該立法によって生じる**萎縮的効果**をできるだけ速やかに除去するため，**文面上無効**の主張を認めている。

最高裁は，表現規制を**表現内容規制**と**表現内容中立規制**に区別し，内容規制に対してはやむにやまれない政府利益の基準により審査している。規制目的の正当性と目的達成手段の必要性は政府に**立証責任**があり，立法府の事実認定に対する敬譲は払われない。内容規制の中でも，特定の立場から行われる言論のみを規制するものは**見解規制**と呼ばれ，ほぼ自動的に違憲とされている。また個別領域ごとに，より具体的な判断基準も形成されている（名誉毀損における**現実的悪意の法理**や，煽動における**「明白かつ現在の危険」基準**など）。

違法行為の煽動　反戦ビラの配布が防諜法の禁じる徴兵妨害などに当たるとして処罰することを合憲とした Schenck v. Unites States (249 U.S. 47 (1919)) で，ホームズ裁判官法廷意見は「問題となっている言葉が，実質的害悪をもたらすような明白かつ現在の危険を生む性格のもの」で，「実際にそのような状況で発言されたのかどうかが問題である」と述べた。同判決の**「明白かつ現在の危険」基準**は，明らかに言論規制の正当化が目的だった。しかし半年後の Abrams v. United States (250 U.S. 616 (1919)) でホームズ裁判官は，同様の処罰を合憲とする法廷意見に対し，この基準を示しつつ切迫した害悪が存在しないとして反対意見を執筆した。そして 1930 年代後半から 1940 年代の煽動に関する事例で，同基準は言論保護の基準として用いられることとなった。

第二次世界大戦後，米ソ冷戦を背景として，最高裁の言論保護的な態度は後退する。共産党を組織して政府の転覆を唱道したとして党の指導者が訴追された Dennis v. United States (341 U.S. 494 (1951)) は，言論規制によって防ごうとする害悪が大きいものであるほど，発生の蓋然性が低くても「明白かつ現在の危険」が存在するとした。しかし Brandenberg v. Ohio (395 U.S. 444 (1969)) は，違法行為の唱道を処罰するには，当該唱道が切迫した (imminent) 違法行為の煽動に向けられており，かつ実際にそのような違法行為を生じさせそう (likely) でなければならない (**Brandenberg 基準**) として，Dennis

判決を実質的に覆した。

けんか言葉・脅迫　当該表現を聞いた相手方が暴力に訴えてもやむをえないと考えられる罵詈雑言につき，Chaplinsky v. New Hampshire（315 U.S. 568（1942））は，**けんか言葉**（fighting words）として，修正 1 条が保護する言論には当たらないとした。また Virginia v. Black（538 U.S. 343（2003））は，特定の個人や集団に対する違法な暴力行為を引き起こすとの意図で行われた表現は「脅迫そのもの」で，「言論」に当たらないとした。但し，単に聴衆に不快感を生じさせるだけで規制することは許されない（Cohen v. California, 403 U.S. 15（1971））。

R.A.V. v. City of St. Paul（505 U.S. 377（1992））は，けんか言葉の中で人種などに基づくものだけを選び出して処罰することは表現内容規制に当たるとして，厳格審査に基づき違憲としている。Virginia 判決は，表現内容ではなく脅迫の意図に着目した規制であるとして，R.A.V. 判決と事案を区別している。

名誉毀損・プライヴァシー侵害　人の社会的評価を低下させる表現により**名誉毀損**が成立する場合，表現内容が真実であると証明するか，免責特権が認められなければ，発言者は責任を免れなかった。民事訴訟が通常（刑事も皆無ではない）だが，現実的損害の証明は不要であり，**懲罰的賠償**も認められてきた。

ところで，民事名誉毀損は私人間の問題であり，憲法問題にはならないはずである。しかし，黒人運動に対する支持を呼びかけた意見広告に対して，広告中で批判を受けた警察署長が記事の細かな誤りを根拠として巨額の損害賠償を請求した**New York Times Co. v. Sullivan**（376 U.S. 254（1964））は，公職者の名誉毀損訴訟を認めることが当該公職者の活動に対する批判や公的事項に関する議論を抑圧することから，民事名誉毀損を憲法問題として扱い，公職者の公的活動への批判による名誉毀損については，発言者が自ら虚偽であることを知りつつ発言したかまたは内容の真偽を考慮せずに発言したこと（**現実的悪意**）を原告の側が立証できなければ，損害賠償責任を負わせることはできないとした。

Gertz v. Robert Welch, Inc.(418 U.S. 323（1974））は，現実的悪意の法理の対象となる原告を，公職者または公的人物に限定した。また同判決は，私人の

名誉毀損訴訟につき，被告に過失（fault）がある限り自由に責任基準を定められるとしたが，Philadelphia Newspapers, Inc. v. Hepps（475 U.S. 767（1986））は，発言内容が虚偽であることの立証責任は原告にあるとする。

　プライヴァシー侵害を理由とした言論規制につき，最高裁は非常に消極的である。Cox Broadcasting Corp. v. Cohn（420 U.S. 469（1975））は，起訴状から強姦被害者の氏名を知り報道したテレビ局の民事責任を否定し，また Bartnicki v. Vopper（532 U.S. 514（2001））は，違法盗聴のテープを入手放送したラジオ局に対しても，放送内容が真実であるならば，自らが違法行為を行っていない限り，例え違法盗聴だと知っていたとしても責任を問えないとしている。

　性表現　Miller v. California（413 U.S. 15（1973））は，①当時の当該共同体における基準を通常人が当てはめると，全体として好色的興味に訴えかけるものと判断され，②州法により特定的に定義された性的行為を，明らかに不快な方法で描いており，③全体として重大な芸術的，政治的，科学的価値を欠いていると認められれば，当該表現は**わいせつ**として憲法上保護されないとする。但し，単純所持に対する規制は許されない（Stanley v. Georgia, 394 U.S. 557（1969））。

　児童ポルノも，修正1条の保護する言論ではないとされる。New York v. Ferber（458 U.S. 747（1982））は，児童ポルノの規制理由は児童の性的搾取からの保護というやむにやまれないものであり，児童ポルノに表現としての価値はほとんどないとした。作成過程で生じる児童虐待を防ぐため，単純所持の処罰も許される（Osborne v. Ohio, 495 U.S. 103（1990））が，現実の児童が被写体となっていない性表現（CGなど）を，「児童ポルノ」として規制することは許されない（Ashcroft v. Free Speech Coalition, 535 U.S. 234（2002））。

　「わいせつ」「児童ポルノ」ではない性表現の規制は厳格審査の対象となる。但し最高裁は，性表現にアクセスできる地区の限定（ゾーニング）を，内容中立規制であり合憲としている（Young v. American Mini Theatres. 427 U.S. 50（1976），City of Renton v. Play Time Theatres, 475 U.S. 41（1986））。また**青少年保護**を目的とした，成人に対しては「わいせつ」といえない性表現の規制につき，最高裁は合憲としている（Ginsberg v. New York, 390 U.S. 629（1968））。

営利的言論　　Virginia Pharmacy Board v. Virginia Consumer Council（425 U.S. 748（1976））は，**営利的言論**の自由な流通に対して消費者は重大な関心を持っており，自由経済システムに不可欠だとして，虚偽的でも詐欺的でもなく違法な行為の宣伝でもない広告を禁じることは許されないとした。また，Central Hudson Gas & Electric Corp. v. Public Service Commission（447 U.S. 557（1980））は，営利的言論とその他の言論との「常識的差異」から，詐欺的な広告や違法行為の宣伝だけでなく，当該規制が州の実質的利益を直接促進し，他により制限的でない手段が存在しない場合にも規制できるとの**中間的審査**（Central Hudson テスト）を提示した。現在もこの基準は用いられているが，営利的言論の範囲は限定的で，また最近の最高裁による営利的言論の規制に対する審査はかなり厳格である。

以上のような表現内容規制に対し，表現が行われる時，場所，方法に着目した規制は**内容中立規制**と呼ばれる。審査基準としては一般に中間的審査が要請される（立法目的が重要または実質的（significant/important）な政府利益の達成であり，その手段としての規制が限定的に設定されている（narrowly tailored）こと，情報伝達するための代替的手段が十分に存在することが求められる。ここでも，目的・手段については政府に立証責任があり，立法府の事実認定に対する敬譲は払われないとされる）。

特定の時，場所，方法で表現することが許される内容と許されない内容に区別されていれば，内容規制である。Grayned v. City of Rockford（408 U.S. 104（1972））では，授業中に学校周辺で騒音を立てることの禁止が内容中立規制とされたが，Police Department of Chicago v. Mosley（408 U.S. 92（1972））は，授業中に学校周辺でデモなどを行うことの禁止から労働争議に伴う平和的ピケッティング（事業所付近で行われる見張り，宣伝活動）を除外していた場合，当該規制は内容規制だとする。また Lovell v. Griffin（303 U.S. 444（1938））は，文書配布につきあらゆる時，場所，方法で行われるものについて事前の許可を求めることは許されないとしている（パブリック・フォーラム⇨本章第4節）。

このほかに，表現にまつわる問題がいくつかある。

メディアに関する問題　　修正1条が「言論の自由」と区別して「または出版の自由」と定めることから，出版（プレス，**メディア**）に

通常の言論の自由とは異なる保護を認める学説もある。しかし最高裁は「出版の自由」に特別の意味を認めず、メディアは通常の言論の自由を享受するだけとしている。大陪審に対するジャーナリストの**取材源秘匿権**が争われた Branzburg v. Hayes（408 U.S. 665（1972））は、取材活動を修正 1 条の保護対象としたが、憲法上の取材源秘匿権は認めなかった。また Pell v. Procunier（417 U.S. 817（1974））と Saxbe v. Washington Post Co.（417 U.S. 843（1974））は、囚人に対するインタビューにつき、メディアは一般公衆と異なる権利を持たないとした。さらに学生新聞社の捜索押収が争われた Zurcher v. Stanford Daily（436 U.S. 547（1978））も、特別の保護を認めなかった。もっとも、通常の私人と異なる取扱いをメディアに行うことは禁止されていない。多くの州は記者の証言義務を免除する法律（シールド法）を制定しており、連邦のプライヴァシー保護法（1980 年）も、メディアに対しては捜索押収ではなく、文書提出命令や召喚状など裁判所の手続による審理が原則と定めている。

　電波を用いた音声および映像の公衆伝達として（伝統的には）定義される**放送**には特別の規制（免許制や内容規制）が認められている。Red Lion v. FCC（395 U.S. 367（1969））は、放送周波数の希少性、放送に対する規制の伝統を根拠として、公平原則の合憲性を支持した。また FCC v. Pacifica Foundation（438 U.S. 726（1978））は、一方的に家庭内に飛び込んでくるという放送の特質を理由として、ラジオによる下品な表現を理由とした行政処分を合憲としている。

　Turner Broadcasting v. FCC（512 U.S. 622（1994））（Turner I）は、**ケーブルテレビ**には周波数による制約はないが、利用者が受信しうる番組のボトルネックとして局が機能する可能性があることから、マスト・キャリー規制（一定番組をケーブルテレビ局が配信する義務）は内容中立規制だとした（差戻上告審は規制を合憲とした。Turner Broadcasting v. FCC, 520 U.S. 180（1997）（Turner II））。

　一方、**インターネット**で下品な表現を未成年者に送信することを禁じた 1996 年通信品位法が争われた Reno v. ACLU（521 U.S. 844（1997））は、インターネットに規制の伝統はなく情報受領に能動的活動が必要だとして放送との類似性を否定し、ゾーニング規制ともいえないとして、厳格審査により違憲とした。これに対して連邦議会は児童オンライン保護法を制定し、わいせつ表現を商業

目的で未成年者に送信することに処罰対象を限定した。しかし2009年に最高裁は2度に及ぶ差戻しの末，フィルタリングのような代替手段では不十分であるとの立証に成功していないとした控訴審判決（ACLU v. Mukasey, 534 F.3d 181 (3d Cir. 2008)）への裁量上訴受理を拒否し，同法を違憲とする判断が確定した。

言論助成 Rust v. Sullivan（500 U.S. 173（1991））は，中絶の助言を行う医院を家族計画プログラムの支出対象から除外することは，政府による中絶反対の意思表明であり，私人の言論に対する規制ではないとした。またNEA v. Finley（524 U.S. 569（1998））は，芸術助成の対象選定時に作品の品性を考慮することが許されるとし，United States v. American Library Association, Inc.（539 U.S. 194（2003））は，連邦補助を受ける図書館へのフィルタリングソフト導入の義務付けを合憲とした。一方，Legal Services Corp. v. Velazquez（531 U.S. 533（2001））は，現行の社会保障制度を批判する依頼人を援助する団体に対して法律扶助資金交付を認めないことを修正1条違反とした。法律扶助が政府の主張を目的とせず，依頼人の言論を支援する制度であるとして，Rust判決と区別された。

公務員の表現 連邦**公務員**の積極的**政治活動**を禁じたハッチ法につき，United Public Workers v. Mitchell（330 U.S. 75（1947））は合憲とした。公務員の公的関心事に関する発言については修正1条の保護が及ぶ（Pickering v. Board of Education, 391 U.S. 563(1968)）が，個人的利益に基づく発言は厳格審査の対象とならない（Connick v. Myers, 461 U.S. 138（1983））。但し，発言が実際に効率的かつ効果的な行政遂行に支障を生じさせたことを立証する必要がある。政策形成に関わらない職につき政党所属を理由とした解雇は許されず(Elrod v. Burns, 427 U.S. 347（1976）)，また政策形成職についても，当該職の遂行において政党所属を要件とすることが適切といえなければならない（Branti v. Finkel, 445 U.S. 507（1980））（特定団体加入者の公職排除や宣誓義務⇨本章第4節）。

政治資金規制 Buckley v. Valeo（424 U.S. 1（1976））は，**政治資金**の支出と寄附を区別し，前者に厳格審査を，後者にはより緩やかな審査を適用した。支出規制は政治的表現そのものの規制であり，腐敗防止は目的として不十分で，経済力による政治的影響力の格差是正という目的は修正1条

と相容れないとして違憲とする一方,寄附規制は腐敗防止の観点から正当化されるとした。

支出規制につき,Austin v. Michigan State Chamber of Commerce (494 U. S. 652 (1990)) は,企業や労働組合が政治支出の際に政治活動委員会 (Political Action Committee, PAC) を設立し,PAC を通じて行うことの義務付けを合憲とした。一方,候補者から独立した支出の規制は許されず (FEC v. NCPAC, 470 U.S. 480 (1985)),政党による候補者の宣伝広告も,独立支出である限り制約は許されないとした (Colorado Republican Federal Campaign Committee v. FEC, 518 U.S. 604 (1996) (Colorado I))。PAC から宣伝や意見広告のため寄附された資金(ソフト・マネー)で政党が宣伝を行うことに制約はなかったので,企業や団体は PAC を通じた寄附を政党に行った。2002 年,政党へのソフト・マネーの寄附,労働組合・企業による宣伝広告,意見広告の形で政党が行う宣伝広告を規制する BCRA 法 (Bipartisan Campaign Finance Reform Act of 2002) が成立したが,McConnell v. FEC (540 U.S. 93 (2003)) も同法の大部分を合憲と判断していた。

しかし最高裁は,Citizens United v. FEC (558 U.S. 50 (2010)) で,McConnell 判決の重要部分を覆し,Buckley 判決以降の判例の流れを大きく変える判断を示した。同判決は,企業や団体が独立支出を行う団体に対して直接寄附することの禁止は,法人の政治的表現に対する規制だとして,厳格審査に基づき違憲とした。個人の独立支出が無制限であるにもかかわらず,企業や団体についてのみ規制することは正当化できないというのであった。Citizens United 判決と,独立支出のみを行う PAC に対する寄附制限を違憲とする控訴審判決 (Speech Now v. FEC, 599 F.3d 686 (D.C. Cir. 2010),現在上告中) により,PAC は無制限に寄附を集め,無制限に支出することが可能となっている (Super PAC と呼ばれる)。

○ ドイツ

基本法はコミュニケーションの自由として,各々独立ではあるが,互いに密接な関係を有する一連の基本権を定める。意見表明の自由,一般的にアクセス可能な情報源から知る権利(5条1項1文),メディアの自由としてのプレスの

自由並びに放送及び映画による報道の自由（同項 2 文），芸術及び学問の自由（同条 3 項），集会の自由（8 条），結社の自由（9 条），さらにコミュニケーション空間としての住居の不可侵（13 条）の保障などがそれであるが，5 条 1 項による保障は特に重要な地位を占める。学説・判例は，中でも**意見表明の自由**を中心に発展してきた。基本法が予定する民主制というものは，選挙過程に尽きるものではなく，政治的な意見形成を可能とする，開かれた社会的コミュニケーションを意図している。自由な意見表明への基本権は，社会における人間人格の直接的な表現として，もっとも重要な人権のうちの一つであるとともに，「自由で民主的な国家秩序にとって，まさに構成的なのである」(BVerfGE 7, 198, 208)。

「何人」とあるように，意見表明の自由については，外国人にもその享有主体性が認められる。「意見」概念は広く把握される。意見とは，一定の対象についての見解，確信，判断であり，評価的な態度決定という要素が決定的である。また，「自己の意見」を表明するという文言にもかかわらず，保護領域は「価値判断」には限定されず，「事実の主張」も広くカバーされる（事実の選択が評価に左右されること，意見形成の前提として事実が重要となるなど，双方が密接に結合しうることの帰結）。意見が価値判断を本質とする以上，主観性自体，保護の対象となる。経済広告については，意見表明の自由・経済活動の自由（12 条・14 条），何れの条項，または双方により保護されるべきか，争いがある。少なくとも価値評価的，意見形成的な内実を有する場合，または意見形成に仕える主張を含む場合には，意見表明の自由としての保護領域性が是認される (BVerfGE 71, 162, 175) が，量的には，職業の自由（12 条）への介入として扱われる事例も少なくない（歯科医広告禁止の合憲性を争った最近の事例，1 BvR 233/10, 1 BvR 235/10）。「言語，文書，図画によって」とあるが，これは例示的列挙に過ぎず，あらゆる形態の意見表明が包括され，写真の流布もカバーされている (BVerfGE 102, 347, 359 f.)。準備，意見形成，意見表明の場所・時間の選択，意見の流布など，コミュニケーション・プロセスの全てが保護の対象であり，ボイコットの呼びかけさえも保護されている (BVerfGE 7, 198, 212；25, 256, 265)。但し，①意見形成に貢献する余地が認められない，歴史的に虚偽と証明されている事実 (BVerfGE, 54, 208, 219)，②経済的な圧力行使に相当するもの (BVerfGE,

25, 256, 265），③（人間の尊厳に関わる）いわゆる「誹謗的批判」の3つは，当初より保護の対象ではなく，コミュニケーション・プロセスから除外される。

知る権利が対象とする「一般的にアクセス可能な情報源」とは，情報源が，特定の者ではなく，あらかじめ広く一般公衆へと情報提供することに向けられている場合に限って認められる（新聞，官報，報道など，著作者が一般公衆によるアクセスを意図している場合）。情報提供を求める給付請求権ではないため，現在では権利制限が問題となるケースは少ないが，例えば，移民による，母国からの衛星放送受信に必要不可欠なパラボラアンテナの利用なども保護される（BVerfGE 90, 27, 32f.）。但し，他方では，環境情報法・情報自由法などの連邦法律および各州法の制定を通じ，官庁などが有する情報に対する，より広範なアクセスが認められるようになっていることに注意する必要がある（もとより，こうした法律上の請求権が，基本権内実と直ちに同視されるわけではない）。なお，意見表明の自由・知る権利の双方については，その消極的側面も認められており，特定の意見を表明・流布しない自由，意見表明を強制されない自由も保障されている。したがって，他者の見解をあたかも自己のものとして表明することへの強制，商品・宗教団体の危険性に関する政府による警告（BVerfGE, 105, 252；105, 279）は，各々，基本権への介入となりうる（但し，煙草包装への警告表示については，それが第三者の意見に由来することが明らかに認識されうるという理由から，意見表明ではなく，職業の自由＝12条の問題とされた。BVerfGE 95, 173, 182）。

プレスの自由並びに放送及び映画による報道の自由の両者は，**メディアの自由**として包括されうるが，保護領域については，意見表明の自由・知る権利と原則等しく，制限についても同様（5条2項），メディアにおける送り手は両自由を，受け手の側は前記知る権利を享有する。メディアの動向は，民主制原理，政治的意思形成のプロセスへ多大な影響力を有している。多様性ある意見ができる限り広範にメディアにおいて反映されることが重要であるとされ，メディアによる秩序については，法律による内容形成もまた要請される（国家への防禦権としてのみならず，「規範によって形成される自由」としても理解。BVerfGE 57, 295, 320 ff.）。プレスとは，新聞・雑誌などの定期刊行物のほか，一般的配布に向けられた印刷物全てを指す。いわゆるタブロイド紙もまた，このプレスの自由を

享有しており，セレブリティなどが主張する人格権との調整が要請される。ドイツ国内判例と，私生活の保護をより重視する，欧州人権裁判所判例との相違が注目を集める箇所でもある（BGHZ 131, 332, 339；BVerfGE 101, 361, 380 ff.；EGMR, v. 24.6.2004, NJW 2004, 2647 ff.）。放送及び映画による報道の自由は，当初，ラジオ放送による報道および映画館にて上映された報道フィルム（"Wochenschau"）の保護を念頭におくものであった。現在では，テレビ放送（公共・民間放送）による，事実報道およびエンターテイメント番組についても保護領域とされている。映画に関しても，ドキュメンタリーのみならず，劇映画も保護の対象に属する。

　5条1項による保障については，同条2項により，立法者による介入への授権が図られているが，①「一般的法律」，②「少年の保護」，③「個人的名誉」の3点にわたる，法律の特別留保が認められている。②と③は，実質的正当化・比例性原則による審査に際し，規制目的としての正当性を認められる。①の概念が最も論争的である。「一般的法律」概念を，「抽象的・一般的規律」の要請と解することは，既に個別的法律を明示的に禁止する19条1項の存在に留意すれば適切ではない。そこで学説・判例は，これまで，他の手掛かりを求めてきた。ヴァイマール憲法の規定（118条1項1文）にも見られる「一般的法律」の要請について，これを「特別法」の禁止と把握する立場は，法律による規制が，精神的自由それ自体または特定の意見へと向けられていないことを求める。この伝統的定式の理解については，その守備範囲をめぐり，微妙なバリエーションが認められる。この定式を，行為と区別された「精神作用一般」に関わるものとして広く解するならば，少なからぬ刑罰法規（例えば，ドイツ刑法130条3項が定めるVolksverhetzung）の違憲性が導かれる可能性がある。この点を危惧する論者は，精神的自由への制約が，同時に，何がしかの行為自由への制約を随伴する場合には，「一般的法律」たりうると主張する（「一般的法律」とは，擁護すべき法益が意見表明の自由に優位する法律のことであると解し，利益衡量論の先取りを行う学説もある）。連邦憲法裁判所は当初，「一般的法律」とは，「意見それ自体を禁止せず，意見の表明それ自体には向けられ」てはいないもの，「特定の意見を顧慮することなく，それ自体として擁護されるべき法益の

保護」に仕えるものであり，それは「意見自由の活動に対し優位する，共同体における価値の保護」に奉仕するものである，と把握することにより (BVerfGE 7, 198, 209f.)，「特別法」の禁止理論および利益衡量論の双方を，あたかも結合させるかのような見解を打ち出していた。但し，その後，比例性原則を中心とした実質的正当化プロセスが確立したこともあり，利益衡量論についてはそちらに委ねられるようになる。「特別法」の禁止理論についても，近年，重要な変化が認められる。「一般的法律」として承認されるためには，「法益の保護」に加え，「意見中立性」が求められ，この意見中立性に関しても，特定の確信・態度・イデオロギーなどに向けられてはいないこと，すなわち，「論争における，具体的な観点に対する中立性」と把握されている（こうした見解を原則論として提示しつつも，審理の対象であった，ナチのプロパガンダ阻止を目的とする規定について，直ちにその例外的性格を容認するという論法に及んだ，ヴーンジーデル決定（BVerfGE 124, 300）を参照）。

　実質的正当化，とりわけ利益衡量を本質とする，狭義の比例性審査に際しては，「公共性に本質上関係する問題における，精神的な意見闘争への貢献が問題となる場合」には，言論の優位性の推定が認められている (BVerfGE 7, 198, 212；93, 266, 294f.)。この種の推定ルールは，意見表明の自由が民主制にとって構成的な意義を有するという理解によって基礎付けられている。但し，機能的・民主的な基本権理解に基づき，政治的言論にいわば特権的な地位を認めているわけではない。また，5条1項3文は，「**検閲**は行われない」と定めるが，これは，事前，つまり制作や発表の前段階において行われる制約を禁止する条項である。禁止は絶対的と解され，2項による留保は認められない。

◯ フランス

　1789年**人権宣言**11条は，「思想及び意見の自由な伝達は，人の最も貴重な権利の一つである。したがって，全ての市民は，法律が定める場合においてその濫用について責任を負うほかは，自由に話し，書き，印刷することができる」と，**表現の自由**（liberté d'expression）を保障している。

　表現の自由は，思想および意見の自由な伝達を本質とし，同時に世論形成の

役割も果たす。そこから，1881年7月29日の**言論出版の自由に関する法律**により，**プレスの自由**が保障された。憲法院も，「新聞事業の集中を制限し，表現の多元性及び財政上の透明性を確保するための法律」が目的として掲げた，新聞についての「多元性の確保」に憲法的価値を認めた (Déc. nº 84-181 du 11 octobre 1984)。なお，1982年7月29日には，テレビ，ラジオといった視聴覚コミュニケーションの自由を明らかにするとともに，メディアの多元性に対する**受け手の自由**を保障する法律が定められた。この法律について憲法院は，1789年人権宣言11条からコミュニケーションの自由を導いたが，かかる自由は公序の維持や社会文化的表現の多元性の確保といった憲法上の目的と対抗関係にあり，両者の調整は立法府の裁量に委ねると判示した(Déc. nº 82-141 du 27 juillet 1982)。また，インターネットの規制について憲法院は，プロバイダーに特別の責任を負わせる制度の創設を内容とする法律（2000年8月1日法）につき，制度創設自体は立法者の任意に委ねつつ，罪刑法定主義の原則および憲法34条の法律事項の規定に違反する内容が含まれるとして，一部違憲の判断を下した（Déc. nº 2000-433 du 27 juillet 2000)。

また，極右政党の台頭に対応して，人道に対する罪の存在を否定する（**人間の尊厳**を傷つける）言動を刑罰の対象とする，「人種差別・反ユダヤまたは外国人の排撃などの全ての行為を禁止する法律」が制定されている（1990年7月13日)。

◯ 北　欧

自由な意見形成は北欧民主主義の基盤をなす。特にスウェーデンでは，このことが国家体制の原則として統治章典に明記され，人権規定の冒頭に表現の自由と情報の自由が位置しているだけでなく，印刷媒体および放送，映画その他電子媒体を通じた表現の自由とをそれぞれ手厚く保護する**出版の自由法**と**表現の自由基本法**が基本法を構成する（前者は出版の自由令（1776年）以来，検閲なしに印刷物を流布する権利を規定していた。同法上の公文書へのアクセス権，2法に置かれた情報取得・伝達の権利，著作者の権利などは憲法上の保護を受ける。2法の保護範囲にある自由に関する犯罪は**法務総裁**またはその指名する検察官が訴追し，民事訴訟の場合でも参審制ではなく**陪審**で審理される。統治章典によれば表現の自由と情報の自由

の制約は,「国の安全,物資の全国的供給,公共の秩序及び安全,個人の名誉,私生活の不可侵又は犯罪の予防及び訴追」を理由に可能だが,民主的社会で受容可能な目的に適合する必要がある)。ノルウェーでも憲法上,開放的で開明的な公的討論を促進する条件を作り出す国家機関の責任に加え,国家権力などについて率直に語る自由が規定され,真実の追求,民主主義の促進および意見を形成する個人の自由との関係において正当化されない限り,情報の伝達と受領について法的責任を問われないとされる。デンマークでは民主的立憲秩序を揺るがす言論・集会・結社の自由の濫用は憲法上許容されないと解され,アイスランドでは表現の自由の制約が,公の秩序または国家の安全という利益,健康と道徳の保護および他者の権利や名誉の保護のため,必要性と民主主義的伝統との一致が認められる場合のみ可能と規定される。フィンランドでは表現の自由が情報および意見などの表明,公開,受領を含むものと規定され,公文書の公開とアクセス権が明記されている。**検閲**と**事前抑制**は5カ国全てで禁止されている。

○ E U

EU **基本権憲章**11条1項は,表現の自由を保障する。表現の自由には,公の機関による介入を受けることなく,かつ,国境に関わりなく,意見を持つ自由ならびに情報および考えを受けおよび伝える自由が含まれる。この規定は,**欧州人権条約**10条1項に対応し,同じ文言(同条約は,表現の自由に対する規制につき,「法律によって定められた手続,条件,制限または刑罰であって,国の安全,領土保全もしくは公共の安全のため,無秩序もしくは犯罪の防止のため,健康もしくは道徳の保護のため,他の者の名誉もしくは権利の保護のため,秘密に受けた情報の暴露を防止するため,または,司法機関の権威および公平さを維持するため,民主的社会において必要なもの」でなければならないとする)が用いられている。また,基本権憲章11条2項は,メディアの自由と多元性の尊重を謳っている。

基本権憲章8条2項では,自己に関する情報に**アクセスする権利**およびその情報を訂正する権利が保障され,41条2項でも自己の記録書類にアクセスする権利が明示されている。EUの基本条約でも「何人も自己に関する個人情報の保護に対する権利を有する」と宣言されている(EU運営条約16条)。

○ 台　湾

「人民は，言論，講学（教授），著作及び出版の自由を有する」（11条）。言論の自由とは，自己の内心の意見などを，文字などで外部に表現し伝達する自由のことを指す。このうち，自己の意見などを文字や音符などの方法で表現する自由が**著作の自由**であり，著作を印刷，撮影，録音などの方法で多くの者に頒布する自由が**出版の自由**である。言論の自由は，①民主制の健全化に資する，②自己実現に資する，③社会の安定と安全に維持に資するという3つの重要な価値を有する。「言論の自由は，自己を実現し，意見を交換し，真理を追究し，人民の知る権利を満たし，世論を形成し，様々な合理的な政治的，社会的活動を促す機能を有し，民主的で多元的な社会の正常な発展を維持するのに不可欠なメカニズムであるから，国家は最大限の保障を与えなければならない」（司法院釈字509号）のである。言論の自由に関する大法官解釈としては，わいせつ図書（同407号），商業広告（同414号），政治的言論（同445号），誹謗的表現（同509号）の規制をめぐるものがある。

○ 韓　国

憲法は**言論・出版の自由**を規定し，これは意思表現の自由，情報の自由（**知る権利**），報道の自由，**アクセス権**を内容とすると捉えられている。意思表現の自由とは，思想・良心および知識，経験などと関連した自身の意思を言論・出版により外部に表現し伝達し，自身の意思表明を通じて世論形成に参与することができる自由を意味する。知る権利は情報収集権と情報公開請求権を含むものとされる。報道の自由に取材の自由が含まれるかどうかについて学説は分かれている。取材源についての裁判での陳述に関しては，言論機関の公共性にもかかわらず特権としてこれを認めることはできないとして，公正な裁判の利益をより重視する説が多数である。アクセス権としての反論報道請求権については，「定期刊行物登録等に関する法律」や放送法に規定されている。言論・出版について，憲法は**許可制・検閲**を禁止している（21条2項）が，「通信・放送の施設基準及び新聞の機能を保障するために必要事項は法律で定める」（同3項）としているため，国家安全保障・秩序維持・公共の福祉のために一定

の制限を加えられる。また,「言論・出版は他人の名誉若しくは権利又は公衆道徳若しくは社会倫理を侵害してはならない」(同4項)と規定されていることから,一定の事後統制が認められる。判例では事後統制を規定する法律の合憲性判断基準として**明確性の理論**(「最小限」の明確性が必要とされる)や利益衡量論,**「明白かつ現在の危険」基準**を使った例がある。憲法は**非常戒厳**により言論,出版,集会,結社の自由に関して特別な措置を講じることを認めている。

3 通信の秘密

❍ イギリス

通信の傍受は以前から行われている。かつては法律上の根拠もなしに行われていたが,欧州人権裁判所によって問題視されたため(Malone v United Kingdom (1984) 7 EHRR 14),現在は2000年調査権限規律法 (Regulation of Investigatory Powers Act 2000) に基づき,国家機密などを理由として大臣が発する傍受令状により行われる。

❍ アメリカ

通信の秘密を保護する条文はなく,修正4条と修正5条の解釈により保護される。Olmstead v. United States (277 U.S. 438 (1928)) は,修正4条が定める「捜索及び押収」を物理的場所への侵入に限定し,**電話傍受**はこれに当たらないとしたが,Katz v. United States (389 U.S. 347 (1967)) は,Olmstead判決を覆し修正4条の保護を認めた。ハーラン裁判官結果同意意見は,物理的捜索であると電子的捜索であるとを問わず,「プライヴァシーに対する合理的期待」は憲法上保護され,令状のない捜索押収は不合理との推定が働くと述べている (⇨第14章)。

❍ ドイツ

基本法は10条をもって,信書・郵便・電気通信の秘密の保障を定める。私信の内容のほか,その存在自体の秘密も保障される (信書概念には,広くコミュ

ニケーション目的の文書情報の記録とする広義説と,広告リーフレットや商品送付を除外する狭義説がある)。従来,郵便の秘密は国営ポストによる閲覧に対する防禦権であったが,郵政改革(1994年)により,担い手がドイツ連邦郵便からドイツ・ポストなどの企業となり(87f条),これを基本権の直接的な相手方と見なすことは困難となった(**第三者効力論・基本権保護義務論**適用が視野に入る)。電気通信は伝統的には,電話,電信,ファクス,テレグラムなどにより代表されていたが,情報技術の発展により,「テレコミュニケーション」と呼称され(73条7号,87条f参照),コンピュータ・ネットワークを介した通信(E-MailやSMSなど)も含むようになった。

10条2項2文により法律の通常留保が認められているが,国家が,信書・郵便・電気通信を介し行われるコミュニケーションの内容について知ることが,介入に相当する(同条同項2文によれば,「自由かつ民主的な基本秩序の保護」または「連邦若しくは州の存続若しくは安全」に仕える場合については,当事者に通知しない旨規定することが容認されており,19条4項が定める手続的保障の例外となる)。

2001年同時多発テロ以降,コンピュータ・ネットワークを利用したテロの危険が強調され,警察・情報機関にIT技術を手掛かりとする捜査権限が付与された。連邦憲法裁は,自宅PCなどITシステムへの秘密裏の外的侵入を授権する州法について,「ITシステムのインテグリティーと秘密性の保障を求める権利」を「一般的人格権」(1条1項と結び付いた,2条1項に根拠)を論拠に基礎付け,同法を違憲無効と判断した(オンライン捜査事件。BVerfGE 120, 274)。また,プロバイダーなどに対し,接続データの予備的な保存を6カ月間義務付け,警察および情報機関からの照会に応じるよう定める法律は,10条が保障するテレコミュニケーション秘密性の保障に対する違憲の介入とされた(予備的データ保存事件。BVerfGE 125, 260。EUからの強力な要請にもかかわらず,連立政権内部の意見対立ゆえ未改正)。

○ フランス

1789年**人権宣言**11条は「思想及び意見の自由な伝達」を,人の最も貴重な権利の一つと定める。**通信の自由**には表現の自由や意見の自由のほか,メディ

アの**放送の自由**などの要素が含まれると認識されている。他方，犯罪捜査の必要性から，一定の条件の下での「正当な傍受」がやむなく容認される。

憲法院は，1982年7月27日の判決において通信の自由の憲法的価値を承認して以来，1984年10月10・11日判決が「他の権利及び自由の尊重並びに国民主権にとって不可欠な保障の一つである基本的自由」とし，2009年6月10日判決も，その行使を「民主主義の条件」であると判示した。

○ 北　欧

デンマークでは裁判所の命令なしに通信の秘密を侵害できず，アイスランドでは司法部の決定または制定法の規定による場合のみ，通信の捜査が可能とされる。スウェーデンでは信書の検査や電話その他通信の傍受および録音からの保護が規定され，その制約にも民主的社会で受容可能な目的への適合が求められる。フィンランドでは通信の秘密は不可侵とされ，その制約は，個人もしくは社会の安全または住居の平穏を危うくする犯罪の捜査，裁判，保安検査および自由剝奪の際に不可欠な限りで法定できる。ノルウェーには明文規定がない。

○ Ｅ　Ｕ

EU基本権憲章7条は，「全ての者は，その私的及び家族生活，住居並びにコミュニケーションの尊重を受ける権利を有する」と宣言し，さらに同8条は，自己の個人情報を保護される権利を保障する。これらの規定は，**欧州人権条約**8条に由来し，同条約が例外的に認めている民主的社会に必要な公権力による介入のみが許される。

○ 台　湾

憲法は，「人民は，通信の秘密の自由を有する」（12条）と規定し，人民が郵便，電話，電報など様々な通信手段で伝達する通信内容などが第三者に漏洩されないことを保障する。特に，政府機関による開封，隠匿，押収，盗聴などは防がねばならない。通信の自由に関する重要な法律として通訊保障及監察法がある。とはいえ，憲法23条（基本的人権の制限）に合致する場合，通信の秘密

は法律により制限される。例えば，刑事訴訟法には，被告人の通信の自由の制限について規定されている (105条)。

○ 韓　国

憲法裁判所は，憲法18条の「通信」の意味を「非公開を前提とする双方向的な意思疎通」とし，私生活の秘密 (17条) を通信に関してより強化したものとする (17条との関係については学説上争いがある)。通信業務上知りえた事実の漏えいの禁止，通信業務内容を情報活動の目的で提供し，または提供を受ける行為の禁止は禁止される。制限の限界として憲法37条2項の過剰禁止と本質的内容侵害の禁止がある (通信秘密保護法は犯罪捜査または国家安全保障のために厳格な要件に基づく法院の許可の下に特定国家機関による**盗聴**を認める。その他国家保安法，南北交流協力に関する法律，電波法，刑事訴訟法などで一定の制限が設けられている)。

4　集会・結社の自由

○ イギリス

集会の自由は，その意義について表現の自由と関連付けて捉える見解が強いが，少数派の政治参加を可能にするとの価値を説く者もいる。その内容について，判例上は「法の禁止しないことは何でも自由になしうる」とのコモン・ローが妥当してきた (⇨第8章)。

公共の場での2人以上の集会や集団行進は1986年公共秩序法 (Public Order Act 1986)，2003年反社会行為法 (Anti-social Behaviour Act 2003) により規制される。警察は「共同体の生活に深刻な障害を齎す場合」などに条件を付することができ，また集団行進については6日前までの届出が義務付けられ，条件を付すだけで不十分な場合には禁止命令が認められる。またコモン・ローで「治安の妨げ (breach of the peace)」が予期される場合には逮捕を含む措置を講じることが認められる。さらに地方自治体は条例で公園の利用を制限しており，そこでの集会が処罰されることもある。処罰の範囲は広く，**「明白かつ現在の危険」基準**も妥当していない。

判例は，古くは**敵意ある聴衆の法理**に相当する内容を含め公的な場所での平穏な集会の自由を認めたこともあった（Beatty v Gillbanks (1882) 9 QBD 308）が，その後はむしろ広範な警察権限の行使が認められる傾向にあった（Duncan v Jones [1936] 1 KB 218）。近年，再び集会の自由が重視される傾向にある。正当な権限なしに往来を意図的に妨げる道路（歩道を含む）使用は処罰されるが（1980年道路法（Highway Act 1980）），政治的目的の集会が通行の妨げにならない場合には正当な使用に当たるとの判例が知られる（DPP v Jones [1999] 2 AC 240）。

結社の自由に対する一般的な制限は存在せず，個人はいかなる団体であれ自由に結成・加入することができ，また団体は誰を構成員とするかを自由に決めることができる。もっとも，2000年テロリズム法（Terrorism Act 2000）は，アルカイダをはじめとする特定の団体の構成員となることを犯罪と定める。

〇 アメリカ

修正1条が「平和的に集会する」自由を定める。集会によって生じる騒音などを防止するため，時，場所，方法につき制約することは**内容中立規制**として中間的審査の対象となるが，集会の内容に基づいた区別は，**内容規制**として厳格審査に服する（⇨本章第2節）。

道路や公園は，政府が財産権者として管理権を持つ。これらの財産は表現の場として有効だが，管理権に基づいた表現行為のえり好みが許されるとすると，自由な表現は困難となる。**パブリック・フォーラム**（Public Forum：PF）論は，このような問題に対処するため生まれた法理である。特定教職員組合に対する学校間配送便の利用拒否が争われた Perry Education Ass'n v. Perry Local Educators' Ass'n（460 U.S. 37 (1983)）は，同判決以前の判例を整理し，①伝統的PF，②指定されたPF，③ノンPFに分類した。伝統的PF（道路や公園が該当）では表現の全面禁止は許されず，内容規制に対してはやむにやまれぬ政府利益の基準，内容中立規制に対しては中間審査基準（特に，代替的な表現の場が存在していることが求められる）によって審査される。指定されたPF（公民館や学校施設など）では，政府はフォーラムを公衆に開いておく義務はないもの

の開かれている限り伝統的 PF と同様の制約に服する。ノン PF に対しては公衆はアクセス権を持たず，見解規制に当たらない限り表現内容に基づく区別も許される。

　最も保護が手厚いのは伝統的 PF だが，「伝統」要件の故に道路・公園以上には広がらない。指定された PF についても，単に公衆の表現が黙認されているだけでなく，「意図的に」公衆に解放したことが求められる (Widmar v. Vincent, 454 U.S. 263（1981）は，学生の広範な利用に供するとの指針を示していた大学の学内施設を指定された PF と認めたが，International Society for Krishna Consciousness v. Lee, 505 U.S. 672（1992）は，空港ターミナルをノン PF とした)。指定された PF を利用しうる表現や特定の利用者に限定することも許される (限定的 PF。Christian Legal Society v. Martinez, 130 S. Ct. 2971（2010）は，加入者を宗教的・性的志向に基づき選別する学生団体からの登録（学内施設の使用権などと結び付いている）を拒否した大学の行為につき，登録団体は加入者を選別すべきでないとの大学の方針は合理的かつ見解中立的で許されるとした)。しかしそこでも，表現内容による区別を行うことは許されない（宗教的出版物であることを理由とした学生団体補助金の利用拒否を違憲とした Rosenberger v. Rector and Visitors of the University of Virginia, 515 U.S. 819（1995）など）。

　結社の自由につき明文規定はないが，表現目的の集団に対しては修正 1 条の保護が及ぶ。NAACP v. Alabama（357 U.S. 449（1958））は，州裁判所の団体名簿提出命令につき，表現活動に対する萎縮効果の懸念と，名簿情報に基づく報復の恐れを認め違憲とした。また（共産主義の排除を目的とした）公務員への加入団体報告義務（Shelton v. Tucker, 364 U.S. 479（1960））や，一定団体に加入していないことの宣誓義務（Wieman v. Updegraff, 344 U.S. 183（1952））も許されない。Garner v. Los Angeles Board of Public Works（341 U.S. 716（1951））は，政府転覆を唱道する行う団体に加入していた者の公職排除を合憲としたが，Keyishian v. Board of Regents（385 U.S. 589（1967））は，州立大学の教職員に対する共産党員でないことや政府転覆を支持する団体に所属していないことの宣誓義務を違憲とした。政党につき明文規定はなく表現目的の集団として保護されるが，政党が政治的権力の取得を主目的とすること，州の選挙法が政党の内部構

成や党内選挙を規律していることなどが、独特の問題を生じさせる (⇨第13章)。

表現活動を目的としない集団については、家族や配偶者といったごく限られた人との結び付きが、修正5条および修正14条の実体的デュー・プロセスが保護する基本的権利とされ、その制約は厳格審査の対象となる。その他の基本的権利とはいえない関係を結ぶ権利は、修正5条や修正14条により保護されるが、単なる「自由」として合理性審査による保護しか受けない (⇨第9章)。

○ **ドイツ**

基本法は8条1項をもって、「全てドイツ人は、届出又は許可なしに、平穏かつ武器を伴わずに、集会する権利を有する」と定め、**集会の自由**を保障する。文言上「ドイツ人」(116条) のみが持つ。8条2項は法律の通常留保を定めるが、対象は「屋外における」集会に限られ、屋内集会については、同条1項に基づき憲法**内在的制約**が妥当する。屋外集会は、第三者の行動自由を制約する上、デモに対抗デモが頻繁に対峙し、警察による双方保護が要請されるからである。集会は、意見形成、交換、表明のためのフォーラムとして重要であり、コミュニケーションの自由として重要な地位を占める。1980年代の平和運動や脱原発運動、それに東独市民「月曜デモ」に象徴されるように、集会の自由が持つ民主国家における政治的重要性が強く認識される (なお、内容を理由とした集会の禁止は、意見表明の自由 (5条1項1文) の問題に、異なる空間にいる者相互間におけるコミュニケーションについては、信書・郵便・電気通信の秘密 (10条) の問題になる)。

集会には「複数の人間の集まり」だけでは不十分で、「共同の目的」が必要である。集会参加者が相互に共同体を形成し、ある目的を追求することが求められる。判例によれば、目的は任意のそれではなく、デモクラシーにおける「公的な意見形成プロセス」にとって重要な目的に限定されるため (BVerfGE 104, 92)、「ベルリン・ラブパレード」などのエンターテイメントは、「集会」として保護されない (政治的コミュニケーションを保障しようという同条の史的背景を重視する解釈論には、批判もある)。「屋外における」(同条2項) とは、形式的な屋根の有無ではなく、空間の閉鎖性の有無 (壁や仕切りなどによる空間アクセスの制限の有無)、騒乱に結び付き易いかどうかの問題である (駅・空港ロビーにおける

集会は「屋外」扱い）。コミュニケーションとしての要素が事実上の暴力へと転化し，集会が全体として騒擾へと変容すると，「平穏」ではなくなるとされる（対抗デモの問題は本体デモの平穏性から区別される）。また，「武器」とは技術的意味における兵器全てから狭く解釈され，客観的に見て危険性を有し，暴力行為を目的として持ち込まれるものを意味する（トマト，卵，瓶または──防御用に使われる──傘やヘルメット自体は「武器」ではないが，暴力的使用の場合，「平穏性」が否定される）。デモ隊が建物入り口周辺に座り込み，アクセスの阻止を図る「座り込み封鎖」の法的取扱い（集会の禁止，および脅迫罪（刑法240条）の適用可能性）には争いがある（象徴的行為の一部も「集会」とすべきという説もある）。

これに対し「届出又は許可なし」文言は，保護領域への介入に対する制約と考えられている（届出・許可制も正当化の余地がある）。①48時間前までの届出義務（「集会及び集団行進に関する連邦法律」14条1項），②「公共の安全が，直接的に脅かされる場合」などの集会の禁止（同法15条1項）は介入の典型例である。連邦制度改革（2006年）によって，集会の自由についての立法権限は州に付与されたが（70条），州が固有の立法をしない限り，連邦法は妥当する（125a条1項）。

ネオナチによるデモ規制について，州上級行政裁判所が，ナチズムや外国人憎悪についての公然たる告白を，人間の尊厳に対する侵害と見なすのに対し，連邦憲法裁判所第一法廷は，集会禁止を，処罰可能な行為が行われる具体的危険性が認められる場合に限定している（例えばBVerfGE 111, 147）。

9条1項は，結社（Verein）および団体（Gesellschaft）について，**結社の自由**（Vereinigungsfreiheit）を定めるが，両者の上位概念としての結社（Vereinigung）とは，憲法上，その法形式の如何にかかわらず，「多数の自然人又は法人が，長期間に亘り共同目的のため，自由意思に基づき共同するものであって，組織的意思形成に従っている」（結社法2条1項）ものと解されている（「一人会社（Ein-Mann-Gesellschaft）」は結社とは見なされない）。自由意思に基づく加入が要件であり，公法上の**強制加入団体**は結社の自由を主張できない。9条1項により，結社の形成及び現状維持が保障され，目標設定，人事，規約及び財政に関する自治権（「結社自治権」）が認められる。「全てのドイツ人」には結社創設・加入の自由が，法人には集団的な基本権としての保障が付与される。連邦弁護

士会などへの強制加入制度が9条1項への介入か否かについては争いがある。入会拒絶の法的制限は，集団的な選抜自由への介入に当たる。政治的・経済的・文化的など，あらゆる目的が「共同目的」たりうるのであって（「目的中立性」），法により禁止された目的も原則含まれる。なお，共同目的を結社として追求する活動自体は，9条1項ではなく，個々の基本権によって保障されることになる（例えば，政治的な市民運動については5条1項）。9条1項は結社に関する一般法にあたり，労働組合（同条3項），宗教団体（4条），政党（21条）などについては，各々特別法が置かれている。

9条1項上，結社の自由は憲法内在的制約にのみ服する。但し，同条2項は「結社の禁止」という最も強力な介入については，特別の法律留保を規定している（結社法3条1-2項は，刑法，憲法秩序の保護および諸国民間の平和を理由とする結社の禁止を，州の上級官庁などに授権している。禁止処分については，比例原則による厳格な統制が要請される）。これに対し，（政党法2条1項が定義を掲げる）「政党」のうち，「その目標又はその支持者の行動により，自由で民主的な基本秩序を侵害若しくは除去し，又はドイツ連邦共和国の存立を脅かすことを目指しているものは，違憲である」とされ，違憲性については連邦憲法裁判所が決定する（21条2項1-2文。連邦憲法裁判所法13条2号，43-46条によりその手続が定められる）。但し，禁止実例は，極右政党SRPおよびドイツ共産党KPDの2件にとどまる。これには，「自由で民主的な基本秩序を侵害若しくは除去」すると断じられるには，当該政党に，「既存の秩序への戦闘的・攻撃的な態度」（BVerfGE 5, 85, 141）が認められなければならないという，極めて厳しい方針が採られていることにも理由がある（この方針は結社の禁止についても妥当する）。

〇 フランス

結社の自由（liberté d'association）は，**集会の自由**（liberté de réunion）とならび，民主主義社会における不可欠の自由である。

もっとも，1789年人権宣言にみられる個人主義的理念が**中間団体**を排除しようとし，1791年の**ルシャプリエ法**によって同業組合（コルポラシオン）や結社（アソシアシオン）は禁じられた。第三共和制憲法が結社の自由を認め，1884

年にルシャプリエ法が廃止された後，**1901 年 7 月 1 日の法律**によって結社の自由な設立がようやく承認された。第四共和制憲法前文は団結権および争議権を，第五共和制憲法 4 条 1 項は政党および政治団体の自由な結成を保障した。憲法院は，1971 年 7 月 16 日のいわゆる**結社の自由判決**において，「共和国の諸法律によって承認され，憲法前文によって厳粛に再確認された基本的諸原理」に依拠して，結社の自由を妨げる 1901 年法の改正法の一部を違憲と判断している。以来，結社の自由は憲法院判決においてたびたび確認されている。

集会の自由は，1881 年 6 月 30 日の法律が集会の組織を原則自由としながら，一般に開かれた公的な集会については事前の届出制を定めることによって合法とし，後の 1907 年 3 月 23 日の法律では届出制も廃止されている。また，**デモ行進の自由** (liberté de manifestation) も，事前の届出が必要とされるが，それが公の秩序を乱す恐れがない限り保障される。仮に公の秩序に対する侵害を理由とした規制が許される場合であっても，そのための措置は最小限にとどまらなければならない (Déc. nº 94-352 du 18 janvier 1995)。

○ 北　欧

デンマークでは，事前の許可なく合法的目的で結社する自由と非武装での集会の自由が保障される（但し暴力的団体は司法の決定で解散され，警察は集会に立ち入ることができ，公共の平穏を脅かす恐れのある野外集会は禁止できる。アイスランドも，司法の決定で解散されるのが，禁止されている非合法的目的を助長する活動を行う団体である点を除いて同じ）。スウェーデンでの集会および示威運動の自由は，秩序，安全または交通上の理由や，国の安全または感染症予防のために制約可能とされ，結社の自由は，軍事的活動または民族的出自や肌の色などに基づく人的集団の迫害が目的ならば制約されうる。フィンランドでも無許可集会および示威運動をする権利と結社の自由が保障される。ノルウェーでは暴動を解散させるための実力行使の条件が規定されるのみである（デンマークも同旨規定あり）。

○ Ｅ Ｕ

EU 基本権憲章 12 条は，平和的な集会の自由と結社の自由を保障する。こ

の権利には，自己の利益の保護のために労働組合を結成し及びこれに加入する権利も含まれる。

集会の自由は，各加盟国の憲法でも保障されているが，EU 法上の基本的自由，特に商品の自由移動と対立する状況も生じることがある。**司法裁判所**は，オーストリア政府が環境保護団体による道路上での集会活動を認めたために物流の著しい阻害が生じ，運送会社が損害賠償を求めた事案につき，基本権（集会の自由，意見表明の自由）の保護が，EU の基本原則である商品の自由移動を制約しうる正当事由に該当することを認めた（Schmidberger 事件）。

○ 台　湾

「人民は，集会及び結社の自由を有する」(14 条)。集会の自由とは，多数の者が共通目的の実現のために一定の場所に短期的に集まることや示威行進を行う自由をいう。結社の自由は，共通目的を実現するために長期的に継続する組織を結成する自由である。憲法上，「中華民国の存在または自由民主の**憲政秩序に危害を加える**」ことを目的として行動する政党の結成などは禁止されている（憲法増修条文5条）。集会・結社の自由に関する大法官解釈としては，集会遊行法による示威行進の**事前許可制**（司法院釈字 445 号），団体名称の命名権の制限（司法院釈字 479 号）をめぐるものが挙げられる。

○ 韓　国

集会の自由を純粋に自由権と見るか，**制度的保障**も包含しているかについては，学説上争いがある。制限としては，37 条 2 項に基づく**法律の留保**が認められ，「集会及び示威に関する法律」による制限がある。同法は屋外集会と示威については事前申告制を規定しており，大法院は同法を合憲とし，憲法裁判所も合憲的限定解釈（限定合憲決定）を行っている。誘発的に起こった集会が同法の処罰または強制解散の対象になるかについては議論がある。

結社の自由には積極的自由と消極的自由があるとされる。公共の目的のため国家が組織した特殊団体や公法上の結社は自律性がないため,結社の自由の保護対象とならない(多数説および判例)。国家の存立を危うくし，または憲法敵対的な

いし自由民主的基本秩序に違反する結社は認められず,憲法37条2項の**法律の留保**が及ぶ。憲法や**国家保安法**により反国家法団体の構成・加入の禁止,刑法により犯罪を目的とする団体の組織・加入の禁止などがある。制限は目的の正当性,手段の適正性,侵害の最小性,法益の均衡性の観点から合憲性が判断される。

5 信教の自由

○ イギリス

イギリスは,国王がカトリック教徒またはカトリック教徒の配偶者であってはいけないという王位継承法とともに,**国教制度**をとる国として知られる（⇨第1章）。しかし,実際上,人々は信教の自由を享受する。1998年人権法は,信教の自由を保障する欧州人権条約9条を編入したほか,特に13条で,宗教団体の思想,良心,信教の自由に対し特別な配慮を行うべき旨を定める。

○ アメリカ

修正1条が自由な信仰の実践を保障するとともに,国教樹立を禁じている。今では,編入理論により,信仰の自由 (Cantwell v. Connecticut, 310 U.S. 296 (1940)) も国教樹立禁止 (Everson v. Board of Education, 330 U.S. 1 (1947)) も州に適用される。

Sherbert v. Verner (374 U.S. 398 (1963)) は,土曜労働を拒否して解雇された土曜日を安息日とする宗派の信者に対する失業給付の拒否には,宗教の自由に対する相当の負担があるとして,**厳格審査**の下で違憲とした。また Wisconsin v. Yoder (406 U.S. 205 (1972)) は,一定以上の義務教育を子どもに受けさせることが信仰に反するとの親の主張を認めた。さらに Hosanna–Tabor Evangelical Lutheran Church and School v. Equal Employment Opportunity Commission (132 S. Ct. 694 (2012)) は司祭と教会の雇用関係への雇用差別禁止法の適用は許されないとした。一方,United States v. Lee (455 U.S. 252 (1982)) は,社会保障税の支払いが信仰に反するとの主張を認めず,Employment Division, Oregon Department of Human Resouece v. Smith (494 U.S. 872 (1990)) は,

宗教儀式で違法薬物を使用したため解雇された者への失業給付拒否につき，一般的に適用される法律の付随的効果にすぎず，**修正 1 条**に反しないとした。但し，Church of the Lukumi Babalu Aye, Inc. v. City of Hialeah（508 U.S. 520（1993））は，動物を用いる儀式を禁じる市条例につき，特定の宗教的行為の狙い撃ちだとして，厳格審査により違憲とした。

　修正 1 条は**国教樹立禁止**（**政教分離**）も定める。ここに難問が控える。対象を世俗的科目関連に限定した私立学校への補助金支出（受領校の 95％ はカトリック系）が争われた Lemon v. Kurtzman（403 U.S. 602（1971））で最高裁は，宗教に対する政府の関与は，①目的が宗教と無関係の世俗的なものであり，②主要な効果として宗教を援助したり禁じたりするものでなく，③宗教との過度の関わりあいがないものでなければならないとした（**レモン・テスト**）。レモン・テストは，政治と宗教の完全分離を求める立場からは不十分と批判がある一方で，特定宗教の優遇のみが禁じられるとする立場からは厳格に過ぎると批判される。McCreary County v. ACLU（545 U.S. 844（2005））は明示的にレモン・テストを採用しているが，最高裁は近年，しばしばこのテストによらない。同テストを廃棄すべきとの主張も有力で，当該行為が宗教に対する援助となるか否かを重視するエンドースメント・テストを選ぶ最高裁判事もいる。

　信仰の自由条項が宗教に対する配慮を求める一方，宗教を理由とした別異取扱いは国教樹立条項違反の問題を生じさせる。最高裁は，囚人の宗教的活動に相当の負担を課す行為を厳しく限定する連邦法を合憲とした（Cutter v. Wilkinson, 544 U.S. 709（2005））が，特定曜日を安息日と定めた労働者が当該曜日に労働させられない絶対的権利を保障した州法は，特定の宗教的実践を促進するとして違憲としている（Estate of Thornton v. Caldor, Inc., 472 U.S. 703（1985））。

　宗教系学校への連邦補助金支出が争われた Flast v. Cohen（392 U.S. 83（1968））が**納税者訴訟**を認めている（納税者であることで広く原告適格を認めた）。但し，Flast 判決の射程は以後の事案により限定されており（Valley Forge Christian College v. Americans United for Separation of Church and State, Inc.（454 U.S. 464（1982））（宗教系大学への土地の寄附），Hein v. Freedom From Religion Foundation（551 U.S. 587（2007））（信仰に基づく共同体集団に対する助成），常に**納税者として**

の資格のみに基づく原告適格が認められるわけではない。納税者訴訟が認められない場合、原告が政府の行為により事実として損害を受けたことなどが訴訟遂行には必要となる（⇨第6章）。

○ ドイツ

基本法4条により、**内的な自由**として、自らの信仰を形成する自由が保障される。宗教概念は、人間の、現世を超えたより高次の世界との超越的関係を基軸として客観的に理解されるが（この種の関係を欠くいわゆるサイエントロジーの組織は、宗教上の共同体ではないとする判例がある。BAG NJW 1996, 123）、特定の教会のみならず、少数派の主観的確信についてもカバーできる余地がなければならない（基本権享有主体による自己理解の尊重・定義に基づく排除禁止）。信仰の自由は、基本法が定める宗教に関する憲法原則および中立性の要請双方を考慮の上、解釈がなされる（なお、「子供の宗教教育に関する法律」により、14歳未満の子どもについては、宗教の決定に関し親の教育権が優先するとされている）。

外的な自由としては、①宗教及び世界観に関する告白の自由、②内的確信に基づく宗教的活動の自由、③良心に基づく行為の自由、④世界観に基づく行為の自由が保障される。中立性の要請に鑑み、宗教概念の規定に際し自己理解が尊重される以上、留保を欠く基本権としての4条の保護領域が拡大し、一般的行動の自由を保障する2条1項に対し、特権的保障に陥る恐れがある。①宗教的告白の自由は、言葉・文書によるもののみならず、スカーフ、ターバンなどの象徴的な衣類の着用、布教活動をも含む。明示的ではないものの、宗教的な内的確信に動機付けられた行為は②によって保障される。カリタス活動（BVerfGE 24, 236, 247）、特定の生活ルール遵守（肉類摂取の禁止など）などがその例である。但し、経済活動を主たる目的とする宗教活動の保障は、本条ではなく職業の自由（12条）による。宗教の自由には、積極的・消極的両面にわたる保障が付与されており、告白を行うまたは行わない、その双方の自由が、国家への防禦権として認められる（ヴァイマール憲法136条4項参照）。もっとも、公道における、第三者によるスカーフ着用禁止を求めることは、消極的自由によっても基礎付けられない（第三者の積極的行為への寛容）。同自由の援用は、公

立学校における教師のスカーフ着用など，国家との特別な関係が認められる場合に限り許される。③は，武器を持ってする軍務へと良心に反し強制されることがない旨定める，4条3項の規定が示唆するように，良心に反する行為を強制されない自由を含む。但し，良心に照らし選択の余地がない行為であることが求められる。

　宗教の自由は，国家に対する防禦権であり，「神の前における責任を自覚」(前文) する旨の宣言もまた，特定の宗教の保護を意味するわけではない。もとよりドイツにおける政教関係は，いわゆる世俗主義ではなく，「修正された分離主義」と一般に解されている。確かに国教会は否認されるが (ヴァイマール憲法137条1項)，正規授業科目としての宗教教育設置 (7条3項)，日曜日及び祭日の保護 (ヴァイマール憲法139条)，公法上の団体としての教会 (同137条4・5号)，教会税徴収 (同条6号) といった規定に象徴されるように，国家と宗教が協働し，その任務遂行に当たることが予定されている (相互の関係は，特別な形式をとる公法上の契約である，**コンコルダート**により規律される)。しかし他方では憲法上，価値多元的な社会における「中立性」と「平等性」が求められ，特定の宗教的告白を特権化することは認められないという，複雑な構造を呈している。

　公立学校の教室に十字架を掲げる規定についての事件 (BVerfGE 93, 1, 13ff.) が古典的であるが，近年では，宗教上の理由から麻酔未使用にて家畜屠殺を行うことについての例外的許可 (BVerfGE 104, 337, 345)，宗教上のスカーフを身につける女性教師に関する事件 (BVerfGE 108, 282) などがある。

○ フランス

　中世以来，「カトリック教会の長女」としてカトリックと強い結び付きを持っていたフランスにおいて，**宗教的な意見の自由**（**信教の自由**）を宣明したのは，前述の1789年**人権宣言**10条である。また，国家と教会との結び付きを断ち，**政教分離**が法制化されたのは第三共和制下，1905年12月9日の**政教分離法**による。さらに，第四共和制憲法はフランスを「非宗教的 (laïque)」と定義付け，国家の**ライシテ** (laïcité de l'Etat : 非宗教性・世俗性) の原則が確立された。ライシテは，第五共和制憲法の1条1項においても共和国の基本原理とし

て確認されている（1989年に起こったいわゆるイスラムスカーフ事件は著名である）。

　信教の自由の保障の帰結として，宗教上の理由による全ての差別や従業員の解雇，あるいは契約締結の拒否が法律上禁止されている。また，礼拝の自由（liberté de culte）として，原則的に宗教施設の内部における宗教的行為は自由に行うことができ，宗教施設の外部における宗教的行為も，公の秩序を害さない限り自由になしうる。また，いわゆるカルト教団（secte：セクト）への対応も課題である。宗教とセクトの違いの不明確さなど，繊細な問題も含まれるものの，2001年6月12日の反セクト法では，団体の解散や刑事責任の拡大などにより，セクトの活動に対する予防と鎮圧を強化する方向が打ち出された。

◯ 北　欧

　憲法上福音ルーテル教会が，国教（デンマーク，ノルウェー，アイスランド）として，あるいは教会法（フィンランド）ないし法律（スウェーデン。2000年にその地位を喪失した旧国教会について）による規定の対象として位置付けられる。同時に，礼拝の自由（デンマーク）や宗教の自由（スウェーデン。フィンランドでは信仰告白の自由や宗教団体に属しない権利も内容として明記），（自由に）信仰する権利（ノルウェー，アイスランド）のほか，献金ないし教会税強制の禁止と宗教的信条を理由に市民的および政治ないし国民的権利の十全な享受が奪われない保障（デンマーク，アイスランド），宗教的結社の権利とそれに関係を持たない自由（アイスランド），宗教的意見表明・宗教団体加入強制の禁止（スウェーデン。宗教的差別に抗する公的機関の義務，宗教的少数派が自文化を維持・発展させる機会の促進も），宗教に基づく差別禁止（フィンランド。ほか，平等につき⇨第9章）などが規定される。

◯ E U

　EU基本権憲章10条は，信教の自由を保障する。その権利には，自己の宗教を変更する自由，単独でまたは他の者と共同し，礼拝や儀式などによってその宗教を表明する自由が含まれる。また，同22条では，EUが宗教的多元性を尊重することが宣言されている。

EU 運営条約 10 条は，EU の目的として，宗教による差別と戦うことを謳っている。また，同 17 条は，EU と宗教団体との関係につき，「EU は，加盟国内の教会及び宗教団体もしくは宗教集団の国内法における地位を尊重し，その地位を侵害しない」と宣言するとともに，「それらの団体の一体性と特定の貢献を認め，それら教会並びに組織と開かれた，透明性のある，定期的な対話を維持する」と定める。

○ 台　湾
　「人民は，宗教信仰の自由を有する」(13 条)。宗教信仰の自由とは，信仰の自由，宗教行為の自由と宗教的結社の自由を指す。内心における信仰の自由は絶対的に保障されるが，宗教行為の自由や宗教的結社の自由は必要最小限度の法律による制約を受ける。**兵役の義務**は，人間の尊厳に反せず，人民の保護，国家の防衛のために必要不可欠であり，宗教信仰の自由の保障と抵触しないので，宗教信仰を理由に兵役を拒絶することはできないとされた（司法院釈字 490 号）。また国家は，特定の宗教を奨励または禁止し，信仰を理由に優遇又は不利益を与えてはならない（司法院釈字 460 号）。

○ 韓　国
　「宗教の自由」は，信仰の自由，宗教的行為（宗教儀式と宣教の自由を含む）の自由，宗教的結社・集会の自由，宗教教育の自由を包含すると考えられる。内面的自由である信仰の自由以外の信仰実現の自由は，憲法 37 条 2 項の**法律の留保**による制限を受けるが，その場合も本質的内容を侵害することはできない。大法院判例は，憲法上の宗教の自由について，表現の自由に対する「特別規定の性格」を有するものと見，「宗教的目的のための言論，出版の場合には，それ以外の一般的な言論・出版に比べ，より高度の保障を受けなければならない」とする。私立学校における宗教教育，国・公立学校における一般的な宗教教育は許容される。

　また憲法は，「国教は認めず，宗教と政治は分離される」(20 条 2 項) と，**政教分離**の原則を規定する。国教の否認，国家による宗教教育・宗教活動の禁止，

宗教の政治関与の禁止，政治の宗教介入の禁止，国家による特定宗教の優遇や差別の禁止がその内容とされる。宗教の政治への介入，宗教団体の政治活動は認められないが，所属団体の統制や支持を受けない信者個人の政治活動や，所属宗教団体とは別に信者たちが結社を組織して行う政治活動は許される。

6　学問の自由

○ イギリス

イギリスでは，学問の自由で保障される内容は，表現の自由などの問題として論じられ，特別なカテゴリーは存在しない。

○ アメリカ

明文の規定はない。自由権としての側面については言論の自由として，大学の自治については表現目的の結社の自由として**修正1条**による保護の対象となるが，学問を可能とする制度や費用措置を積極的に行うよう求める権利は認められていない。Grove City College v. Bell（465 U.S. 555（1984））は，連邦資金補助を受ける大学に対する性差別禁止の義務付けは，大学が補助を拒否できることから修正1条に違反せず，また Rumsfeld v. FAIR（547 U.S. 47（2006））は，軍のリクルート活動をキャンパス内で禁じる高等教育機関に対する連邦資金支出の禁止は，言論の制約にも強制にも当たらないとした（⇨本章第2節）。

○ ドイツ

基本法は5条3項で「学問，研究，教授の自由」を保障する。「学問」とは，「内容や形式から見て，真理探究のための真剣かつ計画的な試み」（BVerfGE 35, 79, 112）と解され，共通の上位概念として，相互に結び付けられた「研究」および「教授」の自由に対する指導的意味を持つ。真理探究を目的とした日々の研究活動を通じ学問的発展がもたらされ，獲得された学問的知識についての教授が行われる，という構造である。したがって大学（Universität）ではなく，専門大学（Fachhochschule）における活動については，保護領域性が原則否認さ

れる。大学教員，助手，加えて学生にも，固有の学問的活動を営んでいる限り，基本権享有主体性が付与され，学問研究の担い手である限り，大学や学部自体もまた同様である。社会にとっての有用性や危険性は，保護領域性を直接左右するものではないが，5条3項が保障する自由は憲法内在的制約に服する。大学の自治の対象としては，一般的に，研究・教育計画，研究・教育プロジェクトの提案およびコーディネート，博士号・教授資格付与が挙げられる。教員招聘に際しての州による拒絶は，重要な理由のある場合にのみ認められ（BVerwGE 52, 313, 318），さしあたり合意に基づく解決が目指されなければならない。但し，連邦憲法裁が，大学の構造に関するこの種の法的地位が5条3項により保障されるかを明らかにしていない点に注意する必要がある（BVerfGE 35, 79, 116）。

〇 **フランス**

学問の自由の一内容として，学問研究についての憲法上の位置付けが示されたのは，1789年**人権宣言**11条を根拠とする1994年7月29日の憲法院判決である。また，この判決に先立って憲法院は，生命倫理に触れる研究を規律する法律の審査に際し，「**人間の尊厳の擁護**」の原理を，憲法的価値を有する原理として承認する重要な判決を下した（Déc. n° 94-343/344 du 27 juillet 1994）。

〇 **北　欧**

5ヵ国のうち，フィンランドでは学術，芸術および高等教育の自由と**大学の自治**が明文で保障されている。また，スウェーデン統治章典は，高等教育実施に対する公的機関の責任を明記し，**研究の自由**が法律で保護されることを規定する。

〇 **Ｅ　Ｕ**

EU基本権憲章13条は，芸術と学術研究が拘束を受けないこと，学問の自由が尊重されるべきことを規定する。但し，同憲章3条は人間のクローン再生を明示的に禁じており，遺伝子や生殖に関する研究は規制される場合がある。

EU運営条約165条は，大学教育に関して，「学位免状及び在学期間の大学間の承認を奨励することによって，学生及び教師の移動性を奨励すること」，

「教育機関の間の協力を促進すること」などを EU の活動の目的に掲げる。学術研究に関して，179条は，研究活動の促進や科学的・技術的基盤の強化を EU の目的として宣言し，180条は，「企業，研究所及び大学との協力並にそれらの間の協力の促進による研究，技術開発及び実験計画の実施」や「EU における研究者の養成及び移動の奨励」に EU が取り組むべきであるとする。

○ 台 湾

講学（教授）の自由（11条）は，学問の自由であり，全ての者が享有する自由である。大法官解釈によると，「講学の自由の規定は，学問の自由の保障を目的とする。学問の自由の保障は，大学組織やその他制度から確保される**制度的保障**である。大学における学問の自由を保障するために，**大学の自治**を認めることで，研究，教授，学習などの活動は不当な干渉を受けないことになり，大学が組織経営の自治に関する権限を有することで，個人は学問の自由を享有するのである」（司法院釈字380号）とされる。

○ 韓 国

研究の自由，研究活動の自由，教授の自由，研究結果発表の自由を含む。**大学の自由**（自治）は，教育の権利を定める31条が明文で「大学の自律性」を保障する。自治の主体は教授，教授会，大学自体とされ，人事の自治，管理・財政の自治，学事の自治が含まれ，国立大学の存廃の決定権は含まれない（判例）。

7　総　括

精神的自由の十全な保障は何れの憲法でもなされており，あらためて比較対象に相応しいことを確認する。**思想良心**（内心）**の自由**の明文保障は日本国憲法が希有な例とされてきたが，韓国憲法や EU 基本権憲章が保障するところとなり，そうでない国・地域でも判例で憲法保障が確認されている。一般に広く内面活動の保障はされるが，ナチス政権を経たドイツは，立憲主義を否定する全体主義思想に厳しい態度をとる（イタリアや旧東欧まで見ても珍しい）。

第 10 章　精神的自由

　表現の自由については，取り上げた全ての憲法で何らかの規定があるといえ，核心的人権であることを裏打ちする。侵害立法に対しては，各国裁判所は，最も厳密な審査を行使していると言ってよい（この点，日本の裁判所はどの国よりも遅れていると感じざるをえない）。とはいえ，多くの言論弾圧の歴史があったことは間違いなく，検閲の禁止は明文か否かを問わず，今や当然とされている。主な標的は政治的言論であったが，非政治的言論とそれとの違いについて，各国，あるいは各学説・判例の間には微妙な違いがある。表現活動は，広場での演説から，新聞，放送，そしてインターネットへと広がり，新たな争点（「表現」と「通信」の混合化など）が生まれているが，多くの憲法では解釈で対応しているといってよい。また，これを梃子に，知る権利（情報公開請求権）やアクセス権を導く流れもある。**通信の秘密**は，主に捜査における傍受の問題となる。

　集会結社の自由はこれら精神活動の延長にあり，主な問題は政治的集会・デモ行進にある。物理力を有する点で，単なる表現活動とは異なる規制も許容されるが，限度もあり，規制はどの国でもデリケートな問題である（日本の最高裁はそうではない）。「結社」保障の核心も，政治的な，あるいはある主張を表明する団体の結成にあると思われる（この点，日本の判例・通説は異なる）。

　信教の自由や**学問の自由**は，以上の特別法的地位に立ち，侵害の歴史を踏まえて強調される（とはいえ，後者は英米では明文の保障ではない）。むしろここでの問題は，制度的保障とされる**政教分離**原則と**大学の自治**の方にある。前者は，各国の事情から，緩やかなものから完全分離まで差異がある。また，世俗（政治）と宗教の完全な分断は無理であり，宗教的自由への配慮は当原則違反となるなど，合憲性判断基準とその適用は極めて難問である。後者は（学問の自由も含め），私立に名門大学の目立つ英米では私学理事会（宗教家であることが多い）と教授会の闘争の歴史であったため，明文の憲法規定を有さないのに対し，それ以外の多くは，主な大学が国立だった伝統から，憲法規定を有している（日本も，規定はないが，解釈上争いはない。結果，私学についての議論は未熟である）。

第11章　経済的自由

近代市民革命がブルジョアジーによるものであったため，その核心部分は**財産権の絶対**と経済的自由の保障による自由な商取引であった。居住移転・国籍離脱の自由がここに分類される歴史的事情はそこにある。現代では，経済的自由を国家が制限して貧富の差を縮小させることが求められている。財産や経済活動の社会的責任，**社会国家**的制限の許容は各国憲法ににじみ出ている。

1　居住移転・国籍離脱の自由

○　イギリス

海外旅行の自由を直接に保障する国内法は存在しない。旅券の発給は国王大権事項であるが，裁判所の審査に服する。国籍の離脱は他国籍を有している場合に認められるが，効力の発生には大臣の登録が必要であり，戦争時には登録が認められないことがある（1981 年**国籍法**（British Nationality Act 1981））。

○　アメリカ

憲法の明文では定められていないが，最高裁は**移動の自由**を**基本的権利**であるとして，**厳格審査**を行っている。但し，何れの事例も州間の移動に対する制約が問題とされており，移動の自由一般が保障されているわけではない。

初期の判例では，移動の自由は主に**州際通商**条項に基づいていた。Crandall v. Nevada（6 Wall.(73 U.S.) 35 (1867)）は，公共交通機関を用いて州を離れる者に対する課税が，基本的権利である移動の自由を侵害するとした。また Edwards v. California（314 U.S. 160 (1941)）は，州民ではない貧困者を州内に連れてくることの処罰は許されないとした（福祉受給に関して⇨第 12 章）。

第11章 経済的自由

国籍（**市民権**（citizenship）とされるのが一般的）の資格は，修正14条1節が定める。同節は，「合衆国において出生または帰化し，その管轄権に服する全ての人は，合衆国及びその居住する州の市民である」とする（**出生地主義**）が，もともとは，**奴隷**の市民権を否定した **Dred Scott v. Sandford**（19 How.（60 U.S.）393（1857））を覆すことを意図していたものである。

国籍離脱につき明文の定めはないが，Kennedy v. Mendoza-Martinez（372 U.S. 144（1963））は，市民権を自発的に放棄しうることに異論は存在しないと述べている。また，非自発的な国籍の剥奪につき，Afroyim v. Rusk（387 U.S. 253（1967））は，修正14条1節はそのような立法を認めていないとしている。

◯ ドイツ

移転の自由は，かつては信仰や職業を求めての移動と結び付けられていたが，今日では，文化的，家族的，社会的理由による移動も含めて理解され，**空間的自己決定権**などとも呼ばれている。つまり，経済的自由ではなく，人格権の一部として理解するのが一般的である。基本法は11条1項で移転の自由を保障している。この保護領域は，ドイツ領域内のいかなる場所においても，滞在し，居住する行為である。単なる移動ではなく「引越しの自由」であるとされる。また，選んだ場所に居住し続ける自由も含む。さらに，ドイツ領域への入国の自由も含む。しかし，出国の自由は保障されない（エルフェス判決，BVerfGE 6, 32）。移転の自由には，基本法上明文の制約が11条2項および17a条2項で定められている。また，内在的制約として，例えば犯罪者の移転制限などが挙げられるが，この制約には法律の具体化が必要であると解されている。

ドイツでは国籍離脱の自由ではなく，**国籍剥奪の禁止**が定められる（16条1項）。これは，過去において君主・独裁者が敵を抑圧し処罰する手段として国籍剥奪を用いてきたことの反省による。基本法によれば「国籍の喪失は，法律の根拠に基づいてのみ許され，かつ，当人の意思に反しては，当人がそれによって無国籍とならない場合に限り，許される」。これを受けた国籍法は現に外国籍を有し，または獲得することが保障されているドイツ人は，自らの意思でドイツ国籍を離脱することができると定める（17条，26条）。

◯ フランス

　住所は，個人の生活を支える重要な要素である。私法上，生活の本拠たる「住所」のほか，本人が常時または一時的に居住する「居所」の概念が認められている。これに対して，公法上は，住所と居所の両者を包含する「市民の居住地」という概念が用いられる。住居に関しては，**住居の自由**が観念され，**住居選択の自由**，**住居利用の自由**そして**住居の不可侵**がその内容とされる。

　住居選択の自由として，そもそも住居を持つか否かは個人の自由である（近年，ホームレスの増加も社会問題となっており，これは生存権保障の観点からも適切な対応が必要となろう）。憲法院は，1995年1月19日の判決で，「しかるべき住宅を利用する可能性」に憲法的価値を認めている。また，個人は住居を自由に選択しうる。もっとも，一定の地位にある者については自由な住居選択が制限される。在監者はもとより，「滞在禁止罰（interdiction de séjour）」を科された者は，特定の場所に住居を構えることが禁じられる。さらに，職務の性質によって公務員が居所を指定される場合や，未成年者の住居をその父母の住居とすることなど，法令に基づいて住居選択の自由に制約が課される場合がある。

　住居利用の自由もまた，個人の自由な領域に属するものだが，制限を受ける場合がある。例えば，軍事的な必要による場合や，公用制限が課される場合などである。また，住居が，飲食店などのように公衆の利用に供されたり，職業の遂行に用いられたりする場合には，その利用が行政により制限される。

　住居の不可侵は，古い歴史を持つ権利として，憲法上も，慣習法上も認められてきた。現在でも「共和国の諸法律によって承認された基本的諸原理」の一つとして，憲法的価値を有すると考えられている。

　移転の自由は，**往来の自由**（liberté d'aller et venir）として理解されている。1979年7月12日の憲法院判決は，往来の自由が「憲法的価値を有する原理」であることを承認している。この自由には，上述の住居選択の自由の一つの内容として，一時的な移動のみならず住居の移転までも含まれると考えてよい。

◯ 北　欧

　明文規定のないデンマークとノルウェー以外では，国民の**国外追放されない**

権利および入国の権利が共通して規定され，スウェーデンではほかに国民の国内移動および出国の自由が規定される。フィンランドでは国民に加え合法的に国内に滞在する外国人の国内移動および居住地選択の自由が定められる（アイスランドも同様）。出国の自由は全ての人に保障されるが，訴訟遂行，刑罰執行または国防義務の履行確保のために法律による不可欠な制約を許容する。意思に反して他国へ引渡・移送されない国民の権利も保障される一方，犯罪や訴訟，子どもの監護養育に関する決定の履行確保のために，当事者の人権と法的保護が保障される国への引渡・移送は法律により認められる。外国人については，入国・滞在の権利の法定のほか，死刑・拷問その他人間の尊厳を損なう処遇を受ける恐れがある場合の追放，引渡，送還の禁止を定める（アイスランドでは，外国人の入国・居住の権利および追放理由の法定と，全ての人の出国禁止に対する司法決定の要請が規定される）。国籍離脱につき，フィンランドとアイスランドでは他国の国籍取得を条件に可能であると規定される。フィンランドにおいてこれは国籍の恣意的剝奪の禁止を含意し，アイスランドは明文で国籍剝奪を禁止する（スウェーデンも同様だが対象を国内居住または居住歴のある国民に限定）。

◯ EU

当初，EC（EU の前身）では，人一般の居住移転の自由ではなく，特に域内で経済活動を行う者を前提として域内移動と居住の権利が保障されていた。その後，基本条約改正により **EU 市民権** の規定が設けられ，加盟国の国籍保有者は EU 市民権を持つこととなった。EU 市民権には「全加盟国の領域内での自由な移動と居住の権利」が含まれる（**EU 運営条約** 20 条）。居住移転の自由は，**EU 基本権憲章** 45 条でも保障される。

基本条約では，人の移動の自由は，基本的自由の一つとして，厚く保障されてきた。人の自由移動には，労働者だけでなく法人の移動も含まれ，後者は **開業の自由**（営業の自由）として保障される。EU 運営条約 45 条は，「労働者の自由移動は EU 内で確保される」と宣言する。この自由移動の意味は，「雇用，報酬その他の労働条件に関して，加盟国の労働者間の国籍に基づくあらゆる差別待遇を撤廃」することにある。また，自由移動には，①実際に提供されてい

る仕事に応募する権利，②このため，全加盟国の領域内を自由に移動する権利，③法令や行政規則にしたがって労働する目的で，ある加盟国に滞在する権利，④ある加盟国で雇用が終了した後，その国の領域内にとどまる権利が含まれる。但し，これらの権利は，公の秩序，公共の安全および公衆衛生を理由とする制限を受ける場合がある。**司法裁判所**の判例では，Bosman 事件が有名であり，加盟国のサッカー連盟における選手の移籍金制度（移籍先クラブが旧所属クラブに移籍金を支払わない限り，新クラブでの活動は許されない）および外国人選手出場枠につき，裁判所は，労働者の自由移動の原則に違反し，正当化されないとした。

〇 台　湾

「人民は，居住及び移転の自由を有する」(10 条)。居住の自由とは，人民が居所・住所を選択し，その住居などにおいて，国家権力から干渉を受けずに生活を営む自由を指す。国家権力は犯罪捜査や行政検査のように法律の定める手続に基づかなければ，その住居などに侵入し捜索することができない。移転の自由とは，居住，旅行のための移動の権利をいう。これは，国家権力への居住地などの給付請求権ではなく，国家権力による移転の妨害を排除する権利である。だが，法律に基づき制限されることがある（伝染病防治法 48 条，破産法 69 条など）。もっとも，役男出境処理弁法（徴兵適齢者出国処理弁法）8 条に基づく「徴兵適齢者の出国制限」は法律による明確な委任を欠くため，違憲とされた（司法院釈字 443 号）。憲法には国籍離脱の自由は規定されていない。

〇 韓　国

自然人たる国民と法人には居住・移転の自由が認められる。外国人について，多数説は入国の自由は制限され，出国の自由は許容されるとする。韓国に特有な問題として**北朝鮮離脱住民**の問題がある。朝鮮半島全体を韓国の領土としている憲法 3 条から北朝鮮住民は当然自国民となると考えられる。北朝鮮から第三国に渡り韓国に保護を求めた者にも判例は韓国籍を認めている。入国後は「北朝鮮離脱住民の保護及び定着支援に関する法律」に基づき一定の支援が与えられる。国籍離脱ないし国籍変更の自由については，居住・移転の自由の一

環と見る見方と**幸福追求権**に含まれるとする見方がある（無国籍になる自由は含まれないとするのが支配的見解である）。兵役の義務を忌避するための出国や脱税のための国外移住の禁止は居住・移転の自由の侵害に当たらないとされている。

2　職業選択の自由・財産権

○ イギリス

経済的自由は，従来，人権として挙げられてこなかった。しかし，人権法が編入した**欧州人権条約**第1附属議定書第1条は財産権を保障する。もっとも，財産権は公益のため強く制限されうると考えられており，補償に基づく**収用**や，補償なしの**利用統制**（control of use）に服する。

収用や利用統制の可否については，EU法の判断枠組みを導入して，公共の利益と個人の権利との**公正な均衡**（fair balance）を実現しなければならないとの原則の下，比例原則に基づき判断される。

なお，営業の自由に対する制限も，営業の損失をもたらすものとして財産権の制限に該当すると構成されている（Catscratch Ltd and Lettuce Holdings Ltd v Glasgow City Licensing Board [2001]UKHRR 1309）。

○ アメリカ

経済活動に対する保障として，**契約条項**（1条10節）と**収用条項**（修正5条）がある。また**デュー・プロセス条項**（合衆国憲法は，「法の適正な過程によらずに，生命，自由または財産を剥奪してはならない」ことを連邦に対しては修正5条，州に対しては修正14条で定めている）は**契約の自由**を保障したと解される。

契約条項は，既存の債権債務関係を変更する立法を禁じている。制定の趣旨は，憲法制定期に数多く存在した各邦の債務免除法を禁じることにあったが，その後経済活動への規制を制約する条項としても理解されることとなった。

契約条項の保護を受ける「契約」の範囲は憲法問題であるが，アメリカ法では，何が「契約」に当たるのかは基本的に州法の問題となる。契約条項でいう「契約」は，厳密な意味で「契約」に該当しなくてもよい。例えば Dartmouth

College v. Woodward（4 Wheat.（17 U.S.）518（1819））では，大学に与えられた特許状（植民地時代にイギリス国王が発行し，州が発行者の地位を引き継いだ）を「契約」とした上で，州法による内容の事後的変更が契約条項違反とされた。

1800年代中期まで契約条項は経済規制に対する制約として機能していたが，その後は，既存の契約関係への介入しか問題としえない契約条項よりも，より広汎に経済規制一般を問題としうるデュー・プロセス条項で主に争われることとなった。**経済的実体的デュー・プロセス理論**が否定された後の裁判所は契約条項に基づく判断にも消極的となったが，全くないわけではない。

当初の最高裁は，法内容の「適正」を裁判所が審査するという実体的デュー・プロセス理論に基づく経済規制の違憲審査(経済的実体的デュー・プロセス理論)に否定的だったが，19世紀末から徐々に違憲判決を下すようになった。**Lochner v. New York**（198 U.S. 45（1905））は，修正14条の「自由」は契約の自由を含むとした上で，パン工場の労働時間規制法につき厳格な審査を行い，労働時間と労働者の健康との関連性を否定し，また法の目的が実は健康保護ではなく労働者と使用者との交渉力格差の是正であり，そもそも不当だとした（この判例から，経済規制に対する違憲審査が積極的な時期をロックナー期と呼ぶ）。この判決には，自由放任主義を裁判所が勝手に憲法に読み込む不当なものだとするホームズ判事反対意見もあったが，その後も同様の判決は続いた(Adkins v. Children's Hospital, 261 U.S. 525（1923）（最低賃金）など)。また同時期に最高裁は，連邦議会の**州際通商**権限を狭く解釈し，連邦の経済規制を否定した。

実体的デュー・プロセス理論に基づく経済規制への厳格な姿勢が転機を迎えたのは，1929年に始まる大恐慌と，これに対する対処の時期だった。1932年に当選した**フランクリン・ルーズベルト**大統領が主導した**ニュー・ディール立法**には，企業の経済活動に対する規制が数多く含まれていた。これら規制の中には合憲とされたものもあったが，多くの規制が違憲とされた。1936年に再選されたルーズベルト大統領は，最高裁裁判官の増員によって，任命権を持つ大統領に好意的な裁判官を送り込む，**コート・パッキング・プラン**を発表した。

このような状況の下，最高裁はWest Coast Hotel Co. v. Parrish(300 U.S. 379（1937）)で態度転換を図った。同判決は，Adkins判決を覆し，契約の自由が

「自由」には含まれるが合理性審査のみに服するとし,交渉力格差の是正も正当な目的と認めた。その後の最高裁は,Ferguson v. Skrupa (372 U.S. 726 (1963)) が「立法の賢明さと有効性を決定するのは裁判所ではなく議会である」とするように,議会への敬譲を強く示している。

修正5条は,「何人も,**正当な補償**なしに私的財産を**公共の用**のために**収用**されることはない」と定める (収用条項)。収用の正当化には,①その目的が「公共の用」であるといえること,②正当な補償が支払われることが必要であるが,その前提として,いかなる行為が「収用」に当たるのかが問題となる。

財産に対する継続的な物理的侵害・占有は,当然に「収用」とされる。一方,財産の使用に影響を与える規制については,収用となるものとならないものがある(**規制的収用**の問題)。規制的収用の代表的事例である Pennsylvania Coal Co. v. Mahon (260 U.S. 393 (1922)) は,「規制が行き過ぎれば,それは収用とみなされる」とするが,その法理は複雑である。

①の判断につき裁判所は消極的であり,目的の不当性が違憲判断の理由とされたことはない。Kelo v. City of New London, Conn. (545 U.S. 469 (2005)) では,収用した土地を別の私人に払い下げることが争われたが,最高裁は公共の目的に「合理的な関連性」があればよいとして,目的の公共性を認めている。②については,被収用者が失ったものを市場価値によって計るとされる。

○ ドイツ

職業の自由と**財産権の保障**の前提としての経済体制 (**経済憲法**) について,連邦憲法裁判所は,基本法は経済政策的に中立であるとしている (投資助成判決 BVerfGE 4, 7, 共同決定判決 BVerfGE 50, 290)。

職業の自由は,近代ドイツでは,国家からの自由とともに,中世的な中間的職業団体 (ツンフト,ギルドなど) からの自由をも意味した。基本法制定時には,改めて人間の自由と自己実現にとっての職業の自由 (個人の給付と生存維持の領域における人格の自由な発展の権利) という意義が重視された。このため,基本法12条は,職業の選択・遂行の自由の保障に加え,**強制労働**を明文で禁じた。

連邦憲法裁判所の薬局判決 (BVerfGE 7, 377) を先例として,職業とは生活

基盤を形成し維持するための活動で，一定の継続性を要するものであり，職業の自由の保護領域は，古典的な職業像に当たるもののみならず，生成しつつある新たな職業も含めて，許容される職業的活動の全てだと解されている。ここでいわれる「許容される」職業的活動について，連邦憲法裁は，薬局判決以来，法秩序によって許容された活動と解してきた。しかし，その後，判例は修正され，例えばカジノ決定（BVerfGE 102, 197）では，刑法上禁止されている行為も，憲法上は職業として一応保護されると判示した。そして，スポーツくじ判決（BVerfGE 115, 276）で，12条の保護領域に含まれないのは社会的有害性のゆえに，そもそも基本権の保護を受けえない行為のみであると判断した。

　この基本権の制限は，薬局判決によって，職業遂行に対する規制，主観的基準による職業選択の規制，そして客観的基準による規制に区別された（**段階理論**）。これらの規制について，判例通説は，基本法上法律の留保のついていない職業選択の自由も，留保のついている職業遂行の自由と同様に，法律によるか法律の根拠に基づかなければならないと解している。このような規制の合憲性について，薬局判決は，段階理論を前提に審査基準を示した。すなわち，職業遂行は，公共の福祉の合理的な考慮がなされている場合にのみ制約される。主観的基準による職業選択の規制は，単なる公共の福祉では足りず，特に重要な公共の福祉が目的となっていなければならず，その目的と比例する手段でなければならない。そして，客観的基準による職業選択の規制は，極めて重要な公共の福祉に対する，証明可能なあるいは極めて高度の蓋然性のある危険を防止するということのみによって正当化されうる。その後，判例は，段階理論を踏まえて，三段階審査の枠組みで判断するようになっているとされ，とりわけ必要性と狭義の比例性審査段階で段階理論が意味を持つとされる。

　財産権について，基本法は14条1項で「所有権及び相続権は，これを保障する。その内容及び限界は，法律でこれを定める」と規定する。この「所有権」概念について，連邦憲法裁は，具体的保障内容は法律で規定された財産権と解しており，不動産・動産についての所有権とそれ以外の物権，債権さらに著作権，特許権，商標権などの知的所有権も含む。また，私人間で発生する株主の企業所有権（共同決定判決　BVerfGE 50, 290）や，住居賃貸借契約から生じ

る借主の占有権（BVerfGE 89, 1）なども含むとされる。そこでは，所有権の保障を人格的自由と結び付け，財産権領域での活動の自由と自己責任に基づく生活の形成の実現が保障の根拠とされる（BVerfGE 83, 201 も参照）。なお，旧東ドイツ法に基づく所有に関する法的地位は，統一条約において承認されるか，またはその後，ドイツ全体に共通する法的地位と承認された限りで保護される。

所有権の制約は，基本法14条1項2項によるものと，3項の**公用収用**とに区別される。何れも，法律または法律に基づく根拠がなければならない。1項2項による制約は，危険からの防御のためだけではなく，それ以外の社会公共の利益のためにもなされうる。この制約を定める法律は，比例原則によって，つまり必要性，適合性そして狭義の比例性の観点から審査される。

公用収用は，**公共の福祉**のためにのみ許され（14条3項），その目的が公用収用法に定められていなければならない。公用収用の目的が公共の福祉に適合しているかは，明らかに適当でないと認められない限り，立法者の判断が尊重される（ハンブルク堤防整備法判決 BVerfGE 24, 367）。目的が相当の期間内に実現されないとき，収用された財産の返還を求めうる場合があると解されている（BVerfGE 38, 175）。一般に公用収用の合憲性も比例原則によって審査される（収用は適切な目的実現のため，必要かつ適合的であり，目的と相当な関係になければならない）。収用された財産の補償について，基本法は「公共の利益及び関係者の利益を正当に衡量して定める」とする。これは，市場価格の補償である必要はなく，事情に応じて，完全な補償でも，それを下回る補償でもよいと解される（ハンブルク堤防整備判決）。補償手段も，金銭に限らず，代替地でも有価証券でもよいとされる。補償がなされるのは，連邦憲法裁判例によれば，法律が明文の補償規定を置いているときに限定される（砂利採取事件 BVerfGE 58, 300）。

○ フランス

およそ個人には，**労働の自由**が認められる。それゆえ，刑罰としての懲役や，大規模災害時の徴用などの例外を除き，この自由は制限されない。また，**雇用選択の自由**および**雇用変更の自由**がそこから観念できる。何れも，公権力によって課される，理由のない禁止，強制は許されない。

所有 (propriété) は，1789年人権宣言においても自由，安全，圧政への抵抗と並び自然権として列挙された権利であり (2条)，原則として神聖不可侵の権利とされた (17条)。もとより，所有の権利といえども無制約ではなく，「適法に確認された公の必要が明白にそれを要求する場合で，かつ，事前に正当な補償を行うこと」という条件が整った場合には，剥奪が認められていた (同条)。

所有権に対する制約は，1804年の民法典による規律を受けてきた。第五共和制下においても，民法典に基づく所有権の制約は行われている。具体的には，土地の利用制限など，所有権の行使形態に対する制約が課される。また，**公用収用**といった，所有権それ自体に規制が及び，権利が剥奪される場合もある。もっとも，こうした特別な制約については1946年憲法前文が示すように，**補償**が行われる。補償の具体的な要件および範囲につき，憲法院は，「明白な過失」があった際に (Déc. n° 81-132 du 16 janvier 1982)，「収用によって生じた直接的，金銭的な損害を補償する金額」(Déc. n° 89-256 du 25 juillet 1989) であると判示している。

○ 北　欧

職業選択の自由につき，フィンランドでは，選択した雇用，職業ないし商活動によって生計を得る自由の法律に基づく保障が規定される。スウェーデン統治章典は，取引および職業遂行の権利への制約は切迫した公共の利益のためにのみ導入でき，特定人や企業の経済的優遇目的では許されないとする。アイスランドでは，自ら選択した職業に従事する自由が規定され，公共の利益の観点から必要な場合には法律で制約可能とされる。デンマークにおける，自由で平等な職業への参入に対する公共の利益に基づかないあらゆる制約を法律で廃止する旨の規定や，ノルウェーにおける生計手段の自由を制約する特権付与の禁止は，ギルドの特権に抗して生まれた歴史的経緯を窺わせる文言を維持している。

デンマークとアイスランドでは**財産権**は不可侵とされ，何人も公共の利益によらなければ財産放棄を命じられず，そのような放棄は法律に基づき，かつ**完全補償**を要するとされる（ノルウェーもほぼ同様である。現実には財産の制約では補償がない場合もある）。スウェーデンでは，切迫した公共の利益を満たすため

に必要な場合を除き，収用その他の処分による財産の放棄または公的機関による土地もしくは建築物の使用制限の受忍を何人にも強制できないことにより，全ての人の財産が保障されるとされ，財産放棄を強制される者への完全補償が規定される。フィンランドでは，全ての人の財産が保護されるとした上で，公共の必要のための完全補償による収用の法定が規定されるにとどまる。

◯ EU

EU基本権憲章15条は，「職業に従事し，自己が自由に選択しまたは受け入れた職業を遂行する権利」を宣言し，全加盟国で雇用を求める自由，労働する自由，開業する自由，サービスを提供する自由をEU市民に保障する。これらは，EUの基本条約における基本的自由（**人やサービスの自由移動**）に由来する。

開業の自由は，EU運営条約49条でも保障される。ある加盟国の国民の他の加盟国の領域における開業の自由に対する制限は，禁止される。代理店，支店または子会社の設立に対する制限も同様である。開業の自由には，自営業を開始および遂行する権利，会社を設立し経営する権利も含まれる。**司法裁判所**は，ベルギーで生まれ，同国で学位を取得したオランダ国籍保有者が，ベルギー国籍を弁護士会の加入要件としていたベルギー法のために弁護士業務を妨げられた事案で，開業の自由に対する正当化できない制約だと判断した（Reyners事件）。

また，基本権憲章16条は，**企業活動の自由**を保障する。この規定は，企業活動の自由を承認した司法裁判所の判例や「自由競争による開かれた市場経済の原理」に基づく経済通貨政策をEUが採択すべきことを定めた基本条約に由来する。加盟国間の貿易に影響を及ぼし，競争の妨害，制限または歪曲をもたらす可能性のある企業間の協定・決定・協調的行為は禁止され，企業による市場における自己の支配的地位の濫用も禁止される（EU運営条約101条，102条）。

財産権に関して，EU基本権憲章17条1項は，「自己が合法的に取得した財産を所有し，使用し，処分し，遺贈する権利」を保障し，公益のために，かつ，法律で定められた条件に従う場合でなければ，その財産を奪われず，その場合も，十分な補償が適時になされなければならないと定める。財産の使用は，一

般利益に基づいて法律によって規制されなければならない。司法裁判所は，ワインの過剰生産を抑制するために導入されたブドウ栽培制限制度が争われた事案において，財産権の保障は無条件のものではなく，欧州共同体の構造および目的の枠内で確保されるべきものであるとし，財産権の行使に対して公序に基づく制限を容認した（Hauer 事件）。

　基本権憲章 17 条 2 項は，**知的財産の保護**を規定する。知的財産権は，近年その重要性が増しており，EU 派生法でも知的財産の保護が重要な課題となっている。保護される知的財産には，著作権，特許，商標をはじめ，ワインや農産物の原産地呼称（地理的表示）も含まれる。

○ 台　湾

　憲法は，「人民の生存権，工作権及び財産権は保障を受けなければならない」（15 条）と規定する。この条文には，性質の異なる権利が列挙されていることから，**工作権**の性質について議論されてきた。多数説は，工作権を主に**自由権**として捉えている。工作権には，職業を自由に選択して労働に従事するという自由権的側面が含まれているのである。だが，職業と公共の福祉には密接な関係があるので，一定の職業に従事するための資格の取得などによる職業選択の自由の制限は，憲法 23 条（基本的人権の制限）に合致する限度において，法律や法律によって授権された命令で以て行うことができる（司法院釈字 404，510，584 号）。なお工作権には，政府に経済環境を改善し人民に就業機会を与えるよう促す**社会権**的側面もある。財産権とは，個人が保有する財産を自由に使用し，収益を上げ，処分する権利を指す。もっとも財産権の行使は，公共の利益のために，法律で以って制限されることがある。そして，公用あるいはその他の公益目的のために，国家機関は法律に基づき人民の財産を**収用**することができるが，その際には**相当の補償**を与えなければならない（司法院釈字 400 号）。

○ 韓　国

　憲法は「職業選択の自由」と述べているが，これには職業活動の自由も含まれると考えられており，多数説・判例は**営業の自由**も含むとしている。職業の

自由に対する制限の合憲性判断にあたって，憲法裁判所は，ドイツで確立された**三段階理論**（職業遂行の自由の制限，主観的事由による職業選択の自由の制限，客観的事由による職業選択の自由の制限の三段階による考察）を用いている。

憲法は「全ての国民の財産権は保障される。その内容と限界は法律で定める」と規定しており，通説・判例は**私有財産制度**と財産権，すなわち**制度の保障**と基本権の保障の両面を有するものと見ている。憲法裁判所は「私有財産権は私有財産の任意の利用・収益・処分を本質とし……租税の徴収・賦課は国民の納税義務に基づくものとして原則として財産権の侵害にならないとしても，それにより納税義務者の私有財産に関する利用・収益・処分権が重大な制限を受ける場合には財産権の侵害となりうる」とする。憲法9章の経済条項に規定される政策的必要の範囲を超えて「財産権の内容と限界」を規定する立法は，財産権侵害となりうる。過去に特別立法による不正蓄財の剝奪があったことを踏まえ，憲法は遡及立法による財産権の剝奪を禁止している。財産権には共同体における生活上不可避な社会的覊束性があるとされ，**公用収用**について，憲法裁判所はドイツの分離理論に基づき，侵害の形態と目的から違憲性を判断している。

3　総　括

居住・移転の自由はもともと経済的自由であったが，各国憲法の規定や判例は徐々に身体的自由や精神的自由の色彩を強め，手厚い保護の対象とされつつある。これに対して，国民国家システムの下，**国籍離脱の自由**や国外への移住・旅行の自由は，様々な制約の下にあると考えられ（国籍取得もまた自由でなく，憲法上，平等や人権享有主体の問題である），無国籍となる自由はおよそない。

職業選択の自由もまた，職業選択の精神的価値（精神的自由を支える職業という意味と「生き甲斐」）を読み込む流れが各憲法に見られる。生活保障という側面も垣間見られ，規制を単なる合理性をもって合憲と判断しないのが趨勢である。対して，市民革命以来の典型的な経済的権利である**財産権**に関する憲法論は，収用と補償の問題に集中している（ほかは民主的立法に取扱いを委ねつつある）。

第12章　社会権的権利

　経済的自由の制約にとどまらず，より積極的な施策による貧富の差の解消が**ヴァイマール憲法**以来，国家の役割となってきた。その具象が，憲法の**社会権**規定であろう。弱き労働者に**労働基本権**を与え，保護し，生産手段を持てるように教育を与え，貧者に給付を与えるものである。

1　生存権

❏ イギリス

　社会権的権利は，通常，人権として挙げられない。学説には，**国際労働機関**（ILO）の憲章，勧告や**欧州社会権憲章**（European Social Charter）を参照しつつ，社会権を憲法上の人権として承認すべきとする主張もある。もっとも，生存権に該当する内容は，第二次世界大戦後の福祉国家化の中で法律およびコモン・ローにより実質的に保障されている（1948年の国民扶助法（National Assistance Act）や国民保健サービス法（National Health Service Act）など）。

❏ アメリカ

　合衆国憲法には，生存権を保障した条文は存在しない。かつては，福祉受給権が権利ではなく特権とされ，いかなる憲法上の保護もないとされた（権利・特権区分論）。しかし，Goldberg v. Kelly（397 U.S. 254（1970））は，福祉受給権がデュー・プロセス条項の定める「財産」に含まれ，それを奪う際には**適正手続**が必要だとした。また，Shapiro v. Thompson（394 U.S. 618（1969））は，州への1年間の継続居住を福祉受給要件とすることは，**移動の自由**という**基本的権利**に関わるとして，**平等保護条項**の下で厳格審査を行い違憲としている。また

Saenz v. Roe（526 U.S. 489（1999））は，新規に居住して1年以内の福祉受給額を制限する州法につき，**特権・免除**条項に基づき違憲としている（なお，Sosna v. Iowa, 419 U.S. 393（1975）は，非州民に対する離婚訴訟の提起者に課された1年間の居住要件を合憲とした）。但し最高裁は，受給権そのものを基本的権利とすることを拒否しており（Dandridge v. Williams, 397 U.S. 471（1970）（貧困家庭への給付），Harris v. McRae, 448 U.S. 297（1980）（医療補助）），貧困が「疑わしい区分」であることも否定している（Maher v. Roe, 432 U.S. 464（1977）（医療補助））。

◯ ドイツ

ヴァイマール憲法が「人たるに値する生存の保障」を国家の義務とした（151条。但し「権利」とはしていない）のと異なり，基本法は同様の規定を置いていない。しかし，連邦憲法裁判所は，**社会国家条項**（20条1項）と結び付いた**人間の尊厳**の保護義務（1条1項）を根拠に，救済の必要な者への配慮は社会国家の義務であり，国家は人間の尊厳に値する生存のための最低限の前提を保障しなければならないとする（BVerfGE 40, 127, BVerfGE 82, 60）。もっとも，国家の義務から個人の具体的請求権が直接に生じるのではなく，最低限の生活保障の具体化は立法に委ねられたと解されている。また，このような社会給付の問題は，判例上，主に平等条項（3条1項）の枠内で，**恣意禁止**原則によって審査されている。

◯ フランス

1946年憲法前文が社会権保障の重要な根拠である。第五共和制憲法前文は，「1946年憲法前文で確認され補完された，1789年人権宣言で定められた人権と国民主権の原理に対する愛着を厳粛に宣言する」と述べている。それゆえ，1946年憲法前文に謳われた，国家による「個人及び家族の発達に必要な条件の確保」，「子供，母親，老年の労働者といった人に対する健康の保護，物質的な安全，休息及び余暇の保障」や，「年齢や肉体的，精神的条件などを理由に労働しえなくなった人の，生存に相応しい手段を公共体から受給する権利」は，第五共和制憲法が保障する人権とされている。これら諸権利を実質化するため，2006年2月22日憲法改正により，社会保障財政法律の制度が導入された。ま

た，公衆衛生法典や社会保障法典が，**生存権**を具体化する枠組みを示している。

○ 北 欧

北欧福祉国家は国民の民主的意思決定を通じて形成されたのであり，憲法上の規定を根拠に展開されたわけではない。例えば，ノルウェーは社会保障給付に関する規定を持たず，デンマークでは，自己や扶養者の生活を維持できない者は，他に扶養義務者がいない場合，公的扶助に関する法律の課す義務の遵守を条件に扶助を受けられるとする規定が，1849年憲法制定時からほぼ同文のまま維持されるのみである。スウェーデン統治章典は，国家体制の原則として個人の身体的・経済的・文化的福祉を公共の活動の基本的目標に据え，労働，居住および教育への権利を保障し社会福祉および社会保障と健康のための良好な前提条件を促進する公権力の義務を規定するが（1976年導入，その後文言は若干変更されている），主観的権利規定を持たない。アイスランドでは，全ての人に対する疾病，障害，高齢による虚弱や失業などの場合の必要な援助と，子どもの福祉に必要な保護およびケアの法律による保障が定められるにとどまる（1995年導入）。以上に対し，フィンランドは，1995年の基本権改革で包括的な社会保障への権利規定を導入した。基本法19条は，人間に値する生活に必要な資力を得られない全ての人の不可欠な生計費とケアに対する権利（1項），失業，疾病，稼働不能な障害，老齢，出産および扶養者の喪失の際の基本的生計費に対する全ての人の権利の法律による保障（2項），公権力の適切な社会・保健サービス保障と全住民の健康増進義務および子どもの福祉と個人としての成長を確保する家族や養育者の能力の支援義務（3項），全ての人の住居への権利を促進し，居住の能動的な手配を支援する公権力の責務（4項）を定める。3項と4項は公権力の努力義務とされるが，公的扶助や子ども，高齢者，障害者への福祉サービス，救急医療への権利を含む1項上の権利は，議会の基本法委員会によって，具体化法が存在しない場合，同項に依拠して実現を直接求めることが可能な権利とされている。2項は，1項の水準を上回る金銭給付について定め，列挙されたリスク状況についての法律による保障の創設と，制度の間隙に誰も落ちない包括的な制度設計を要請するものと解されている。

○ EU

EU 基本権憲章は，疾病や高齢のため保護が必要な場合，失業した場合などには，EU 法および国内法に基づき，社会保障給付やサービスに対する権利が認められ，尊重されるべきとする。また，社会扶助と住宅支援を受ける権利，予防的医療保障を受ける権利，医療行為を受ける権利が尊重されなければならないとしている（34, 35 条）。

○ 台 湾

生存権（15 条）とは，最低限度の生存水準の確保のため，国家に積極的な作為や給付を求める**社会権**である。生存権は綱領的規定と解されてきたが，最近では生存権の規範的効力を認め，その具体的な実現を主張する学説も見られる。

○ 韓 国

憲法は「全ての国民は人間らしい生活を営む権利を有する」とし，また国家の社会保障および社会福祉の増進に努める義務，女子，老人，青少年の福祉向上の義務を規定するとともに，生活能力のない国民が「法律の定めるところにより国家の保護を受ける」としている。**立法の不作為**については，判例は，限定的だが，一定の要件を満たす場合，**憲法訴願**の対象になりうるとしている。

2 教育を受ける権利

○ イギリス

教育を受ける権利は，**教育法**などの諸法律が包括的に保障しており，**人権法**が編入した**欧州人権条約**第 1 附属議定書第 2 条がこれを補強している。

○ アメリカ

生存権と同様，教育を受ける権利を保障した条文は存在しない。San Antonio Independent School District v. Rodriguez (411 U.S. 1 (1973)) は，学校区ごとの教育予算に大きな不均衡がある（教育予算が**学校区**ごとに徴収される税金により

確保されることが多いため,是正措置がなければ貧困地区の教育予算は不足する)ことが平等保護条項違反だとの訴えを,合理性審査により退けた。また,教育が基本的権利だとの主張も明示的に退けた。一方,Plyler v. Doe (457 U.S. 202 (1982)) では,不法滞在者の子どもに無償の公教育を拒否できるとした州法に基づく入学金徴収につき,「何らかの実質的な州の利益」が証明されていないとして,平等保護条項違反とされた。本件では,本人の責任を問えない子どもにとっての公教育の重要性が重視されたが,Kadmas v. Dickinson Public Schools (487 U.S. 450 (1988)) では,Plyler 判決を「親の違法行為に対する政府からの処罰」の事例だとして,その射程は限定されている。

○ ドイツ

基本法7条は学校制度について定めるが,これは国家の権限規定であり,基本権規定ではない。子どもの**学習権**は,主に2条1項**人格の自由な発展**の権利の一部として捉えられている (BVerfGE 53, 185,ドイツ語正書法決定 BVerfGE 98, 218)。この権利は,自由権のみならず,現に存する公教育への配分請求権としての意味も有すると解されている(障がいのある子どもの普通教育を受ける権利は,平等(3条3項)の枠内で扱われる)。親の教育権は「自然的権利」であり(6条2項),親は,子の宗教の授業(公立学校における正規の授業科目)への参加についての決定権も有する(7条2項)。親の教育権と国家の教育権限の調整は立法者の任務である(ドイツ語正書法決定)。基本法に明文の根拠はないが,公教育は基本的に無償とされている。私立学校設立の権利は,基本法で認められている(7条4項)。

○ フランス

1946年憲法前文は,国家による教育,職業訓練そして文化への平等なアクセスを保障し,**公教育の無償**とその**宗教的中立性**を国家の義務とする。また,教育が人間の尊厳と不可分であるとの思想を根拠に,第五共和制憲法においても**教育の自由**が導かれる。公立学校に加え,私立学校も創設されている。

憲法院は,1977年11月23日判決および1994年1月13日判決において,

教育の自由が憲法的価値を有することを承認し，私立学校に対する地方公共団体による援助を合憲とし，私立学校による教育の自由を認めた。また，教育法典に示されるように，教育は個人（子ども）の人格的発展に不可欠であるのみならず，市民として生きるため，共和国の市民としての素養を涵養するという観点からも重要である。そこから，公教育の無償，**宗教的・思想的な中立性**（neutralité）といった原則が導かれる（子および親の自由な選択を重視する観点から，近年，進学指導や，中等教育における学区制による学校選択の制限が問題となっている）。

○ 北　欧

　デンマークでは，就学義務年齢に達した全ての子どもに国民学校での教育を無償で受ける権利が保障される。同時に，同等の教育を確保できれば国民学校での教育は義務付けられないとされ，親の教育の自由も保障されている（この自由を行使し，私立学校で就学または家庭教育を行う場合の費用は自弁）。アイスランドでは，全ての人への適切な普通教育と知識の教授の法律による保障が，また，スウェーデンでは，義務教育の対象となる全ての子どもが普通学校で無償の基礎教育を受ける権利が規定される。フィンランドでも無償の基礎教育は全ての人の権利とされ，さらに，能力と特別なニーズに応じて基礎教育以外の教育をも受け，資力の欠如に妨げられず自らを発展させる平等な機会を全ての人に保障する公権力の義務を定めている（ノルウェー憲法には規定なし）。

○ Ｅ　Ｕ

　EU 基本権憲章は，教育を受ける権利（無償の義務教育を含む），職業上の訓練に参加する権利，民主主義的原則を尊重して学校を設置する自由，自己の宗教的・哲学的信念に適合する教育を確保する父母の権利を保障する（14条）。

○ 台　湾

　「人民は，国民教育を受ける権利及び義務を有する」（21条）。**国民教育**（6歳から12歳までの学齢児童が一律に受ける基本教育（160条）と同義）を受ける権利は，政府に国民教育の提供を求める**社会権**と解されている。

○ 韓　国

　憲法は国民が均等に教育を受ける権利を保障するとともに，保護者が子女に教育を受けさせる義務も規定する。憲法裁判所は，親が「教育させる権利」を有することを認めており，教育選択権や宗教教育選択権がこれに含まれる。義務教育は無償とされる。憲法上，基本権のみならず教育制度の保障，教育の自主性・専門性・政治的中立性及び**大学の自律性**が保障される。また，国家には**生涯教育の振興**も義務付けられている。

3　労働に関する権利

○ イギリス

　労働三権は確立しており，争議権は，「基本的人権」だといわれるに至っている (London Underground Ltd v. RMT [1995] I.R.L.R. 636)。情報の収集・提供の目的や説得の目的で平穏になされるピケッティングは適法なものとして，刑事・民事の責任から免れる (1992年**労働組合・労働関係（統合）法** (Trade Union and Labour Relations (Consolidation) Act 1992))。

○ アメリカ

　労働に対する権利も合衆国憲法では定められていない。労働条件については**ポリス・パワー**の行使として州法が規律するのが原則である。ロックナー期（⇨第11章）を経て，最高裁は憲法問題としての労働領域から撤退した。合衆国憲法には，労働条件に対する連邦議会の立法権は列挙されていないが，United States v. Darby Lumber Co.(312 U.S. 100 (1941)) は，**州際通商**条項に基づく労働時間や最低賃金の設定を合憲としている。なお労働問題の大半は私人間の問題だが，**ステイト・アクション**がない限り私人間では憲法問題とならない。

　労働組合については，経済的利益を目的とした活動として**デュー・プロセス**条項により保護されるが，他の憲法条項との関係が問題とならない限り合理性審査により判断される。Abood v. Detroit Board of Education (431 U.S. 209 (1977)) は，労使交渉の実効性を確保するため，事業所の労働者全体の労働条

件につき組合が交渉権を持つ「エージェンシー・ショップ制」を導入し、非組合員から資金を徴収することは許されるとしている（但し、組合が政治活動を行っていたことから、望まない言論の強制になるとして、資金徴収は違憲とされた）。

○ ドイツ

基本法は、労働基本権のうち、**結社の自由**の一つとして**団結権**のみを明文で定める（9条3項）。この団結の自由（団体の結成、団体への加入と脱退の自由を含む）は、労働条件と経済条件の維持促進のためにのみ認められる（共同決定判決 BVerfGE 50, 290）。この団体の活動の権利には労働協約締結の権利が含まれ、さらにそれに向けた団体交渉権、争議権も含まれると解される（BVerfGE 88, 103, BVerfGE 93, 365）。公務員にも保障されるが、官吏には争議権が認められていない。団結権などは法律による具体化が必要であり、国家にはそれらを実際に効果的に行使できるよう、立法が義務付けられる。これらの権利は、他の基本権など憲法上保護された利益を理由にしてのみ、制約しうると解されている。

○ フランス

労働に関しては、社会権的側面ばかりか、歴史的、沿革的にはその自由権的側面も重要である。1791年の**ル・シャプリエ法**は同業組合や団結を禁じ、労働者の団結も非合法とした。1864年、同法の廃止で団結に対して刑罰をもって臨む制度は改められ、1946年憲法前文において労働権が明確に保障されるに至った。

第五共和制においても、労働権は憲法上の保障を受ける。労働の自由はもとより、**団結の自由**としての組合設立の自由、組合加入または非加入の自由、組合選択の自由、そして争議権が認められている。公務員および官公労働者については、1950年7月7日のコンセイユ・デタの判決以降、原則として争議権が認められることとなったが、1963年法とその関連法律が争議行為の予告を義務付け、あるいは一定の形態の争議行為を禁じている。また、警察職員、監獄職員、裁判官、軍人など、特定の公務員には争議権は認められていない。

○ 北　欧

　デンマークでは，「公共の利益を増進するために，全ての稼働可能な市民にその生存が保障される条件での労働の機会を持つよう努力がなされなければならない」と規定され，また，ノルウェーでも，稼働可能な全ての人が労働によって生計を得られる条件を作り出す国家機関の責任が定められており，生活維持の可能な労働のあり方が志向される点で注目に値する。フィンランドでは，公権力の義務として労働力の保護と，就労を促進し全ての人に労働への権利の保障を目指すことが規定される。さらに，就労促進訓練への権利の法定および法律に基づく理由によらない解雇の禁止も定められる。労働基本権については，組合結成の自由（フィンランド，アイスランド），雇用条件その他労働に関する事項についての交渉権の法定（アイスランド），そして労働者団体，被用者および被用者団体の労働市場における争議行為権（スウェーデン）が見られるのみだが，これは労働団体の弱体を意味しない。職場における労働者の共同決定の権利の法定（ノルウェー）は，**北欧コーポラティズム**の憲法的表明といえる。

○ Ｅ　Ｕ

　EU基本権憲章は，企業内における情報と協議に関する労働者の権利（27条），団体交渉権，ストライキを含む団体行動に関する権利（28条），無料で職業紹介サービスを受ける権利（29条），不当な解雇に対して保護される権利（30条），公平かつ適正な労働条件に対する権利（31条）を保障している。また，児童労働の禁止，若年労働者の保護が規定され（32条），産休や育休に対する権利が保障される（33条）。なお，EU加盟国内での労働を認められた非加盟国の国民も，EU市民と対等な労働条件を保障される権利を有する（15条3項）。

○ 台　湾

　工作権（15条）には，政府に経済環境を改善し人民に就業機会を与えるよう促す社会権的側面がある。しかし，これは政府に仕事を要求できることを意味するものではない。憲法13章「基本国策」の「労働の能力を有する人民に対して，国家は適当な労働の機会を与えなければならない」（152条）も同旨である。

○ 韓　国

憲法上，国民の勤労の権利・義務，勤労の義務内容・条件の法定主義，女子・年少者の勤労の特別な保護，国家有功者・傷痍軍人および警察公務員などの優先的勤労権，**労働三権**が定められている。「法律の定める者に限り」公務員の労働三権が認められており，法律上，団結権は認められるが，団体交渉権は交渉対象が限定され，労働組合および組合員は政治活動を禁じられている。憲法裁判所の決定を受け，現業公務員の争議行為は認められるよう法改正された。

4　総　括

20世紀的人権とも称される**生存権**は，国家財政の拘束を伴う弊害もあり，憲法上は，「権利」とせず「原則」にする例が目立ち，また「権利」とあっても高度の保障を受けるとの認識は薄い。他方，英米では，個別立法に委ねられており（ニュー・ディーラーらが日本国憲法草案に社会権を挿入したことは興味深い），福祉国家の典型とされる北欧の多くの国も同様である。このようなことから，「自由権から社会権へ」などのスローガンは，注意深く読まれる必要がある。

　教育を受ける権利も，英米では憲法上の権利という認識はない。他の憲法では，生産手段の獲得という社会権（元来，「子ども」概念を確立し，年少者を児童労働から解放する意味が強かった）というよりは，精神活動の一端としての精神的自由の側面が強調されつつある（日本でも多くの教育問題はこちらである）。

　労働に関する権利も，英米とそれ以外とで対応が異なる。多くの国では憲法上の権利とした上で，これに添って労働三権などを法定するため，その一部が違憲という可能性がある（公務員の労働基本権についてよく論じられる）。

第13章　参政権的権利

　民主的な選挙を行うことを人権の面からいえば，それは，選挙権を保障するということである。特に議会について（それも下院で）自由・平等・普通・直接選挙を一般に保障することは，民主主義国家としてはごく当然である。

1　参政権

◯　イギリス

　1688年**権利章典**は，自由な選挙に対する権利を保障した。普通選挙が女性に認められたのが1928年，居住要件も撤廃され完全に実現されたのが1950年である。現在，18歳以上のイギリス市民，永住権を有する英連邦市民，アイルランド市民は下院議員の選挙権を有する。自由選挙と秘密投票の原則は，人権法が編入した欧州人権条約第1附属議定書第3条が明示的に保障する。平等選挙の要請も，同条約14条と結び付いて，妥当している。

◯　アメリカ

　政治に関する表現は修正1条の**言論の自由**条項により，政治団体の結成は**結社の自由**条項により保障される。政治資金規制は政治活動に対する規制として，言論の自由条項の下で審査される（⇨第10章）。**選挙権**については基本的に州が定めるが，合衆国憲法修正15条は人種，肌の色，強制労役の過去があることを理由とした選挙権の制限を禁じており，修正19条は性別による制限を禁じている。また修正24条は連邦の選挙（予備選挙も含む）につき税の支払状況による制限を禁じ，修正26条は18歳以上の合衆国市民に対する年齢制限を禁じている。

　1960年代頃まで最高裁は，明示的な制約を超えて選挙権を保護することに

消極的だった。例えば，州選挙投票の要件としての読み書きテスト（黒人差別を意図したもの）につき，Lassiter v. Northhampton County Board of Elections (360 U.S. 45 (1959)) は，読み書き能力が投票権の知的な行使と直接関係するとして合憲とした（連邦議会が州の読み書きテストを実質的に禁止する 1965 年投票権法を制定し，事実上同判決を覆した）。また Colegrove v. Green (328 U.S. 549 (1946)) の相対多数意見は，議席配分不均衡の問題につき実質審理を拒否した。

しかしその後，最高裁は選挙権を**基本的権利**と認め，**平等保護**条項の下で積極的な審査を行っている。Harper v. Virginia State Board of Elections (383 U. S. 663 (1966)) は，州選挙の投票資格（修正 24 条の対象外）として人頭税の支払を義務付けた州法につき，**厳格審査**により違憲とした。また**投票価値の平等**についても，Wesberry v. Sanders (376 U.S. 1 (1964)) が 1 条 2 節に基づき，Reynolds v. Sims (377 U.S. 533 (1964)) が修正 14 条に基づき，それが憲法上の要求であることを認め，選挙区間で 1 票の価値が異なることは許されないとした。一方，Crawford v. Marion County Election Board (553 U.S. 181 (2008)) は，投票の際に州が発行した写真付証明書の提示を求めることは平等保護条項に反しないとしている（審査基準については裁判官の意見が分かれている）。

但し，非居住者に対する選挙権の否定（Holt Civic Club v. Tuscaloosa, 439 U.S. 60 (1978)），限定的機能のみを果たす公的団体における選挙資格の限定（Salyer Land Co. v. Tulare Lake Basin Water Storage District, 410 U.S. 719 (1973)（水利区役員の選挙資格））は，**合理性審査**の対象となる。

上下両院の議員と大統領の被選挙権には一定期間合衆国市民であるなどの条件がある（1 条 2 節 2 項，1 条 3 節 3 項，2 条 1 節 5 項）。**外国人**は大統領となる資格がなく，副大統領となる資格もない（修正 12 条）。公務就任につき，裁量的権限の行使を伴う公務員については外国人を排除できる（Foley v. Connelie, 435 U.S. 291 (1978)（警察官），Ambach v. Norwick, 441 U.S. 68 (1979)（公立学校教員））が，単純事務職公務員からの外国人排除は許されない（Sugarman v. Dougall, 413 U.S. 634 (1973)）。かつては合衆国市民であることを選挙権の要件としない州もあったが，現在では全ての州が合衆国市民であることを要件としている。

被選挙権の制約も厳格審査の対象となる（Williams v. Rhodes, 393 U.S. 23

(1968)) が，Munro v. Socialist Workers Party (479 U.S. 189 (1986)) は，州の予備選挙で得票率が1％に満たない少数派政党の候補者に立候補を認めないことは，選挙人の混乱防止と泡沫候補防止のため許されるとする（反対意見は，法廷意見が審査基準を示していないと批判している）。一方で，Norman v. Reed (502 U.S. 279 (1992)) は，新党が候補者を投票用紙に記載してもらうための要件である署名に関する規制につき，厳格審査の下で違憲としている。

政党規制について多少述べる。州法の多くが政党の内部規律や候補者選定手続を規制する。これらの規制につき最高裁は，負担が重い規制については厳格審査の対象とし，それほど重くない負担については緩やかな審査によっている。

厳格審査により，違憲とされた規制として，予備選挙投票者の当該政党の党員への限定（closed primary）(Tashjian v. Republican Party of Connecticut, 479 U.S. 208 (1986)) や，予備選挙の方法や政党の構成につき詳細な制約を課す州法 (Eu v. San Francisco County Democratic Central Committee, 489 U.S. 214 (1989)) がある。一方，候補者が複数の政党に対して予備選挙に登録することの禁止 (Timmons v. Twin Cities Area New Party, 520 U.S. 351 (1997)) や，予備選挙参加資格の当該党員と無党派の人への限定（semiclosed primary）(Clingman v. Beaver, 544 U.S. 581 (2005)) は，それほど重くない負担として合憲とされた。

○ **ドイツ**

基本法は，連邦議会の**選挙権**，**被選挙権**について定める (38条)。州の参政権は各州憲法が定めるが，基本法の定める普通，直接，自由，平等，秘密選挙の原則は，客観的法原則として州の選挙にも妥当する。38条は，第1章（基本権）ではなく，第3章（連邦議会）に置かれている。そこで，選挙権，被選挙権は，基本権そのものではなく「基本権類似の権利」などと呼ばれるが，**主観的権利**であり，またその侵害に対しては憲法異議を申し立てうる（93条1項4a号）など，基本権と同様に保障される。連邦議会の選挙は，民主主義原理と国民主権の表れとして，全ての国家権力が由来する（20条2項）ドイツ国民の権利とされている（BVerfGE 83, 60。EU市民の参加は地方自治レベルでのみ認められる）。

普通選挙の原則により，国民は政治的，経済的，社会的理由により差別され

ることなく，可能な限り平等な選挙権の行使が保障される。**平等選挙の原則**は，投票価値の平等も要請する（⇨第3章）。また，立候補の機会均等，選挙運動，政党助成についても平等原則が及ぶと解される（BVerfGE 85, 265）。この平等原則は，3条1項の一般的平等と区別され，その形式的性格のゆえに，制約には特別な正当化事由あるいはやむをえない理由が必要であり，立法者の裁量は狭く限定される（BVerfGE 95, 408, BVerfGE 99, 1。判例は，**5％阻止条項**について，機能しうる議会の確保という基本法の要請によって正当化され，本原則に反しないとする。BVerfGE 55, 222, BVerfGE 82, 322）。また，居住要件も違憲ではない（BVerfGE 36, 139）。候補者名簿による選挙は，**直接選挙の原則**を損なうものではない（BVerfGE 121, 266）。**自由選挙の原則**は，棄権の自由，立候補の自由を含み（BVerfGE 47, 253），また候補者が自らを十分に広告できることを保障する（BVerfGE 89, 243）。

選挙において重要な役割を果たす**政党**は，基本法の明文により「国民の政治的意思形成に協力する」（21条1項）ものとして憲法的秩序に組み込まれた「民主的基本秩序自体の構成要素」（BVerfGE 120, 82）である。このため，政党の結成の自由（21条1項）が保障され，また政党の機会の平等も保障されると解されている。この機会の平等は，選挙運動のときにとりわけ重要な意義を有する（BVerfGE 99, 69）のであり，制約には，特別のやむをえない理由が必要とされる（BVerfGE 82, 322）。政党は，自由な民主的基本秩序に反するなどの場合は，連邦憲法裁判所により違憲とされる（21条2項⇨第6章）。

○ フランス

1789年人権宣言は，人（Homme）の権利と区別された市民（Citoyen）の権利として，「自ら，またはその代表者によって，立法に参加する権利」を保障している（同6条）。第五共和制憲法も，国民主権に関する3条1項，**普通選挙，平等選挙，秘密選挙**に関する同条3項，大統領選挙の直接普通選挙に関する6条1項，国会議員選挙に関する24条などが，立法に参加する権利を保障する。憲法院も，平等選挙が重要な原則であると判示している（国民議会選挙につき，Déc. n° 86-208 du 2 janvier 86，元老院議員選挙につき，Déc. n° 2000-431 du 6 juillet 2000）。選挙権は，18歳以上のフランス国民に保障されている。被選挙権年齢

は，国民議会議員が 23 歳，元老院議員が 30 歳，共和国大統領が 23 歳である。

また，議員職，公職での男女の平等なアクセスを促進するために**パリテ**の原則が導入されている（憲法1条2項）。公職への男女平等参画の促進に関する法律（2000 年 6 月 6 日）では，例えば，比例代表制で実施される元老院議員選挙では，候補者名簿の順位を男女交互とすることが義務付けられた。

さらに，直接民主制的な制度が用意されている。共和国大統領は，政府または両議院共同の提案に基づき，重要な法律案を**国民投票**に付すことができる（憲法 11 条 1 項）。2008 年 7 月 23 日の憲法改正により，その対象は「公権力の組織に関する法律案，国家の経済，社会，または環境政策あるいはそれらに関する公役務についての法律案」や，「憲法には違反しないが諸制度の運営に影響を及ぼしうる条約の批准を承認することを目的とした法律案」などにも拡大した。また，同改正により，これら法律案についての国民投票は，選挙人名簿に登載された選挙人の 10 分の 1 の支持を得て国会議員の 5 分の 1 によって発案された場合にも実施されるという**国民発案**の制度も導入された（同条3項）。

◯ 北 欧

国政における選挙権は，18 歳以上の国民に付与される（憲法上ノルウェーでは選挙の実施年，アイスランドでは選挙日が基準。デンマークの選挙権年齢は国民投票の結果による。フィンランドは国民投票，欧州議会選挙，自治体選挙と住民投票の投票権者についても，基本法でそれぞれ 18 歳に達した国民，国民と EU 加盟国民，国民と定住外国人と規定する）が，デンマークでは定住，スウェーデンでは国内在住か国内居住歴が条件として付加される（ノルウェーとアイスランドは選挙日に国外に滞在する国民の選挙権は法定とする）。**女性の選挙権・被選挙権**は早期に認められた（フィンランド 1906 年，ノルウェー 1913 年，デンマークとアイスランド 1915 年，スウェーデン 1921 年）。選挙権の喪失理由には，有罪判決や行為無能力の宣言（デンマーク。公的扶助の受給も規定されるが使われていない），法律による有罪判決や政府の同意のない外国の役務への従事（ノルウェー。選挙日に強度の精神耗弱状態や意識水準の低下が明らかな場合の扱いは法定とされる）がある。選挙権があれば被選挙資格は認められるが，追加の要件を課す国もある（デンマーク：国会議員にふさわしくな

い行為で有罪判決を受けていないこと，アイスランド：潔白の世評）。選挙の原則の明文化も見られる（デンマーク：普通・直接・秘密，ノルウェー：直接，アイスランド：秘密，スウェーデン：自由・秘密・直接，フィンランド：直接・比例・秘密・平等）。ノルウェーは，投票用紙の配達による投票の可否および方法の法定を憲法で要請する。政党は，デンマークを除き選挙に関する憲法規定で言及されている。

憲法上，ノルウェー以外で**国民投票**が規定される（デンマーク：一部の立法の承認・否認について，アイスランド：大統領の解職と大統領が承認しなかった法律の効力について，スウェーデン：憲法改正案の処理において，同国およびフィンランド：政策の是非に関して諮問的に）。フィンランドでは，2011年の基本法改正で，5万人以上の有権者団に議会に対する法律制定の**直接請求権**が付与された。同国では，個人が社会活動に参加し，自己に関する意思決定に影響力を及ぼす機会の促進も，基本法上の公権力の任務とされる。

○ Ｅ Ｕ

EU条約10条は，「EUの運営は代表制民主主義に基づく」とし，「市民は，**欧州議会**においてEUレベルで直接代表され」，「EUの民主主義に基づく営為に参加する権利を有する」と宣言している。また，EU運営条約20条は，**EU市民権**の一つとして，「加盟国の国民と同条件の下で，**欧州議会**選挙及び居住加盟国の地方自治体選挙において投票し，立候補する権利」を保障している。

○ 台　湾

「人民は，選挙，罷免，創制及び複決の権利を有する」（17条）。満20歳に達した国民は選挙権を有し，満23歳に達した国民は被選挙権を有する（130条）。直接民主主義的制度としては，**罷免**（133条），**創制**（initiative）（123, 136条），**複決**（referendum）（123, 136条）がある。また，「人民は，試験を受け，公職に就く権利を有する」（**公務就任権**。18条）。

○ 韓　国

参政権の法的性格については，自然権説，公務説など，日本と類似した議論

がある。憲法上は，公務担任権，選挙権，被選挙権，国民発案権，国民代表権などが規定されている。判例は，「参政権は国民主権の象徴的表現として国民の最も重要な基本的権利の一つとして他の基本権に対し優越的地位を有する」する。判例は，選挙区毎の一票の価値の平等を要求している。選挙権は19歳以上，国会議員の被選挙権は25歳以上の韓国民，大統領の候補になりうるのは国会議員被選挙権を有し，40歳以上で5年以上国内に住む者とされている。日本の特別永住者らによる憲法訴願に対し，在外国民が選挙権を行使できないことについて憲法裁判所が違憲と判示したため，選挙法が改正され，2012年の国政選挙で初めて在外国民の選挙が実施されることとなった。また地方選挙については，外国人の選挙権が認められている。公職選挙法は，地方選挙について，永住権取得後3年が経過した外国人で，地方自治体の外国人登録台帳に登録されている場合に限り，選挙権を行使できると規定している。

2　請願権

❍ イギリス

請願権は，1688年**権利章典**が保障するが，現在，政府に対する不平は議会オンブズマンに持ち込めるため(⇨第3章第7節)，実質的には行使されていない。

❍ アメリカ

マグナ・カルタの伝統を引き継ぎ，修正1条は「苦痛からの救済を求めて政府に請願する権利」を認めている。奴隷制に関する請願を一切受け付けないとの連邦議会のgag rule(1836年)を明らかな憲法違反と批判する重要な根拠規定であったが，今や言論の自由条項の脇役である。ただ，McDonald v. Smith (472 U.S. 479 (1985))は，請願権が名誉毀損からの絶対的免責を認めているわけではないとする（公職者，公的人物に関する請願であれば，Sullivan判決（⇨第10章）による保護の対象となる）し，California Motor Transport Co. v. Trucking Unlimited (404 U.S. 508 (1972))は，営利団体による議会や執行府へのロビー活動，裁判所への提訴といった活動も請願権による保護の対象になるとする。

第13章　参政権的権利

◯ ドイツ

請願権は基本法 17 条が定める。同条で保護されるのは，文書により「陳情または訴願」を管轄機関または議会に対して行うことである。「陳情」と「訴願」は厳密には区別されず，合わせて「請願」（17 a 条）とされる。請願は，自己の利益に関するものにとどまらず，第三者あるいは一般の利益に関するもの，また法によって禁止されている事柄に関する内容であっても行うことができるが，それ自体が刑法に反する内容（名誉毀損など）は許されない（BVerfGE 2, 225）。請願できるのは，外国人や未成年者も含む自然人の個人および集団，法人である。受刑者もできるが，拘禁目的によるやむをえない理由により請願内容は制約されうる（BVerfGE　49, 24）。請願の相手方の「管轄機関」は，基本的に行政府であるが，行政的任務を果たす限りで裁判所も含まれると解されている。管轄機関は請願について決定しなければならないが，請願の内容に従う必要はない。

◯ フランス

請願権の行使は，国民議会または元老院に対し，それぞれの議院規則に基づいて行われる。例えば，国民議会においては，請願は議長に対して直接，あるいは議員を通じて，文書により行われる。請願は，まずは委員会に送られ，委員会の決定次第では，他の委員会や大臣に送付されることもある。請願はさらに本会議に送付され，場合によっては議員の要求により，本会議の審議に付されることもある。もっとも，現在では請願が行われることはほとんどない。

◯ 北　欧

デンマーク憲法に，請願は議員を通じてのみ国会に提出できると規定されるが，利用は不活発である（政党や国会の委員会に立法を求めて働き掛けることが一般的）。

◯ E U

EU 運営条約 227 条は，EU のあらゆる市民及び法人は，単独または共同で，EU の活動分野で生じる問題および自己に直接影響を与える問題について，**欧**

州議会に対して請願を提出できる権利を有すると規定している。

また，リスボン条約により，新たな EU 法の制定を請願する機会を EU 市民に与える**欧州市民イニシアティヴ**が設けられた（EU 条約 11 条 4 項）。EU 市民は，少なくとも EU 全加盟国の 4 分の 1 の国から，100 万人の署名を得られれば，**欧州委員会**に対し，委員会が権限を持つ分野での法案の提出を求めることができる。

○ 台　湾

「人民は，請願，訴願及び訴訟の権利を有する」(16条)。請願法は，人民が国家政策，公共の利害や権益の保護につき民意代表機関や主管行政機関に請願できる（2条）と規定し，行政程序（手続）法は，人民が行政改革の意見，行政法令に関する問合わせ，行政による過失の告発，行政上の権益の保護につき主管機関に陳情できる（168条）と規定している。

○ 韓　国

憲法は国民の請願権と国家がそれを審査する義務を規定している。請願は全ての国家機関に対して行うことができ，公共機関の事務処理が法令違反ないし腐敗行為により公益を著しく侵害する場合には，監査院に監査請求ができる。

3　総　括

歴史的文書になりつつある請願権を尻目に，**選挙権・被選挙権**は民主主義国家では当然に重要な権利である。文面上，これを安易に制約する立憲主義憲法は皆無といえる。そして，それが真に十全・対等であることは肝要である（日本での議員定数不均衡は他国では考えられない水準に達しており，問題である。同様に，他国にはない選挙運動の過剰な規制も，同様に問題である）。選挙権年齢は 18 歳が一般的である。直接民主制的制度は英米の国家レベル以外に広がっている。

第14章　手続的権利

　国家は国民に施しを与えればよく、いわば、結果よければ全てよし、だった時代は時の彼方に去った。理由を説明し、手続を踏むというプロセス的正当性が求められるのは、立法だけではない。全てにおいてである。実は恐ろしい権力である裁判については、早くから**適正手続**の要請が強い。また、ブラックボックス化した行政についても、**情報公開**、手続の透明性の要請が生じた。

1　行政に対する権利

○ イギリス

　行政手続に際して**告知**と**聴聞**を受ける**コモン・ロー**上の権利は、**自然的正義**(natural justice)の一要素とされ、19世紀の判例で認められたが(Cooper v Wandsworth Board of Works [1863]14 CB NS 180)、長く準司法手続に限るとされてきた。行政手続全般に拡張して妥当すると解されたのは1960年代になってからである (Ridge v Baldwin [1964]AC 40)。この手続的権利は、権利利益が侵害された場合のほか、聴聞などの機会を与えられないことが不公正であるとの「正当な期待(legitimate expectation)」が認められる場合に認められる(Schmidt v Secretary of State for Home Affairs [1969]2 Ch 149)。

○ アメリカ

　デュー・プロセス条項(修正5条(連邦)、**修正14条**(州))が、「何人からも、法の適正な過程によらずに、生命、自由または財産を剝奪してはならない」ことを定める。いわゆるロックナー期に経済活動に対する実体的価値を保護する根拠とされ、現在ではプライヴァシーの権利に対する実体的価値を保護する根

拠とされるが，本来的には手続的保護を定めた条文である（⇨第9章）。

「自由」は広く解釈されており，何らかの法的保護に値する自由でありさえすれば，保護対象となる。「財産」も同様であり，動産や不動産だけでなく，資格や福祉受給権など，何らかの経済的価値を有する権利利益であれば保護される（Goldberg v. Kelly, 397 U.S. 254 (1970)（⇨第12章））。「剥奪」には，故意またはそれに匹敵する行為の存在が必要であり，過失による侵害では成立しない。また，自由や財産に対する軽微な侵害は「剥奪」に該当しない。

「デュー・プロセス」の内容は一般に「告知」と「聴聞」とされるが，全ての「剥奪」に同じ手続が求められるわけではない。Goldberg判決は，社会保障給付の打切りには事前の聴聞手続を要するとしたが，Mathews v. Eldridge (424 U.S. 319 (1976)) は，障害給付の打切りでは事後の聴聞手続でもよいとした。Mathews判決は，求められる聴聞手続の水準を判断する基準として，①不利益を受ける当事者の利益の重大性，②丁寧な手続を採用することで誤った判断を減少させうる程度，③迅速な判断によって得られる公益の性格と内容，の3要素を比較衡量して決するとし，この基準はその後の事例でも踏襲されている。

○ ドイツ

様々な手続的権利は，**法治国家原理**から導かれる**適正手続**を求める一般的権利の具体的な内容として論じられる。この主たる内容は，自己の権利に関して決定が下される前に**告知・聴聞**を受ける権利（BVerfGE 101, 397）と自己負罪拒否の権利である（BVerfGE 107, 363）。このような適正手続を求める権利は，行政手続にも及ぶと解される（BVerwGE 107, 363）。また，基本法13条は，住居の捜索において，原則として裁判官の令状によらなければならないことを定めるが（2項），この規定は，行政目的の捜索にも適用されると解されている（BVerfGE 51, 97）。

○ フランス

行政の行為は，法規範に適合して行われなければならない（**適法性の原理**（principe de légalité））。これは行政法の最も基本的な原理である。さらに行政は，**法の一般原理**（principes généraux du droit）に基づいて行われなければならず，

これに反する行政権の行使は違法となる。「法の一般原理」とは，裁判所が形成してきたもので，**防禦権**(ぼうぎょ)（droit de la défense），**平等原則**（principe d'égalité）など，社会一般の同意を調達してはいるが定式化されていない原則を裁判官が発見して表現することで，法秩序を形成するに至ったものである。

○ 北　欧

フィンランド基本法は，公権力の法律に基づく行使への要請を明記する（スウェーデン統治章典も同じ。加えて，全ての人の法の前の平等に対する考慮と客観性および公平性の遵守を，裁判所と行政機関の活動の原則とする）。同基本法は，全公的活動における法の厳格な遵守を求め，裁判所その他公的機関で自言語（基本法上の国語であるフィンランド語かスウェーデン語）を用い，その言語で公文書を得る権利の法律による保障を規定する（サーミ人が公的機関でサーミ語を用いる権利は法定）。法的手続保障も明文化しており，自己に関する事案を適切に不当な遅滞なく取り扱われる権利は，裁判所その他公的機関において全ての人に保障される。手続の公開と，聴聞を受け，理由の付された決定を受領し，上訴する権利その他の，公正な裁判およびよき行政の確保手段の法律による保障も規定される。

○ Ｅ　Ｕ

オンブズマンは，EUの機関の活動（EU裁判所の司法的役割に属する活動は除く）に関して，EU市民および法人の苦情を受け付け，検討し，報告する。行政に過誤があると判断したときは，関係機関はその見解を通知しなければならない（**EU運営条約**228条）。また，EU市民は，EUの機関に対しEU公用語で意見を出し，同じ言語で回答を得られる。**EU基本権憲章**41条は，適切な行政に対する権利を保障し，聴聞を受ける権利や文書開示請求権などを規定する。

○ 台　湾

人民は，行政機関の違法または不当な処分により権利などが侵害されたとき，上級行政機関に訴願（不服申立）を提起できる（16条，訴願法1条）。公務員に権利などを違法に侵害された人民は，国家賠償を請求できる（憲法24条）。

○ 韓　国

憲法は公務員の不法行為に対し，**国家賠償請求権**を認める。法治行政の観点から**行政手続法**が制定され（1996年），行政処分に対する意見提出，**聴聞**とその公開などを定める。法律で，国家人権委員会，国民苦衷処理委員会も置かれた。

2　民事・行政裁判における権利

○ イギリス

欧州人権条約6条は「独立で公平な審判所（independent and impartial tribunal）」の「公正で公開の聴聞（fair and public hearing）」を受ける権利を保障する。この権利の1998年**人権法**による編入が，議会から分離した**最高裁判所**の創設（⇨第5章）や非常勤裁判官の身分保障の強化につながったといわれる。

○ アメリカ

原告と被告の双方が証拠提示と弁論を行い，裁判官が判断を下す裁判手続は，それ自体厳格な手続であるが，裁判手続内部においてもデュー・プロセスは求められる。その内容として，公平な裁判官による裁判を受ける権利，訴訟手続について告知を受け，証拠提出や異議申立ての機会を与えられる権利などがある。なお，民事裁判と行政裁判の区別はなく，同じ手続で審理される。

事実の立証程度につき通常は「証拠の優越」によるが，被告が極めて大きな利害関係を持つ問題については「明白かつ確証的な証拠」が必要とされる（Addington v. Texas, 441 U.S. 418（1979）（精神障害者の施設収容），Santosky v. Kramer, 455 U.S. 745（1982）（親の子に対する監護権剝奪））。

○ ドイツ

民事裁判と行政裁判とでは審級系列が異なる（⇨第5章）こともあり，それぞれの裁判における手続的権利の解釈論的説明は異なっている。

法治国家原理は実効的な権利保護を要請する（BVerfGE 80, 103）。そこから個々の基本権と結び付けて導かれる**裁判を保障される権利**は，前述の適正手続

を受ける権利とともに，裁判一般に妥当する。この権利は，裁判へのアクセスのみならず，訴訟物を事実の面からも法の面からも根本的・包括的に審査してもらうこと，そして裁判官による拘束力ある決定を下してもらうことを含む（BVerfGE 85, 337, BVerfGE 107, 395）。また，この権利から，武器対等の原則や適正な証拠評価の要請も導かれる（BVerfGE 52, 131）。そして，そのような保護が不十分である場合，基本法2条1項などの個別の基本権を介して**憲法異議**の申立てができる。もっとも，この権利は，法律による具体化が必要である。この権利は，機能能力のある民事司法という公益から制約されうるが，制約は比例性に反してはならない（BVerfGE 88, 118）。EU基本権憲章47条2項に定めるように，民事裁判も適切な期間内に処理されなければならない（BVerfGE 88, 118）。

法律上の裁判官を求める権利（101条1項）は，今日では中立的な裁判官による裁判を受ける権利とされ，一般の裁判権の全てに及び，したがって民事裁判にも妥当する。また，**法的審問請求権**（103条1項。自己の権利と関わる裁判において主張を述べることを保障される権利）も，裁判権全般に妥当する。この権利の内容は，判例によって，主張の機会の保障，主張の前提となる情報の提供，主張を十分に考慮されることなど，極めて多様に展開されている。そして，主張の機会が侵害された場合，連邦憲法裁判所ではなく一般の裁判所の審級系列内で最低1回の救済がなされることも保障する（BVerfGE 107, 395）。もっとも，この権利は，法律による具体化を必要とし，また，そのような法律は基本的に内容形成であり制約とは解されていない。これに対して，法的審問請求権を具体化した法律の一般の裁判所による解釈適用は，極めてしばしば憲法異議によって攻撃されるが，異議が認められるのは，法適用が明らかに誤りであるとき，濫用であるとき，恣意的なとき，事案に適っていないときなどに限られる。

行政裁判を受ける権利は基本法19条4項が保障する。この権利は，行政による侵害からの裁判所による実効的な権利保護を保障するものである。立法による具体化が必要な点，制約は比例性に適っていなければならない点など，（10条2項などの例外はあるが）民事裁判における権利とほぼ同内容である。

○ フランス

民事訴訟においては，訴訟手続は，原則として民事訴訟法典1条ないし24条が定める，いわゆる**訴訟の指導原則**（principes directeurs du procès）が支配する。こうした指導原則には，訴訟の対象は，当事者のそれぞれの申立てにより定められること（4条），裁判官は，弁論に現れていない事実に基づいて判決を基礎づけてはならないこと（7条），といった**処分権主義**や，裁判上の**審問**を受け，または召喚されることなく裁判されない（14条）という**対審の原則**がある。

行政訴訟には，大別して取消訴訟たる越権訴訟（recours pour excès de pouvoir）と，損害賠償および当該行為の変更を求める訴訟を含む全面審判訴訟（recours de pleine juridiction）がある。行政訴訟の原則としては，**職権主義**，書面審理主義，対審主義，**非公開の原則**，執行不停止の原則が挙げられる。

○ 北　欧

フィンランドでは，自己の権利・義務に関する決定につき裁判所またはその他の中立な司法機関で審査を受ける権利が保障され，これは民事・行政および刑事裁判にも及ぶ。デンマークとアイスランドでは行政機関の権限範囲に含まれる事件は全て司法裁判所が審査できるとされるが，執行不停止原則も明記される。

○ Ｅ　Ｕ

EU基本権憲章47条は，EU法で保障された権利・自由を侵害された者は裁判所の効果的な救済を受ける権利を有すると定め，独立かつ公平な裁判所により妥当な期間内に公正な公開審理を受ける権利を保障する。十分な資力を持たない者には法律扶助が利用可能でなければならない。

○ 台　湾

人民は，生命・自由・財産を侵害されたとき，民事訴訟法，刑事訴訟法，行政訴訟法の手続に基づき，訴訟を提起して公平な審判を受ける権利を有する（16条）。なお「人民は，現役軍人を除き，**軍事裁判を受けない**」（9条）。

○ 韓　国

　憲法は「憲法及び法律の定める法官により，法律に基づく裁判を受ける権利」を保障しているが，法律規定により申告理由を制限したり，上告審理不続行制度に基づき**大法院**の上告審裁判を制限したりすることについては，憲法裁判所は違憲ではないとしている。行政裁判は**行政訴訟法**により，**不作為の違憲確認訴訟**も認められている。また行政立法の不作為については**憲法訴願**が認められている。憲法は，裁判の前審手続として，司法手続を準用した行政審判ができるものと定めているが，現在では任意的前置主義がとられている。

3　刑事手続上の権利

○ イギリス

　逮捕は，**治安判事**（magistrate）の出す**令状**がある場合のほか，犯罪が行われようとしているとき，犯罪が行われているとき，犯罪が行われたとき，さらにこれらを「疑うだけの合理的な根拠がある」ときに令状なしの逮捕が認められる（2005年重要組織犯罪・警察法（Serious Organised Crime and Police Act 2005）など）。さらにコモン・ロー上，「治安の紊乱（breach of the peace）」が生じているとき，生じようとしているときにも令状なしの逮捕が認められる。逮捕時又は逮捕後できる限り早い時期に逮捕の事実や理由などの呈示が義務付けられている（1984年警察・刑事証拠法（Police and Criminal Evidence Act 1984））。

　逮捕に伴う身柄の拘束は24時間まで認められるが，36時間までの延長が可能なほか，**正式起訴犯罪**（indictable offence. 殺人や強姦，児童誘拐などの重大犯罪）の場合には治安判事の許可を得て96時間までの延長が許される。**黙秘権，弁護人依頼権**がコモン・ロー上「基本的な権利」として承認されている（Rice v Connolly [1966] 2 QB 414; R v Samuel [1988] QB 615）。また，**自己負罪拒否特権**もコモン・ロー上承認されている（Lam Chi-ming v R [1991] 2 AC 212）。

　住居などへの侵入は，捜索令状がある場合など1984年警察・刑事証拠法が定める場合のほか，コモン・ロー上「治安の紊乱」が生じている場合に認められる。捜索は治安判事が出す捜索令状によるほか，逮捕に伴う場合などにも許さ

れる。捜索令状は，当該場所の占有者にこれを示し謄本を渡す必要がある。押収は捜索令状がある場合のほか，2001年刑事手続・警察法 (Criminal Justice and Police Act 2001) およびコモン・ロー上の一定の要件を充たす場合に認められる。

人身の自由に関しては，**人身保護令状** (habeas corpus) による保護が知られるが，制定法に根拠を持つ身体の拘束に対し必ずしも有効であるわけではない。制定法に根拠を持つ身体の拘束としては，出入国管理上の収容（1971年移民法 (Immigration Act 1971)），精神障害者の入院措置（1983年精神保健法 (Mental Health Act 1983)），テロリストに対する行為規制命令を発する手続中の身柄拘束（2005年テロリズム予防法 (Prevention of Terrorism Act 2005)) などがある。

○ アメリカ

合衆国憲法3条2節3項は，弾劾以外の全ての犯罪の審理が，犯罪の行われた州の陪審により行われなければならないとする。また修正4条から修正6条，修正8条が刑事手続上の権利を定めている。修正条項が保障する刑事手続上の権利は，連邦に対する権利として定められていたが，編入理論（⇨第8章）によって修正条項の要求が州に及ぶこととなると，その影響は飛躍的に拡大した。

修正4条は，不合理な捜索・逮捕・押収の禁止，令状の発給には相当な理由が必要であること，捜索・逮捕・押収の対象が特定されなければならないことを定める。捜索などに際しては，原則として令状が必要だが絶対的に必要とはされておらず，無令状の捜索なども「合理的」であれば許される。

「捜索」該当性の判断につき，かつては物理的侵入の有無が重視された。電話傍受が争われた Olmstead v. United States (277 U.S. 438 (1928)) は，傍受器が取り付けられた電話線は公道にあり被告人の領域に対する侵入が存在しないとして，捜索該当性を否定した。しかし Katz v. United States (389 U.S. 347 (1967)) は「修正4条は場所ではなく人を保護している」として判例を覆し，ハーラン裁判官同意見は「プライヴァシーに対する合理的期待」が認められる場合に「捜索」となるとした。もっとも，物理的侵入がある場合に「プライヴァシーに対する合理的期待」がないとして捜索該当性を否定することは許されない。United States v. Jones (132 S. Ct. 945 (2012)) は，GPS発信器を自動

車に装着して移動先を追跡することは「捜索」に当たるとしたが，その際自動車という被告人の領域に対する物理的侵入が決定的要素とされている。

Mapp v. Ohio（367 U.S. 643（1961））は，修正4条に反して得られた証拠の証拠能力を原則として否定した（**違法収集証拠の排除**）。違憲の証拠収集を抑制する狙いである。修正5条は，死刑または破廉恥罪の告発または起訴は大陪審によらねばならない（軍事関係の事件には例外あり）こと，二重の危険の禁止，自己に不利益な供述の強制禁止，デュー・プロセスを定める。

刑事裁判では「合理的疑いを超える証明」を要することが建国当初から認められ，これはデュー・プロセス条項の要求である（In re Winship, 397 U.S. 358（1970））。二重の危険禁止原則は，同一犯罪に対する重なる刑事手続の開始を禁じており，検察官上訴も許されない。この原則は編入理論により州にも適用されるが，一つの行為を州法と連邦法で別個に処罰することは許される。

Miranda v. Arizona（384 U.S. 436（1966））は，捜査機関が被疑者に対して「黙秘する権利があること，証言が法廷で不利に扱われうること，弁護士の立会いを求める権利があること，経済的理由で弁護士が雇えない場合は公費で弁護士を雇えること」を告知（ミランダ告知）した上で行われた自白のみが証拠能力を認められるとした。Miranda判決は，厳密には強制された自白に当たらない自白であっても，その証拠能力を憲法上否定する。Miranda判決に対しては，犯罪者を放免するものであるとの批判もあるが，Dickerson v. United States（530 U.S. 428（2000））はMiranda判決への支持を継続している。

修正6条は，刑事被告人に対して，犯罪が行われた州及び予め定められた地区の公平な陪審による迅速な公開の裁判を受ける権利，訴追された事件につき告知を受ける権利，自己に不利益な証人の尋問・自己に有利な証人の召喚を求める権利，弁護人の援助を受ける権利を保障している。

修正8条は，過大な額の保釈金，過重な罰金，残虐で異常な刑罰を禁じる。死刑それ自体は「残虐で異常な刑罰」とはされないが，犯罪時に18歳未満の者への死刑（Roper v. Simmons, 543 U.S. 551（2005）），精神遅滞者に対する死刑執行（Atkins v. Virginia, 536 U.S. 304（2002））はこれに当たるとする。

同時多発テロ直後から行われたアフガニスタン戦争で敵性戦闘員（enemy

combatant) として身柄を拘束され，グアンタナモ米軍基地（キューバに存在するアメリカの永久租借地）の収容所に収容された外国人につき，Hamdi v. Rumsfeld (542 U.S. 507 (2004)) は手続的デュー・プロセスの保護を認め，拘束理由の提示と反論機会の付与を命じた。また Boumediene v. Bush (553 U.S. 723 (2008)) は，敵性戦闘員も人身保護令状の請求権を有するとしている。

○ ドイツ

適正手続を求める権利は，刑事手続にも妥当し，前述の内容に加え，刑事裁判に十分な理由が付されることも要請する（BVerfGE 118, 212）。また，法律上の裁判官を求める権利，法的審問請求権も妥当する。**人身の自由**は基本権として保障され（2条2項），その剝奪は法律の根拠に基づかねばならず，また裁判官の命令を原則として必要とする（104条2項）。この手続によって抑留・拘禁された者が精神的・肉体的に虐待されない権利も保障される（104条1項）。**拷問**は一般的に**人間の尊厳**（1条1項）に反するものとして絶対的に禁止される。人身の自由の制約には高度の比例性が要求され，また重要な目的がなければならない（BVerfGE 70, 297）。なお，抑留・拘禁および公判の際の弁護人依頼権については，定めがない。防衛上の緊急事態においては，自由の剝奪について例外的立法が許される（115Ｃ条2項2号）。住居の捜索については裁判官の命令が必要である（13条2項）。組織的犯罪などに対処するために技術的手段を用いて住居を監視することを認めた1998年基本法改正（13条3項から6項の追加）は，憲法異議が申し立てられたが合憲と判断された（BVerfGE 109, 279）。刑罰として死刑は廃止され（102条），また遡及処罰，二重処罰も禁止されている（103条2項，3項）。

○ フランス

刑事手続における原則は，1789年**人権宣言**に示されている。7条は，法律に定められた場合で，かつ，法律が定めた形式によらなければ，訴追，逮捕または拘禁を受けない，恣意的な命令を要請し，発令し，執行し，または執行したものを処罰するとして，「**適法手続と身体の安全**」を保障する。8条は，法律は，厳格かつ明白に必要な場合でなければ刑罰を定めてはならず，また，何

人も犯罪行為に先立って制定され，公布され，しかも適法に適用された法律によらない処罰を受けないとする**罪刑法定主義**を定める。そして9条は，何人も有罪と宣告されるまでは無罪と推定されるという**無罪の推定**を明らかにする。

刑事手続における権利として認識される防禦権について，憲法院は，1789年人権宣言16条に根拠を求める（Déc. n° 2006-535 du 30 mars 2006）。この権利から，主観的な権利としての適切な法の適用を受ける権利，独立かつ公正な裁判を受ける権利が導かれる。判決は，公判廷における適切な審理により，下されなければならない。

○ 北 欧

人身の自由（デンマーク，フィンランド），自由の剥奪禁止ないし剥奪からの保護（アイスランド，フィンランド，スウェーデン），身体の不可侵（フィンランド，スウェーデン）が保障される。ほかに，不当逮捕や違法な自由の剥奪に関する賠償責任ないし賠償請求権（ノルウェー，アイスランド），遡及処罰および拷問の禁止（デンマーク以外。スウェーデンでは供述の獲得や妨害目的での医学的影響の利用も禁止），勾留や自由の剥奪に関する裁判所による手続保障（ノルウェー以外），裁判を受ける権利（アイスランド，フィンランド），裁判抜きの刑罰ないし自由刑の禁止（ノルウェー，フィンランド），無罪の推定（アイスランド），死刑禁止（アイスランド，スウェーデン，フィンランド）も規定される。

○ E U

EU基本権憲章6条は，自由及び安全に対する権利を保障し，同49条は，**罪刑法的主義**や罪刑均衡の原則を定める。**無罪推定原則**と**防禦権**（48条），同一の犯罪について二重に訴追・処罰されない権利（50条）が保障される。また，同2条は，死刑を禁止し，同4条は，拷問や人格を損なう刑罰を禁止する。

○ 台 湾

刑事手続上の権利は，人身の自由（8条）として詳細に規定されている。人民の自由な活動に関する権利であり，全ての自由，権利の基礎と位置付けられている。

◯ 韓　国

　憲法は**法定手続の保障**，拷問・強制自白の禁止，弁護人の扶助を受ける権利，刑罰不遡及，一事不再理，連座制の禁止，無罪推定の原則，刑事被害者の陳述権，不起訴処分ないし無罪判決を受けた者に対する刑事補償，犯罪被害者の救助請求権（憲法裁判所は生存権的権利とする）などを規定する。また重大な刑事事件の第一審に国民が**陪審員**として参加する国民の**司法参与制度**が導入されているが，この制度を用いるか否かは被告が決めることができるとされている。

4　総　括

　手続保障，特に司法的保障は伝統的に英米法の伝統に属するが，人権制約の際に**適正手続**が必要なことは，すでに近代立憲主義共通の言葉になった。告知・聴聞は鍵である。行政機関の判断に不服があれば，司法判断に訴えることができる。司法判断では，民事・行政裁判（英米では両者の区別は基本的にない）以上に，結果が重大な刑事裁判上の被疑者・被拘禁者・被告などの権利保障が肝要である。各憲法は拷問の禁止や無罪の推定，違法収集証拠の排除などを細かに定める（日本国憲法が特異なのではない。この領域での解釈が緩いことが問題である）。通常犯罪に対する死刑は，全欧とアメリカの一部の州が廃止し，韓国は1997年以来停止している（台湾は2005年末に停止したが，2010年に復活）。

＊　＊　＊

　日本国憲法は紛れもなき近代立憲主義憲法である。以上で比較対象とした諸国・地域の大勢と異なる傾向の解釈者には，相当の立証責任が生じよう。また，全体主義・国家主義や直接民主主義を標榜し，議会制民主主義と基本的人権の尊重（権力分立）の枠を外れる憲法改正の動きは，非立憲主義的で（南欧，南米，アジア，東欧，南アフリカ，中東と民主化が進んできた）世界の非常識である。比較憲法学は「正解」は導かないが，一定の有意な方向性を導く意味があり，あるべき憲法とその解釈の羅針盤という役割は果たしうるといえようか。

比較憲法を学ぶための参考文献

比較憲法全般の教科書・概説書

田上穣治『比較憲法』(中大出版社, 1950 年)
鈴木安蔵『比較憲法史』(勁草書房, 1951 年)
弓家七郎『比較憲法要論』(三和書房, 1962 年)
宮沢俊義『各国憲法のはなし』(有信堂, 1962 年)
水木惣太郎『比較憲法論』(有信堂, 1963 年)
黒田了一『比較憲法論序説』(有斐閣, 1964 年)
大西邦敏『比較憲法の基本問題』(成文堂, 1968 年)
佐藤功『比較政治制度』(東京大学出版会, 1969 年)
清水望編『比較憲法講義』(青林書院, 1972 年)
W・フィリップス (清水望=渡辺重範訳)『比較憲法論』(早稲田大学出版部, 1976 年)
伊藤満『各国憲法の基礎』(九月書房, 1980 年)
西修『各国憲法制度の比較研究』(成文堂, 1984 年)
樋口陽一『比較憲法』〔全訂第 3 版〕(青林書院, 1992 年)
阿部照哉編『比較憲法入門』(有斐閣, 1994 年)
吉田善明『現代比較憲法論』〔改訂版〕(敬文堂, 1996 年)
杉原泰雄『憲法の歴史』(岩波書店, 1996 年)
酒井吉栄=大林文敏『比較憲法学』(評論社, 1999 年)
小林昭三『比較憲法学序説』(成文堂, 1999 年)
憲法制度研究会編『各国憲法制度概説』〔増補改訂版〕(政光プリプラン, 2002 年)
斉藤寿『各国憲法概説』(評論社, 2008 年)
吉川智『インテリジブル比較憲法』(政光プリプラン, 2010 年)
辻村みよ子『比較憲法』〔新版〕(岩波書店, 2011 年)
塩津徹『比較憲法学』〔第 2 版〕(成文堂, 2011 年)

各国憲法に関する概説書

S・B・クライムズ（川北洋太郎ほか訳）『イギリス憲法史』（日本評論社，1965年）

I・ジェニングス（榎原猛＝千葉勇夫訳）『イギリス憲法論』（有信堂，1981年）

G・ハートレー（浦田賢治＝元山健訳）『イギリス憲法』（三省堂，1987年）

児玉誠『イギリス憲法の研究』（御茶の水書房，1988年）

元山健＝K・D・ユーイング『イギリス憲法概説』（法律文化社，1999年）

加藤紘捷『概説イギリス憲法』（勁草書房，2002年）

松井幸夫編『変化するイギリス憲法』（敬文堂，2005年）

橋本公亘『米国憲法講話』（東洋書房，1949年）

美濃部達吉（伊藤正己改訂）『米国憲法概論』（有斐閣，1958年）

C・ブリチェット（村田光堂ほか訳）『アメリカ憲法入門』（成文堂，1972年）

塚本重頼『アメリカ憲法』〔増補版〕（酒井書店，1974年）

T・I・エマスン＝木下毅『現代アメリカ憲法』（東京大学出版会，1978年）

M・L・ベネディクト（常本照樹訳）『アメリカ憲法史』（北海道大学図書刊行会，1994年）

松井茂記『アメリカ憲法入門』〔第6版〕（有斐閣，2008年）

R・H・ファロン・Jr.（平地秀哉ほか訳）『アメリカ憲法への招待』（三省堂，2010年）

樋口範雄『アメリカ憲法』（弘文堂，2011年）

阿部竹松『アメリカ憲法』〔第2版〕（成文堂，2011年）

松井茂記『カナダの憲法』（岩波書店，2012年）

山田晟『ドイツ近代憲法史』（有斐閣，1963年）

K・ヘッセ（阿部照哉ほか訳）『西ドイツ憲法綱要』（日本評論社，1983年）

小林孝輔『ドイツ憲法小史』〔新訂版〕（学陽書房，1992年）

B・ピエロート＝B・シュリンク（永田秀樹ほか訳）『現代ドイツ基本権』（法律文化社，2001年）

塩津徹『現代ドイツ憲法史』（成文堂，2003年）

名雪健二『ドイツ憲法入門』（八千代出版，2008年）

C・シュテルン（赤坂正浩ほか監訳）『ドイツ憲法I総論・統治編』（信山社出版，2009年）

C・シュテルン（井上典之ほか監訳）『ドイツ憲法II基本権編』（信山社出版，2009年）

初宿正典＝高田敏編訳『ドイツ憲法集』〔第6版〕（信山社出版，2010年）

H・D・ヤラス（松原光宏編）『現代ドイツ・ヨーロッパ基本権論』（中央大学出版部，2011年）

野村敬造『フランス憲法・行政法概論』（有信堂，1962年）
野村敬造『フランス憲法と基本的人権』（有信堂，1966年）
M・デュヴェルジェ（時本義昭訳）『フランス憲法史』（みすず書房，1995年）
中村義孝『フランス憲法史集成』（法律文化社，2003年）
植野妙実子編『フランス憲法と統治構造』（中央大学出版部，2011年）
辻村みよ子＝糠塚康江『フランス憲法入門』（三省堂，2012年）
井口文男『イタリア憲法史』（有信堂，1998年）
小林武『現代スイス憲法』（法律文化社，1989年）
渡辺久丸『現代オーストリア憲法の研究』〔普及版〕（信山社，2006年）
清水望『北欧デモクラシーの政治機構』（成文堂，1974年）
L・W・ビーア＝佐藤功『アジアの憲法制度』（学陽書房，1981年）
稲正樹＝孝忠延夫＝國分典子編『アジアの憲法入門』（日本評論社，2010年）
大村泰樹＝小林昌之『東アジアの憲法制度』（アジア経済研究所，1999年）
董成美＝西村幸次郎『中国憲法概論』（成文堂，1984年）
竹花光範『中国憲法論序説』〔補訂第2版〕（成文堂，2006年）
金哲洙『韓国憲法の50年』（敬文堂，1998年）
韓国憲法裁判所編（徐元宇　訳者代表）『韓国憲法裁判所10年史』（信山社，2000年）
稲正樹『インド憲法の研究』（信山社，1993年）
孝忠延夫＝浅野宜之『インドの憲法』（関西大学出版部，2006年）
鮎京正訓『ベトナム憲法史』（日本評論社，1993年）
伊藤満『中南欧諸国の憲法』（信山社，1997年）
矢谷通朗『ブラジル連邦共和国憲法1988年』（アジア経済研究所，1994年）
中原精一『アフリカ憲法の研究』（成文堂，1996年）

各国法に関する概説書（憲法限定の適書がない場合）

出水忠勝『現代北欧の法理論』（成文堂，2011年）
庄司克宏『EU法基礎篇』（岩波書店，2003年）
中西優美子『EU法』（新世社，2012年）
日本スペイン法研究会ほか編『現代スペイン法入門』（嵯峨野書院，2010年）
小森田秋夫『現代ロシア法』（東京大学出版会，2003年）
鮎京正訓編『アジア法ガイドブック』（名古屋大学出版会，2009年）

後藤武秀『台湾法の歴史と思想』（法律文化社，2009年）
奥平龍二『ビルマ法制史研究入門』（日本図書刊行会，2002年）
ムハンマド・アサド（真田芳憲訳）『イスラームの国家と統治の原則』（中央大学出版会，1989年）

各国憲法集
国立国会図書館調査立法考査局編『戦後の各国憲法』（1948年）
国立国会図書館調査立法考査局ほか編『和訳各国憲法集第1〜3集』（1957〜1959年）
高木八尺ほか編『人権宣言集』（岩波書店，1957年）
大西邦敏監修，清水望ほか編『世界の憲法－成文と解説』（成文堂，1971年）
高橋和之編『新版世界憲法集』〔第2版〕（岩波書店，2007年）
萩野芳夫ほか編『アジア憲法集』〔第2版〕（明石書店，2007年）
阿部照哉＝畑博行編『世界の憲法集』〔第4版〕（有信堂高文社，2009年）
初宿正典＝辻村みよ子編『新解説世界憲法集』〔第2版〕（三省堂，2010年）

各国憲法判例集等
憲法訴訟研究会＝芦部信喜編『アメリカ憲法判例』（有斐閣，1998年）
憲法訴訟研究会＝芦部信喜編『続・アメリカ憲法判例』（有斐閣，2014年予定）
大沢秀介＝大林啓吾編『アメリカ憲法判例の物語』（成文堂，2014年）
樋口範雄ほか編『アメリカ法判例百選』（有斐閣，2012年）
ドイツ憲法判例研究会『ドイツの憲法判例』〔第2版〕（信山社，2004年）
ドイツ憲法判例研究会『ドイツの憲法判例II』〔第2版〕（信山社，2006年）
ドイツ憲法判例研究会『ドイツの憲法判例III』（信山社，2008年）
山田晟編『ドイツ判例百選』（有斐閣，1969年）
フランス憲法判例研究会『フランスの憲法判例』（信山社，2002年）
野田良之編『フランス判例百選』（有斐閣，1969年）
中村民雄＝須網隆夫編『EU法基本判例集』〔第2版〕（日本評論社，2010年）
初川満訳『ヨーロッパ人権裁判所の判例』（信山社，2002年）
戸波江二ほか編『ヨーロッパ人権裁判所の判例』（信山社，2008年）
在日コリアン弁護士協会『韓国憲法裁判所――社会を変えた違憲判決・憲法不合致判決重要判例44』（日本加除出版，2011年）

索　引
（＊は人名）

ア　行

アイスランドの特別な地位に関する憲法　53
アイッツヴォル憲法　52
アクセス権　236, 236
＊アダムズ，ジョン　34
アピール判決　160
アファーマティヴ・アクション　210
アフガニスタン侵攻　60
アヘン戦争　62
アメリカ独立宣言　22, 32
アルジェリア問題　27, 45
アルシング　53
アルベルト憲章　46
EU 運営条約　57, 74, 81, 261, 289, 293
EU 基本権憲章　57, 76, 179, 207, 218, 235, 239, 246, 252, 255, 261, 269, 275, 277, 280, 293, 296, 301
EU 裁判所　129
EU 市民権　261, 287
EU 条約　57, 74, 81, 179
EU 法　31, 182
EU 理事会　88, 95, 109, 113, 121
違憲確認判決　160
違憲警告判決　160
違憲審査（司法審査）　38, 147, 159
違憲審査基準　159
違憲審査権　38
違憲政党解散提訴権　123
意見（表明）の自由　217, 230
違憲法律審査　84, 150, 158
違憲無効判決　160
萎縮的効果　223
イタリア統合諸州政府暫定憲法　46
一院制　40, 68, 93, 95, 110

一元型議院内閣制　44
一般意志（の表明）　177
一般憲法学　3
一般裁判所　134
一般条項　195
一般的行為［行動］の自由　188, 204
一般的効力　162
一般的人格権　204
一般的統治権限　85
一般的法律　232
一般法案委員会　96
一般利益　190, 213
移動［移転］の自由　258, 259, 261, 272
委任立法　121
違法収集証拠の排除　299
ヴァイマール憲法　28, 38, 73, 112, 272, 273
ヴィーン会議　37, 46
ウェストファリア条約　25
ウォーレン・コート　36, 154
＊ウォルポール，ロバート　30
受け手の自由　234
疑わしい区分　187, 209, 273
営業の自由　270
営利的言論　226
英領北アメリカ法（1867 年）　35
エージェンシー　125
＊エリツィン，ボリス　61
エルフェス判決　259
王位継承法　29, 54, 73
王権神授説　26
欧州委員会　81, 103, 109, 113, 118, 121, 122, 124, 290
欧州議会　81, 92, 95, 100, 106, 107, 109, 113, 124, 286, 287, 289
欧州憲法条約　74, 149

307

欧州司法裁判所　84, 122
欧州市民イニシアティヴ　290
欧州社会権憲章　272
欧州人権裁判所　145, 178
欧州人権条約　145, 153, 178, 181, 182, 202, 207, 209,
　　216, 219, 235, 239, 263, 275, 294
欧州中央銀行　126
往来の自由　260
O'Brien テスト　222
オルドナンス　120, 122
オルレアン型議院内閣制　42
オンブズマン　52, 109, 110, 293

カ　行

会期制　96
会議制　60, 111, 112
会期不継続の原則　95
開業の自由　261, 269
会計検査院　101-103, 109
外見的立憲主義　27
戒厳の宣布　123
外国人　182, 184, 186, 283
　　──の選挙権　288
解散　111, 112, 114
解任建議権　114
開発独裁　12, 19, 28
下院　90, 93, 94, 110
下院先議の習律　97
科学　ii, 2, 13, 18
下級大臣　114
学習権　276
閣内大臣　114
学問の自由　257
閣僚責任法　55
カジノ決定　266
過剰禁止の原則　193
学校区　275
カディス憲法　49
過度の広汎性ゆえに無効の法理　222

＊ガリバルディ，ジュゼッペ　47
カルマル同盟　52
環境への権利　207
勧告の意見　61
監査院　126
監察院　74, 104, 110, 145
監察総監　102
間接差別　209
間接選挙　78, 91
間接的水平的効力　193
完全補償　268
官僚国家化　60
官僚制　26, 58
キール条約　52
議院規則　104
議員提出法案　99
議院内閣制　29, 46, 48, 68, 111-114
議会オンブズマン　103, 108, 109, 126
議会君主制　50, 51
議会主権　29, 77, 161, 172
議会制民主主義　76
議会調査局　108
議会特権　104
議会任期固定法　111
議会法　30, 53, 54
企業活動の自由　269
規制的収用　265
貴族院　90
貴族院型二院制　47
規則制定権　94
基礎的自治体　166, 168
議長協議会　99, 109
機能の方法　21, 70
基本権
　　──の享有主体性　182
　　──の多元的機能論　187
　　──の優位　188, 199
基本権保護義務　181, 187, 195, 238
基本権留保　199

索　引

基本的権利　187, 210, 258, 272, 283
基本法　54, 73
基本法委員会　149
＊金大中　70
客体定式　175
旧フォーミュラ　211
教育の自由［を受ける権利］　276, 277, 281
教育法　275
行政　119
行政院　67, 104, 118
強制加入団体　244
行政機関　120, 126
行政権　83
行政国家化　28
行政裁判所　129, 133
行政訴訟法　297
行政手続法　294
強制労働　265
共同決定の権利　280
共同決定判決　266, 279
共同体被拘束性論　176
協働的連邦主義　86
協約憲法　42
共有主権　49
共和国憲法（第三〜第六）　69, 70
共和国大統領　116
共和主義　78
共和制憲法（第二〜第五）　43, 45, 50, 73
居住・移転の自由　271
拒否権　72, 97, 101
緊急命令　38, 123
近代市民革命　26, 216, 258
近代立憲主義　i, 6, 17, 20, 33, 49, 70, 202
欽定憲法大綱　62
空間的自己決定権　259
クォータ　213
具体的規範統制　148, 151, 156
組合結成の自由　280
軍国主義　28

軍事裁判　296
計画経済　60
経済憲法　265
経済広告　230
経済的実体的デュー・プロセス理論　173, 203, 264
経済的自由権　35, 40, 159
形式的正当化要件　189
形式的平等　28, 202
刑事合同部　131
刑事裁判参与制度　144
継受　iii, 3, 20
継続の原則　95
契約条項　263
決算委員会　101
結社の禁止　245
結社の自由　244, 245, 279, 282
結社の自由判決　46, 148, 246
ゲリマンダリング　91
＊ケレンスキー, アレクサンドル　59
原意主義　75
検閲・事前規制［抑制］の原則禁止　192, 219, 221, 222, 233, 235
見解規制　223
厳格（な）審査　159, 181, 187, 190, 203, 210, 215, 221, 248, 258, 283
けんか言葉　224
研究の自由　255
権限争議審判　159
原告適格　156
建国の父たち　33
検察官上訴　299
現実の悪意（の法理）　223, 224
元首　118
現象的方法　21
憲政秩序　247
建設的不信任　112
限定違憲［合意］決定　161
限定的な審査　190

309

憲法異議　157, 204, 295
憲法院　46, 76, 83, 148
憲法改革法　123
憲法改正の限界　80
憲法起草者　32, 74, 112, 128
憲法裁判（所）　37, 48, 51, 61, 69, 74, 104, 147, 150
憲法修正　35, 80, 220, 249, 254, 291
憲法制定会議　39
憲法制定権力　27, 38
憲法制定国民会議　37, 38
憲法訴願　157, 159, 164, 275, 297
憲法尊重擁護義務　147
憲法忠誠　147
憲法調査会　12
憲法的法律　99
憲法内在的制約　217, 243, 255
憲法の私人間［第三者］効力論　172, 188, 197, 238
憲法判断回避のルール　162
憲法不合致決定　161
憲法ブロック　178, 196
憲法保障　147, 154
権利章典　29, 33, 106, 282, 288
権利請願　29
権力分立　26, 33, 41, 49, 89, 128, 154, 156, 165
元老院　41, 91
言論, 集会及び結社の自由法　55
言論・出版の自由　236
言論出版の自由に関する法律　234
言論の自由［条項, 優位性］　233, 282
コアビタシオン（保革共存）　46, 117
広域的自治体　168
公開選挙の原則　91
公教育の無償　276
合憲限定解釈　148, 161
合憲性の優位問題　46, 157, 163
考試（院）　74, 104, 124, 126
光州事件　69
公職兼任制度　170

硬性憲法　73, 80, 81, 89
公正な均衡　263
公正な論評の法理　220
控訴院　133
公的機能理論　193
公的扶助　274
合同委員会　109
高等教育の自由　255
合同調整委員会　98
合同部　129
高等法院　145
洪範14条　68
幸福追求権　202, 208, 263
公法人　184
公民権法　198, 199
公務員懲戒委員会　134
公務就任権　287
拷問　300, 301
公用収用　267, 268, 271
合理性審査　211, 215, 283
＊コーク, エドワード　29
コート・パッキング・プラン　264
国王法　51, 53
国外追放されない権利　260
国軍組織法　89
国際法（条約）　71, 83
　　　──の一般的諸原則　83
国政調査権　75, 102, 105
国籍　181
国籍剝奪の禁止　259
国籍法（1981年）　258
国籍離脱の自由　271
告知　291, 292
国内移動の自由　→移動の自由
国内法優位の一元論　84
国法学　3
国防軍　87
国防の義務　89
国民議会　40, 45, 91

索　引

国民公会　41
国民国家　20, 25, 47, 71
国民（ナシオン）主権　40, 49, 75, 78, 89
国民大会　67
国民投票　48, 61, 78-82, 286, 287
国民発案　38, 286
国務会議　101, 114, 118
国務総理　118
五権分立　74
個人的名誉　232
国家安全保障会議　115, 126
国家再建最高会議［非常措置法］　69
国家主権　26
国家人権委員会法　201
国家賠償請求権　294
国家保安法　77, 248
国教樹立禁止［制度］　248, 249
国共内戦　66
固定選挙区議席　92
5％阻止条項　91, 285
五百人会　41
個別憲法学　3
コミューン　168
コミュニケーションの自由　229
コモン・ロー　29, 172, 219, 291, 297
雇用選択［変更］の自由　267
五四運動　63
＊ゴルバチョフ, ミハイル　60
コンコルダート　251
コンセイユ・デタ（国務院）　41, 129, 178
根本規範　208

サ　行

『ザ・フェデラリスト』　32, 128
在外国民　288
在外同胞　186
再可決　97
罪刑法定主義　75, 301
再建期　35

最高行政法院　134
最高権威性　77
最高裁判所　31, 130, 294
最高法院　134
最高法規　34
財産権　265, 268, 271
　──の絶対　258
歳出予算案　101
最小国家　28
財政統制［法案］　101
裁判権　148
裁判を保障される権利　294
差止命令　219
差別禁止法　197
サルデーニャ王国憲章　46
参事会　169
参審　142, 143
三審制　131
三段階審査［理論］　187, 271
3・1独立運動　68
三読会制　100
三部会　40
三民主義　67, 74, 79
恣意禁止　273
シールド法　227
＊シェイエス, エマニュエル＝ジョゼフ　27
死刑　207, 299, 301
自己決定権　203
自己統治　78
自己負罪拒否特権　297
自主管理労組「連帯」　61
事前許可制　247
自然権　26, 40
自然人　182
自然的正義　291
思想良心［内心］の自由　256
七月王政［革命］　42
自治事務　171
自治州　51

311

自治体政府　170
自治領　166
執行委員会　170
執行権　112, 119
実効支配　76
執行特権　75
実質的正当化要件　189
実質的な概念構成　154
実質的平等　28, 202
実質的法治国家概念　75
実質的保護領域　188
実践　ii, 2, 13, 17
指定裁判部　153
私的生活の保護　205
司法院　104, 130
司法官職高等評議会　138
司法権　128, 135, 140
司法裁判所　129, 134, 149, 179, 247, 262, 269
司法参与制度　302
司法審査権　34, 72, 75
司法的執行理論　194
司法判断適合性　135
市民権（運動）　36, 259
市民的権利　174
下関条約　66
社会学的分析　21
社会契約（論）　26
社会権［的基本権］　28, 38, 50, 270, 272, 275, 277
社会国家　28, 75, 175, 180, 258, 273
社会主義　18, 28, 39, 47, 58
社会主義市場経済　65
ジャコバン派　41
謝罪広告　218
砂利採取事件　267
シャルト　42
十一月革命　38
自由委任　40, 78, 107
集会結社の自由　257

宗教的・思想的な中立性　276, 277
宗教的な意見の自由　251
住居地選択の自由　260, 261
住居の自由［の不可侵，利用の自由］　260
自由権　28, 37, 270
自由国家　28
私有財産制度　59, 271
州際通商（条項）　198, 264, 258, 278
自由主義　39, 165, 172
終身統領　42
修正された分離主義　251
自由選挙の原則　285
集団的安全保障　88
自由党　30
自由な民主的基本秩序　88, 285
自由の時代　54
住民自治　166, 167
自由民主的基本秩序　77
住民投票　166
収用（条項）　263, 265, 270
主観的権利　176, 284
主権国家　25
主権在民　33
授権法　38
取材源秘匿（権）　220, 227
取材の自由　236
首相　81, 116
出国の自由　261
出生地主義　259
出版の自由　54, 234, 236
首尾一貫性　212
受領　219
上院　83, 90, 93, 94, 110
生涯教育の振興　278
障がい者差別禁止法（1995年）　209
上級法院　132
消極国家　28
消極的議院内閣制　117
照射効果　174

＊蔣介石　66
小選挙区制　90, 91, 93, 94
小選挙区二回投票制　91
小選挙区比例代表並立制　48
小選挙区比例代表連用制　91
象徴的言論　221
小ドイツ主義　37
常任委員会　95, 101
常備軍　26, 58
情報公開　291
情報自己決定権　205
条約憲法　59
条約締結承認権　103
職業（選択）の自由　265, 268, 271
植民地　20, 27, 66
女性参政権　27, 48, 52, 286
職権主義　296
処分権主義　296
庶民院　90
所有　268
自律権　104
知る権利　231, 236
侵害　188
辛亥革命　62
人格権　208, 219
人格的保護領域　182, 188
人格の自由な発展　276
進化論　7
信教の自由　173, 251, 257
人権カタログ　202
人権享有主体　172
人権宣言（人及び市民の権利宣言）　40, 177, 217, 233, 238, 251, 255, 300
人権法　31, 74, 153, 172, 202, 209, 216, 219, 275, 294
人口比例　94
審査密度　190
人種関係法（1976年）　209
人種差別撤廃条約　71

審署　99
信条の自由　217
人身の自由　40, 300, 301
人身保護令状　182, 298, 300
神聖ローマ帝国　25, 36
身体的インテグリティー　205
身体の安全　300
身体の不可侵　301
審判所　125, 144
新フォーミュラ　212
人民（プープル）主権　41, 78
人民民主主義　60
審問　296
垂直［水平］的権力分立　154
水平的効力　196
枢密院　53
＊スターリン, ヨシフ　59, 60
ステイト・アクション　193, 198, 278
ストールティング　52
スペイン内戦　50
スポイルズ・システム　123
スポーツくじ判決　266
スレースヴィ（シュレスヴィヒ）＝ホルシュタイン公国　51
西安事件　63
請願権　289
政教分離　216, 249, 251, 253, 257
制限選挙　27, 30
性差別禁止法（1975年）　209
政治活動　228
政治活動委員会　229
正式起訴犯罪　297
政治資金　228
政治的言論　221
青少年保護　225
精神的インテグリティー　205
精神的自由権　40, 159
生存権　274, 281
静態的方法　21

313

政党　242, 284, 285
政党解散審判　158
政党国家化　27
正当性　79
正当な補償　265
制度的［の］保障　216, 247, 256, 271
青年イタリア　46
政府提出法案　99
政府統制　101
性別工作平等法　214
政務次官　114
積極国家　28
絶対王制　26, 49, 58
絶対主義　37
絶対的保障　176
全院委員会　96
全員裁判部　153
先議権　101
1901年7月1日の法律　246
選挙区割り　94
選挙権　91, 170, 282, 284, 290
選挙法改正　30
先決裁定　136
全国人民代表大会　64
専断的忌避　194
煽動　34, 220, 221
Central Hudsonテスト　226
1791年憲法　49, 177
選抜徴兵法　87
1800年の革命　34
専門庭　134
先例拘束性　75
争議行為権　280
創制　287
総統　66, 84, 104, 113, 118
双頭制　45, 116
相当の補償　270
双務的契約関係　25
ゾーニング　169, 225

遡及処罰および拷問の禁止　301
組織法律　99
阻止条項　92
訴訟の指導原則　296
ソビエト　59
ソ連（ソビエト社会主義共和国連邦）憲法　59
＊孫文　62, 74

タ　行

第一合衆国銀行　33
大学の自治［自由］　216, 255, 256, 257
大学の自律性　278
大韓民国臨時憲章［憲法］　68
大権　119
大合同部　131
対国家性原則　195
胎児　184
大衆政党　27
対審の原則　296
大統領　48, 81, 88, 89, 115, 118
大統領（中心）制　61, 68, 111, 113
大統領直接公選制　116
第二帝政　43
大日本帝国憲法　ii, 3
代表なければ課税なし　32
代表民主制　72
逮捕　297
大法院　135, 297
大法官会議　67, 150
代理議員　95
大陸会議　32
たたかう民主制　74, 75, 157, 159
単一国家　166
単一執行府論　112
単一の自由　172
弾劾（追訴権）　103, 104, 158
弾劾裁判　55, 105, 145
段階理論　266
団結権　279

索　引

単層制　168
団体委任事務　171
団体自治　167
治安判事　297
知的財産の保護　270
血の日曜日事件　58
地方行政法　167, 169
地方自治（体）　39, 169
中央執行委員会　59
中華人民共和国憲法（1954年憲法）　64
中華人民政治協商会議　63
中華人民政治協商会議共同綱領　63
中華ソビエト共和国憲法大綱　63
中華民国訓政時期約法　63
中華民国憲法［草案（五五憲章）］　63, 66
中華民国憲法増修条文　67
中華民国臨時約法　62
中間（的）審査　187, 210, 226
中間選挙　90
中間団体　245
中間的審査　187, 226
抽象的（違憲）審査　61, 147, 155
抽象的規範統制　151, 156
中絶　203
超国家的共同体　55
調査委員会　105
調整議席　92
懲罰的（損害）賠償　137, 224
聴聞　291, 292, 294
直接請求権　287
直接選挙（の原則）　171, 285
著作の自由　236
通常裁判所　133
通信の自由［秘密］　238, 257
定期会　96
抵抗権　26
帝国議会　38
帝国宮廷顧問会議　36
帝室裁判所　36

停止的拒否権　113
定住外国人　186
ティング　166
敵意ある聴衆の法理　241
敵性戦闘員　182, 299
適正手続　75, 86, 173, 191, 198, 263, 272, 278, 291, 292, 300, 302
適切性審査　189
適法性の原理　292
適用審査　222
デクレ　122
手続的権利　173
デモ行進の自由　246
デュー・プロセス　→適正手続
テルミドールの反動　41
天安門事件　65
電話傍受　237, 298
ドイツ語正書法決定　276
ドイツ三月革命　22
ドイツ三十年戦争　25
ドイツ人概念　182
ドイツ統一条約　39
ドイツ同盟　37
同一賃金法（1970年）　209
動員戡乱時期臨時条款　66
統合基金充当法案　101
統合政府　90
同時多発テロ　36, 299
＊鄧小平　64
統帥権　89
同性愛者　203
等族議会　36
動態的方法　21
統治章典　53, 55
盗聴　240
投票価値の平等　91, 283
同盟及び保護の証書　54
統領　41
討論　102

315

独裁者　27
独任制　112
特別委員会　102
特別権力関係［な公法関係の理論］　172, 196, 197
特別裁判所　133
特別法の禁止　232
独立行政機関　126
独立国家共同体　61
独立宣言　32
＊ド・ゴール，シャルル　44, 73
読会　96, 99
特権・免除（条項）　198, 273
奴隷制・意に反する苦役の禁止　198, 259

ナ 行

内閣総辞職　30
内閣不信任決議　111
内的な自由　250
内容規制　241
内容形成　188, 231
内容中立規制　226, 241
ナポレオン戦争　52, 58
軟性憲法　72
南北戦争　35
二院制　41, 48, 61, 110
二月革命　37, 42, 59
二元主義　83
二元主義型議院内閣制　42
二元的裁判制度　129
二重の基準　159, 187, 192
二層制　167, 168
日韓併合　68
二読会制　100
入国の権利　261
ニュー・ディール　28, 35, 264
人間の尊厳　75, 174, 179, 180, 207, 208, 234, 255, 273, 300
認識　2, 13

納税者訴訟　249
農奴解放令　58

ハ 行

陪審　29, 142, 143, 234, 302
陪審制　142
バイユー演説　45, 73
バイヨンヌ憲法　49
破毀院　132
＊朴正熙　69
跛行型二院制　45
派生法　76, 100
発言の免責　107
発信　219
パブリアス　32
パブリック・フォーラム　241
＊ハミルトン，アレクサンダー　32, 128
パリ条約　32, 55
パリテ　213, 286
半大統領制　45, 111, 113
ハンブルク堤防整備法判決　267
万民（自然享受）権　207
比較衡量論　192
非公開の原則　296
非拘束名簿式比例代表選挙　92
非常戒厳　69, 237
非省庁公共機関　125
ビスマルク憲法　38
被選挙権　91, 170, 283, 284, 290
必要かつ適切条項　97
必要性審査　189
人やサービスの自由移動　269
＊ヒトラー，アドルフ　38
秘密選挙　285
罷免　287
ピューリタン革命　22
表現内容規制［表現内容中立規制］　223
表現の自由　34, 173, 202, 216, 233, 257
表現の自由基本法　54, 234

平等［保護，原則］　40, 173, 181, 198, 202, 203, 211, 216, 272, 283, 293
平等及び人権委員会　197
平等選挙（の原則）　213, 285
平等法（2006年）　197
平等立法　200
比例(性)原則　58, 176, 189, 190-193, 195, 212, 215
比例選挙　108
比例代表制　48, 61, 93
ファシスト党　47
ファシズム　19, 27, 47
＊プーチン，ウラジーミル　62
フェデラリスツ　33
普墺戦争　37
フォルケティング　92
福祉国家　28, 60, 202
不作為の違憲確認訴訟　297
不信任決議［動議］　30, 103
付随的違憲審査　38, 61, 71, 147, 151
不逮捕特権　106, 107
双子の裁判所　151
普通選挙（の原則）　27, 30, 41, 47, 284, 285
複決　287
不適合宣言　161
不文憲法　72
不文の制限条項　189
部分無効　160
不明確性のゆえに無効の法理　222
プライヴァシー［権，侵害］　173, 202, 203, 206, 220, 225
＊ブラクトン，ヘンリー　29
フランクフルト憲法　37
フランス革命　22, 23, 34, 212
フランス人権宣言　→人権宣言
Brandenberg基準　223
ブルータス　32
ブルジョアジー　27, 258
プレスの自由　234

プロレタリア独裁　59
文化大革命　64
分割政府　90
紛争解決機能　137
文面上無効　223
分離すれども平等　210
兵役の義務　89, 253
ベルギー憲法（1831年）　46
ベルサイユ条約　47, 71
ベルリンの壁の崩壊　39, 60
ペレストロイカ　60
ヘレンキームゼー草案　39
変形　83, 161
弁護人依頼権　297
編入理論　82, 83, 174, 221
法院　130
包括的基本権　202
法官の独立　141
防禦権　187, 195, 293, 301
法形成機能　137
封建制　25
法人　182, 184
法制司法委員会　101
放送（の自由）　227, 239
法治国家　75
法治国家原理　37, 292, 294
法治主義　128
法定手続の保障　302
法的審問請求権　295
報道の自由　236
法の一般原則［原理］　179, 207, 292
法の支配　29, 76, 89, 128
法務総裁　126, 234
法律上の裁判官を求める権利　295
法律の留保　189, 247, 248, 253
法律は一般意志の表明である　99
法律発案　48
＊ボーダン，ジャン　51
補完性の原則［原理］　57, 166

317

北欧コーポラティズム　280
北欧福祉国家　76, 274
保護領域　175
補佐機関　119
補充議席　92
補充的基本権　208
補充的適応原則　204
補償　268
＊許政（ホ・ジョン）　68
ボストン茶会事件　32
ポズナニ暴動　61
＊ホッブズ, トーマス　26
＊ボナパルト, ナポレオン　37, 41, 49
＊ボナパルト, ルイ（ナポレオン3世）　43, 46
ポリス・パワー　278
ホワイトハウス事務局　115
ボン基本法　39
本質性理論　189
本質的内容の侵害禁止　192

　　　　マ　行

＊マーシャル, ジョン　34
マーストリヒト条約　56
マグナ・カルタ　29, 288
＊マディソン, ジェームズ　32
＊マルクス, カール　3, 27, 58
マルタ会談　61
未成年者　181
ミランダ警告［告知］　154, 299
民事合同部　131
民享　79
民主集中制　60
民主主義　33, 75, 78, 165, 172, 219
民治　79
民有　79
無罪推定原則　301
＊ムッソリーニ, ベニート　47
明確性の理論　237
明白かつ現在の危険（基準）　193, 223, 237, 240

明白性　161
名望家政党　27, 30
名誉革命　29
名誉毀損　218, 220, 224
命令事項　99
命令の委任　94
メディア（の自由）　226, 231
免責特権　106, 107
＊毛沢東　63
黙秘権　297
最も危険でない機関　128
＊モンテスキュー, シャルル・ド　27

　　　　ヤ　行

薬局判決　266
唯物史観　58
優越的地位　216
ユーロ　79, 126
緩やかな基準［審査］　159, 187
洋務運動　62
抑制　72
予算承認権　103
予算法律　105
寄集め的方法　22
四人組　64
4・19革命　68
四身分制議会　53

　　　　ラ　行

ライシテ　251
ライヒ議会［大統領］　38
ライン同盟　25
ランスティング　51
ランド法　53
リークスダーグ　92
利益衡量　176, 190, 232
リスボン条約　57, 74, 149, 179, 207
立憲君主制　27, 37, 49, 76
立証責任　223

立法委員　82, 93
立法院　67, 110
立法顧問院　138, 149
立法の不作為　275
＊李登輝　67
リパブリカンズ　33
リプロダクション　203, 206
リュート判決　73, 174, 187
両院合同会議　81
良心的兵役拒否　218
良心の自由　217, 218
利用統制　263
領邦国家　36
臨時会　96
臨時政府　59
＊ルーズベルト，フランクリン　264
ルシャプリエ法　245
＊ルソー，ジャン＝ジャック　27
例外法　191
令状　297
レイムダック期　34
＊レーニン，ウラジーミル　58
歴史的方法　22
歴史の発展法則　14
レジスタンス運動　48
レモン・テスト　249
連合会議［規約］　32
連合法　52, 53
連帯責任　111, 114
連邦会議　108
連邦議会　40, 80, 88, 91, 94, 98, 105, 112
連邦機関争訟　157
連邦行政裁判所　40, 129
連邦憲法裁判所　40, 73, 75, 105, 129, 148, 175, 188

連邦国家　20, 75
連邦国家的争訟　157
連邦財政裁判所　129
連邦参議院　38, 40, 80, 91, 94, 98, 105, 116
連邦社会裁判所　129
連邦制度改革　244
連邦政府　98
連邦総理大臣　105, 112, 115
連邦大統領　98, 105, 108, 112, 115
連邦忠誠　86
連邦通常裁判所　40, 129, 131
連邦労働裁判所　129
労働組合・労働関係（統合）法　278
労働三権［基本権］　272, 281, 282
労働に関する権利［の自由］　267, 281
ローマ条約　56, 178
ロシア革命　55
＊ロック，ジョン　27
ロックナー期　264, 278, 291

ワ　行

わいせつ　219, 225
＊ワシントン，ジョージ　32, 33

A to Z

Brown v. Board of Education　210
Dred Scott Case　35, 259
Lochner v. New York　264
Marbury v. Madison　34, 147
McCulloch v. Maryland　97
Miranda v. Arizona　299
New York Times Co. v. Sullivan　224
Roe v. Wade　203
United States v. Carolene Products Co.　187, 221

執筆者紹介 (所属，執筆分担，＊は編者)

＊君塚　正臣（横浜国立大学大学院国際社会科学研究院教授，序章，第1～14章導入文・総括，第1章イタリア・ロシア）

上田　健介（近畿大学大学院法務研究科教授，第1～14章イギリス）

大林　啓吾（千葉大学大学院専門法務研究科准教授，第1～7章アメリカ）

森脇　敦史（福岡県立大学人間社会学部准教授，第8～14章アメリカ）

川又　伸彦（埼玉大学大学院人文社会科学研究科教授，第1～7・11～14章ドイツ）

松原　光宏（中央大学法学部教授，第8～10章ドイツ）

佐藤　修一郎（東洋大学法科大学院教授，第1～14章フランス，第1章スペイン）

遠藤　美奈（早稲田大学教育・総合科学学術院教授，第1～14章北欧）

蛯原　健介（明治学院大学法学部教授，第1～6・8～14章EU）

松井　直之（愛知大学大学院法務研究科准教授，第1～14章台湾，第1章中国）

國分　典子（名古屋大学大学院法学研究科教授，第1～14章韓国）

《編著者紹介》

君塚正臣（きみづか・まさおみ）

1965年　生まれ。
1988年　大阪大学法学部卒業。
1996年　大阪大学大学院法学研究科公法学専攻博士後期課程修了，博士（法学，大阪大学）。
現　在　横浜国立大学大学院国際社会科学研究院法曹実務専攻教授・法曹実務専攻長。
主　著　『性差別司法審査基準論』信山社，1996年。
　　　　『憲法の私人間効力論』悠々社，2008年。
　　　　『法学部生のための選択科目ガイドブック』（編著）ミネルヴァ書房，2011年。

比 較 憲 法

2012年10月20日　初版第1刷発行	〈検印省略〉
2016年 5月20日　初版第3刷発行	
	定価はカバーに
	表示しています

編著者　君　塚　正　臣
発行者　杉　田　啓　三
印刷者　藤　森　英　夫

発行所　株式会社　ミネルヴァ書房
　　　　607-8494　京都市山科区日ノ岡堤谷町1
　　　　電話代表　(075)581-5191
　　　　振替口座　01020-0-8076

©君塚正臣，2012　　　　　亜細亜印刷・清水製本

ISBN978-4-623-06398-7
Printed in Japan

君塚正臣 編著
法学部生のための選択科目ガイドブック
A5判・274頁
本体2800円

吉田　稔・北山雅昭・渡邉隆司 編著
ライフステージから学ぶ法律入門
A5判・280頁
本体2800円

工藤達朗 編
よくわかる憲法
B5判・380頁
本体2500円

大森正仁 編著
よくわかる国際法
B5判・240頁
本体2800円

畑　安次 編著
日本国憲法
A5判・316頁
本体3500円

世界政治叢書

押村　高・中山俊宏 編著
世界政治を読み解く
A5判・348頁
本体4000円

畠山圭一・加藤普章 編著
アメリカ・カナダ
A5判・316頁
本体2800円

押村　高・小久保康之 編著
EU・西欧
A5判・252頁
本体3200円

津田由美子・吉武信彦 編著
北欧・南欧・ベネルクス
A5判・324頁
本体3500円

羽場久美子・溝端佐登史 編著
ロシア・拡大EU
A5判・368頁
本体3500円

菊池　努・畑　惠子 編著
ラテンアメリカ・オセアニア
A5判・296頁
本体3500円

山影　進・広瀬崇子 編著
南部アジア
A5判・322頁
本体3200円

新川敏光・大西　裕 編著
日本・韓国
A5判・324頁
本体3000円

―― ミネルヴァ書房 ――

http://www.minervashobo.co.jp/